Klaus Ebert
Sandra Ebert

Verbesserung von Selbstkonzept und Berufswahlentscheidung benachteiligter Jugendlicher

Wirksamkeitsstudie zur Förderung der beruflichen Integration

disserta
Verlag

Ebert, Klaus, Ebert, Sandra: Verbesserung von Selbstkonzept und Berufswahlentscheidung benachteiligter Jugendlicher: Wirksamkeitsstudie zur Förderung der beruflichen Integration. Hamburg, disserta Verlag, 2015

Buch·ISBN: 978·3·95935·146·1
PDF·eBook·ISBN: 978·3·95935·147·8
Druck/Herstellung: disserta Verlag, Hamburg, 2015
Covermotiv: © laurine45 – Fotolia.com

Bibliografische Information der Deutschen Nationalbibliothek:
Die Deutsche Nationalbibliothek verzeichnet diese Publikation in der Deutschen Nationalbibliografie; detaillierte bibliografische Daten sind im Internet über http://dnb.d·nb.de abrufbar.

© disserta Verlag, Imprint der Diplomica Verlag GmbH
Hermannstal 119k, 22119 Hamburg
http://www.disserta-verlag.de, Hamburg 2015
Printed in Germany

Inhaltsverzeichnis

1 Auswahl, Verortung und Relevanz des Themas

Durch die Verankerung der eigenen beruflichen Praxis im Berufsfeld der benachteiligten Jugendlichen im Ostalbkreis ist die Chancenungleichheit eben dieser Zielgruppe nahezu täglich allgegenwärtig. Die Jugendlichen zeigen bedingt nur vage vorhandene Vorstellungen der beruflichen Zukunft, sowie zu den Vorstellungen über die eigenen Fähigkeiten und Fertigkeiten. Ohne zielgerichtete Unterstützung und ohne nachhaltige Förderung haben diese Jugendliche aufgrund der hohen Ansprüche und der immer diffuser werdenden Entwicklungen auf dem Ausbildungs- und Arbeitsmarkt kaum Chancen. Die durch Konkurrenz und Wettbewerbsverhältnisse geprägten Bewerbungsverfahren, aber auch durch die enorm veränderte Komplexität in den verschiedenen Ausbildungsberufen, erhalten persönliche Kompetenzen und die eigene Profilschärfe eine immens hohe Wertigkeit und Wichtigkeit.

Im Übergang zwischen Schule und Beruf wird ein wichtiger Meilenstein für die Teilhabe in der Gesellschaft gelegt. Mit der Berufswahlentscheidung findet unweigerlich eine Segregation statt, mehr noch, wer den Schritt in das Erwerbsleben nur unzureichend schafft, beispielsweise ohne Ausbildung bleibt, wird stets konfrontiert mit gesellschaftlicher Marginalisierung. Gerade benachteiligte Jugendliche befinden sich in einem Teufelskreislauf, denn oft beginnt die Stigmatisierung bereits durch die schulische Selektion. So kann im aktuellen Chancenspiegel der Bertelsmann-Stiftung nachgelesen werden, dass in Baden – Württemberg benachteiligte Schüler durchschnittlich 81 Kompetenzpunkte weniger als privilegierte Schüler aufweisen (vgl. Berkemeyer et al. 2013, S. 109ff.).

Aus dem Bildungsbericht des Ostalbkreises geht zusätzlich hervor, dass außergewöhnlich viele Jugendliche mit Migrationshintergrund Benachteiligungen beim Start in das Berufsleben erhalten, denn nahezu 70% dieser Schüler erreichen maximal den Hauptschulabschluss. Die Gruppe der Schulabgänger, die nicht in eine duale Ausbildung oder in ein Studium mündet, verbleibt in den Bildungsgängen des Übergangssektors. Hierin finden sich 2.310 Jugendliche im Ostalbkreis (vgl. Gehrmann et al. 2011, S. 109).

Eine Stärkung und indirekte Aufforderung der folgenden Wirksamkeitsstudie ist in den vom Hauptausschuss des Bundesinstituts für Berufsbildung veröffentlichten Leitlinien zur Verbesserung des Übergangs Schule – Beruf zu lesen. Darin moniert der Hauptausschuss, dass in nahezu allen allgemeinbildenden Schulen Handlungsbedarf insbesondere bei der Prävention von Defiziten in der Grundbildung besteht. Hierin sind die erschwerten Bedingungen der Übergangschancen junger Menschen in eine Berufsausbildung zu sehen. Vor allem bei der Förderung von leistungsschwächeren Jugendlichen ist ein möglichst frühzeitiger Ansatzpunkt unabdingbar. Es ist notwendig, bei der Förderung gerade leistungsschwächerer Jugendlicher möglichst frühzeitig anzusetzen (vgl. Hauptausschuss des Bundesinstituts für Berufsbildung 2011, S. 1ff).

Der Hauptausschuss appelliert in seiner Empfehlung vom Juni 2011 daher an die Länder, „bei ihrem Engagement für mehr Qualität der allgemeinbildenden Schulen vor allem auch eine frühzeitige, individuelle Diagnostik und Förderung der Schülerinnen und Schüler sicherzustellen. Nur so können Stärken aus– und Schwächen abgebaut werden. Wichtig ist, dass auch Kompetenzen vermittelt werden, die den jungen Menschen dabei helfen, ihren weiteren Bildungs- und Berufsweg zu gestalten" (vgl. Hauptausschuss des Bundesinstituts für Berufsbildung 2011, S. 2).

Vor allem aber ist eine fundierte und tiefgreifende Berufsorientierung erforderlich, die als fester Bestandteil im Schulprogramm verankert ist. Weiter fordert der Hauptausschuss flächendeckende Berufsorientierungskonzepte an Schulen an der Schwelle zum Übergang in den Beruf. Alle Maßnahmen und Programme zur Gestaltung des Übergangs Schule – Beruf sollen mit einer prozessbegleitenden Evaluierung und Wirkungsanalyse dokumentiert werden, so die abschließende Aufforderung des Gremiums (vgl. Hauptausschuss des Bundesinstituts für Berufsbildung 2011, S. 4).

In Ergänzung zu den Erkenntnissen des Hauptausschusses des Bundesinstituts für Berufsbildung sind hierzu einzelne Ergebnisse der Jugendstudie Baden – Württembergs 2013 aufzuführen. In der Studie gab ein gutes Drittel der etwa 2400 befragten Schülerinnen und Schüler im Alter zwischen 12 und 18 Jahren an, bei der Berufsorientierung nicht ausreichend unterstützt und vor allem von der Schule (ca. 60 Prozent) nicht ausreichend begleitet zu werden. So monierten 75 Prozent der Gymnasiasten, in der Schule bei der Berufsorientierung zu wenig Begleitung zu erfahren, bei den Realschülern sind es 52 Prozent und bei den Haupt-/Werkrealschülern 47 Prozent. Kultusminister Stoch kommentierte diese Zahlen mit den Worten: „Dieses Ergebnis bestärkt uns in unserem Vorhaben, die berufliche Orientierung an den weiterführenden Schulen auszuweiten. Eine frühzeitige und intensive Berufsorientierung ist die Voraussetzung für eine gute Zukunftsplanung der Jugendlichen" (Ministeriums für Kultus, Jugend und Sport 2013).

Der große Schritt der Berufswahlentscheidung zu einer dauerhaften beruflichen Integration benötigt ganzheitliche und umfassende Unterstützungsleistungen. Hierzu zählen vor allem aber individuelle und persönliche Entwicklungen, die das Grundgerüst zum beruflichen Erfolg darstellen. Ein positives Selbstkonzept verhilft zu einer gelingenden Berufswahlentscheidung. Dennoch wurden bis heute nahezu keine Maßnahmen entwickelt, welche diese Kompetenzen bei benachteiligten Jugendlichen gezielt fördern und auf die Wirksamkeit überprüfen.

So könnte das speziell für den Übergang zwischen Schule und Beruf entwickelte „Selbstreflexion – Motivation – Selbstdarstellung" – Trainingsprogramm (SMS – Training) nach Monigl et al. einen Beitrag zur Umsetzung der erwähnten Idee von Kultusminister Stoch, Qualitätsstandards im Unterricht zur Unterstützung bei der Berufswahl zu implementieren, sein. Denn einerseits basiert der Aufbau des Trainings auf einem wissenschaftlichen Fundament und andererseits wurden bei der Erstellung „die Bildungspläne der Bundesländer berücksichtigt" (Monigl et al. 2011, S. 7).

Gemäß dem Titel soll das SMS - Trainingsprogramm „Selbstkompetenzen bei Jugendlichen fördern", um die berufliche Integration derselben zu verbessern. Ziele dieses Trainings sind dabei, „die Aufmerksamkeit der Jugendlichen für die Wahrnehmung ihrer eigenen Fähigkeiten und individuellen Möglichkeiten zu stärken sowie ihre Handlungskompetenzen insbesondere für die Berufswahl- und Bewerbungssituationen zu trainieren" (Monigl et al. 2011, S. 7).

Geleitet von der Notwendigkeit gezielter und nachhaltiger Fördermaßnahmen zur Unterstützung von benachteiligten Jugendlichen, soll eine Wirksamkeitsstudie dieses Trainingsprogramms zur Verbesserung des Selbstkonzepts und der Berufswahlentscheidung durchgeführt werden, denn eine den eigenen Fähigkeiten entsprechende Ausbildung ist die beste Voraussetzung, um sich auf dem Arbeitsmarkt erfolgreich behaupten zu können. Wer eine gute Ausbildung abgeschlossen hat, wird seltener arbeitslos und kann sich im weiteren Lebensverlauf besser auf neue Anforderungen einstellen. Deutschland wird in Zukunft einen steigenden Bedarf an gut ausgebildeten Fachkräften haben. Die demografische Entwicklung führt zu einer rückläufigen Anzahl der Schulabsolventen und -absolventinnen sowie erwartbaren und zum Teil bereits spürbaren Engpässen bei Bewerbungen um betrieblichen Ausbildungsplätzen im dualen Berufsausbildungssystem mit erheblichen Folgen für die Sicherung des Fachkräftenachwuchses.

Ein Weg, diesem bereits heute begonnenen Problem entgegenzuwirken, ist es, die vorhandenen Ressourcen und Talente aller Jugendlichen in den Blick zu nehmen und dabei junge Menschen individuell besser zu fördern. Das Ziel, alle jungen Menschen zu einer qualifizierenden Berufsausbildung und einem Berufsabschluss zu führen, kann nur erreicht werden, wenn die Fülle der Maßnahmen am Übergang Schule – Beruf nicht nur ganzheitlich koordiniert und aufeinander abgestimmt werden, sondern auch auf deren generelle Wirksamkeit überprüft werden. So soll hierzu in nachfolgender Wirksamkeitsstudie ein Forschungsbeitrag geleistet werden.

Abschließend soll erwähnt sein, dass im folgenden Text verwendete maskuline Bezeichnungen in gleicher Weise für weibliche und männliche Personen gelten.

2 Theoretische Vorannahmen

In diesem Kapitel wird das theoretische Konstrukt definiert und das Grundgerüst erarbeitet, auf dessen Basis das Forschungsvorhaben aufgebaut ist. In einem ersten Schritt wird sich dem Lernort Schule über wissenschaftliche Literatur angenähert, indem die gesellschaftliche Verortung vorgenommen, die Erkenntnisse aus der Bildungsberichterstattung wiedergegeben und der Benachteiligungsbegriff geklärt werden. Es wird wissenschaftlich aufgearbeitet, welche Systeme und Mechanismen das Individuum in seinem Handeln und seiner ganzen Persönlichkeit beeinflussen und wie diese Bilder vom Selbst im Selbstkonzept zusammentreffen.

In einem weiteren Schritt werden die Berufsorientierung und die damit eng verbundenen Einflussfaktoren der Jugendlichen in ihrem Umfeld erfasst, ehe dann die Berufswahltheorien von Holland und Super und den verknüpften theoretischen Vorannahmen, welche in die Berufswahlentscheidung münden, skizziert werden. Im Anschluss daran wird das System der Sonderberufsfachschule im Übergangssegment Schule – Beruf mit der Personengruppe der benachteiligten Jugendlichen und das zu untersuchende SMS – Trainingsprogramm erläutert. Am Ende des Kapitels folgt der aktuelle Stand der Forschung und es wird der Zusammenhang zwischen den theoretischen Grundannahmen hergestellt.

2.1 Bildungssystem und Chancengleichheit

2.1.1 Aufgabe und Funktion von Schule

Unsere Gesellschaft kann nach Fend (2008, S. 35f.) in drei Subsysteme gegliedert werden, welche sich untereinander im Austausch befinden. Das politische System stellt die Rahmenbedingungen des gesellschaftlichen Miteinanders auf und regelt auf Grundlage einer vom Volk gewählten Vertretung aktuelle Fragen zur Ausrichtung der Gesellschaft. Das Wirtschaftssystem produziert Güter, benötigt Arbeitskräfte und Konsumenten, welche die hergestellten Waren erstehen. Das Bildungssystem als drittes Subsystem ermöglicht den Gesellschaftsmitgliedern, Qualifikationen zu erreichen, die wiederum Zugänge zur Arbeitswelt eröffnen.

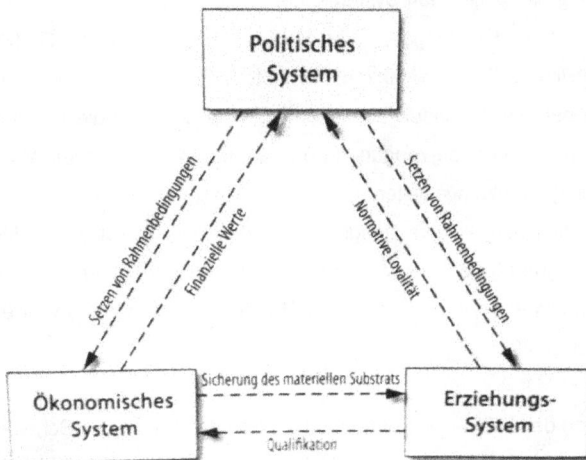

Abb. 1: Gesellschaftliche Teilsysteme (Fend 2008,S. 36, zit. n. Grimm 1987, S. 11)

Im Folgenden soll der Fokus auf das Bildungssystem gerichtet werden, da dieses die Grundvoraussetzungen für den Übergang der Jugendlichen von der Schule zum Beruf mitgestaltet. Es soll nun der Frage nachgegangen werden, welche Aufgaben und Funktionen an die Schule in der hoch entwickelten modernen Welt übertragen werden.

Ein wichtiger Aspekt bei der Errichtung unseres Bildungssystems ist, Kinder und Jugendliche in Bildungseinrichtungen zielgerichtet in eine bestimmte gewünschte Richtung zu entwickeln und zu prägen (vgl. Fend 2008, S. 37f.; Diederich et al. 1997, S. 110f.). Werden die historischen Wurzeln betrachtet, wurde das Schulsystem im Dritten Reich durch die Machthaber genutzt, um Schülern eine Weltsicht anhand einer einzigen geltenden sozialen Ordnung kulturelle Werte zu vermitteln, die alternative Weltsichten nicht zuließen. Diese Erfahrung brachte eine Entwicklung in Gang, welche heute in den westlichen Gesellschaften eine gewisse Offenheit an Werten in den Bildungseinrichtungen ermöglichen und den Menschen zu einem rationellen, vernünftigen und selbständigen Menschen erwachsen lassen möchte.

Die Stärkung des politischen Systems, der Demokratie, soll hierbei verfolgt und gesichert werden. Die Aufgaben von Schule sieht Fend (2008, S. 13) in „der Menschenbildung, der Arbeit an den Kompetenzen, Haltungen und psychischen Strukturen heranwachsender Menschen". Schule „zielt auf die Internalisierung von kulturellen Grundüberzeugungen und auf die Weitergabe von Wissen und Fertigkeiten. [...] Bildungssysteme sind, inhaltlich gesehen, Institutionen, die die gesellschaftlich gewollte, verstetigte und methodisierte Menschenbildung und Kulturübertragung realisieren. Sie *arbeiten an der „Seele von Heranwachsenden",* an ihren mentalen Strukturen und an ihrem Wertesystem." (Fend 2008, S. 29f.).

Die Funktion der Schule wird dementsprechend darin gesehen, Schüler Bildung erfahren zu lassen, mit dem Ziel, sie in ihrer Persönlichkeit, orientiert an den Werten und Interessen der Gesellschaft, zu entwickeln. Die Pflege der kulturellen Identität, die Kultivierung der gesellschaftlichen Tradition und die Integration in das System können als die Interessen der Schule betrachtet werden (Enkulturationsfunktion). Die Integration in das System bezieht sich einerseits auf das soziale System, dies wird angestrebt über die Vermittlung von Normen und Werten (Integrationsfunktion), sowie andererseits auf das berufliche System (Qualifikationsfunktion). Das Bildungssystem hat die Aufgabe, Qualifikationen bereitzustellen, durch welche junge Erwachsene die Grundvoraussetzungen erlangen, ihren Lebensunterhalt selbständig zu sichern, ihr Know-How nach dem Verlassen des Schulsystems in das Wirtschaftssystem so einzubringen, dass es die Wirtschaft des Landes mit der Konkurrenz anderer Volkswirtschaften aufnehmen kann.

Daneben wird der Schule eine Allokationsfunktion zugeschrieben, was bedeutet, dass die in der Gesellschaft benötigten Berufspositionen mit Hilfe der Schule von einer Generation auf die nächste verteilt werden, indem die Institution diesen Verteilungsprozess der Schüler auf die Berufspositionen mittels der auf Leistungen basierten Zuweisung in die Schularten unterstützt. Diese Verteilungsfunktion wurde immer wieder kritisch diskutiert, da diese Aufgabe einerseits von den sozial stärkeren Klassen ausgeführt wird und die immense Herausforderung impliziert, jedem Schüler eine Tätigkeit in der Gesellschaft zuordnen zu können, die seinen Fähigkeiten am optimalsten entspricht (vgl. Fend 2008, S. 49ff.; Diederich et al. 1997, S. 68ff.). Durch diese Funktion wird Schule zum Entscheidungskriterium für die berufliche und soziale Laufbahn, oder in den Worten Fends (2008, S. 44) zum „Instrument der Lebensplanung".

Die zugesprochenen und oben diskutierten Funktionen von Schule gehen nach Fend (2008, S. 19) auf zwei Strömungen zurück: Auf der einen Seite steht der Struktur-Funktionalismus, welcher den ursprünglich einzigen externen Bezug der Schule zur Kultur um neue gesellschaftliche Akteure wie bspw. der Wirtschaft oder Politik ergänzte. Dieser Ansatz unterstützt das Verstehen gesamtgesellschaftlicher Abläufe und zeigt die Bereiche bspw. der Persönlichkeitsentwicklung und Kompetenzbildung auf, bei der die Schüler unterstützt werden und ihre Integration in die Erwachsenenwelt gelingen soll. Auf der anderen Seite wird die Sozialisationstheorie gesehen, welche den Schüler in der Ganzheitlichkeit seiner schulischen Erfahrungsräume, die einen

Einfluss auf seine Persönlichkeit nehmen, betrachtet. Es wird davon ausgegangen, dass der Schüler in seinen Gefühlen und seinem Denken, in seinem Wissen und in seinen Werten durch den gesellschaftlichen Kontext seiner häuslichen Umgebung geprägt wird.

Diese Prägung durch das soziale Umfeld begleitet den Menschen ein Leben lang. Diese Annahme wurde kritisch hinterfragt und eine konträre Position gegenübergestellt, welche den Menschen in seinen unzählig vielen Möglichkeiten begreift und davon ausgeht, dass der Mensch durch seine kognitiven und reflexiven Fähigkeiten in der Lage ist, sein Leben frei und selbstbestimmt zu gestalten, ohne auf die in der Sozialisationstheorie vorgenommene lebenslange Festlegung des Seins aufgrund der Prägung der kindlichen Umgebung angewiesen zu sein (vgl. Fend 2008, S. 20ff.; Diederich et al. 1997, S. 120ff.).

Doch die Erfüllung dieser hohen Ziele kann Schule nicht immer gewährleisten. Kinder und Heranwachsende sind Menschen mit einem starken individuellen Willen und können daher in Bildungsinstitutionen nicht als reine Objekte behandelt werden. So hängt es auch maßgeblich vom jeweiligen Menschen ab, wie er seine Umgebung wahrnimmt und konstruiert und damit auch, welche Erfahrungen mit der Lern- und Sozialisationsumgebung Schule gemacht werden. Zudem entscheidet der Schüler darüber, mit welchem Anspruch, Interesse und Engagement die Bildungsangebote wahrgenommen werden und welche Motivation in das Erreichen einer Qualifikation aufgewandt wird. „Es sind die einfachen Dinge im Alltag der Schule und des Klassenzimmers, ja der konkreten Arbeit der Lehrer, die einen Unterschied machen - die Differenz zwischen Klarheit und Chaos, Ermutigung oder Skepsis, Unterstützen oder Ignorieren; und die Einstellung der Schüler, die der Schule die Bedeutung gibt, die sie gewinnen kann." (Diederich et al. 1997, S. 239). Der Umgang der Pädagogen mit diesen unterschiedlichen Persönlichkeiten und verschiedenen Wirklichkeiten stellt für die Institution Schule und den darin arbeitenden Pädagogen eine große Herausforderung dar, da sie im Vergleich zu anderen Disziplinen keine naturwissenschaftliche Grundlage haben, welche klare und sichere Erkenntnisse liefern und eindeutige Handlungsanweisungen für den

Umgang mit dieser Situation geben können. Aus dieser Unsicherheit des Handelns im pädagogischen Setting wird die Pädagogik als „weiche Technologie" bezeichnet, als Abgrenzung von Parsons „Technologie" - Begriff (vgl. Fend 2008, S. 28).

In der modernen Gesellschaft wird der Institution Schule von der demokratischen Gesellschaft also die Aufgabe übertragen, Schüler in ihrer persönlichen Entwicklung zu stärken und ihnen die Fähigkeiten zu vermitteln, welche sie für ein gutes Hineinwachsen in die arbeitsgliedrige Berufswelt und dem erfolgreichen Bestehen in diesem System benötigen. Diese Anforderungen stellen besonders für die darin tätigen Pädagogen eine immense Herausforderung dar, da die Schüler selbst bestimmen, in welchem Ausmaß sie die an sie herangetragenen Angebote nutzen und in ihre Entwicklung einbeziehen.

Ausgehend von dieser Annahme lässt sich vermuten, dass Schüler als die Schmide ihres eigenen Glückes gelten können. Um diese Annahme auf ihren Geltungsgehalt für das deutsche System überprüfen zu können, soll der Blick auf die Bildungsberichterstattung gerichtet werden, welche sowohl auf internationaler, nationaler und regionaler Ebene die Chancengleichheit der Schüler hinsichtlich ihrer Bildungsmöglichkeiten untersuchen will. Im ersten Schritt wird auf die Entwicklung der Bildungsberichterstattung eingegangen.

2.1.2 *Die Entwicklung der Bildungsberichterstattung*

Dargestellt wurde, dass sich moderne Gesellschaften durch ein hoch entwickeltes System der Arbeitsteilung auszeichnen, durch welche es dem Individuum gelingen soll, über die Ausübung einer Berufstätigkeit den eigenen Lebensunterhalt zu sichern. Bedingungen wie das Geschlecht, das Alter und der Berufsstand bestimmen in großem Maße den Zugang zu den verschiedenen Sparten des Arbeitssystems. Fend (2008, S. 38ff.) und Diederich et al. (1997, S. 162ff.) beschreiben, dass es in den modernen Gesellschaften eine hierarchische Einordnung der Menschen in soziale Schichten und Klassen gibt, wobei die Zugehörigkeit über das Einkommen und das Ansehen des gewählten Berufes maßgeblich bestimmt wird.

Je deutlicher die Gesellschaft durch den Beruf strukturiert und der Zugangsweg durch schulisch vergebene Qualifikationen bestimmt wird, desto stärker kann ein Zusammenhang zwischen dem schulischen Einfluss auf die Fähigkeiten und den gesellschaftlichen Möglichkeiten hergestellt werden. „Bildungssysteme werden in modernen Gesellschaften zu rationalen Instrumenten der Zuordnung von Leistungsprofilen und beruflichen Laufbahnen und damit zu einem Instrument der rationalen „Zähmung" des Kampfes um den Anteil am gesellschaftlichen Reichtum." (Fend 2008, S. 38f.).

Um dem Bildungssystem seine Legitimation erteilen zu können, ist die Chancengleichheit aller Gesellschaftsmitglieder ein elementares Prinzip, um diesen „Kampf" fair zu gestalten. Durch die Chancengleichheit kann jeder über sein Engagement und über die Leistung Zugang zu allen beruflichen Möglichkeiten erhalten und somit auch eine andere soziale Schicht erreichen. Fend (2008, S. 38ff.) beschreibt weiter, dass die Forschung mit zunehmendem Wohlstand in den modernen Industrienationen der Frage nachging, wie der Bildungsstand der jungen Gesellschaftsmitglieder mit dem Wohlfahrtssystem und insbesondere der ökonomischen Kraft des Landes in Verbindung steht.

Es wurde bereits in den 60er Jahren der Frage nachgegangen, wer schulischen Erfolg verzeichnete bzw. wer bestehende Möglichkeiten nicht nutzte – oder auch nicht nutzen konnte - mit dem Ergebnis, dass lediglich die gezeigte Leistung ausschlaggebend für die Gestaltung des Bildungsweges war. In der Soziologie entwickelte sich eine Strömung, welche sich auf die Bildungsbeteiligung verschiedener Gruppen spezialisierte. Nach Fend (2008, S. 39ff.) durchlief diese in den vergangenen fünfzig Jahren vier Phasen:

1. In der ersten Phase der Forschung in den 60er Jahren des vergangenen Jahrhunderts wurde die Erkenntnis gewonnen, dass es einen Zusammenhang zwischen der sozialen Herkunft und der Höhe des Bildungsabschlusses gibt. Somit wurde die Vorstellung, dass Bildungserfolg lediglich durch die Begabung und Leistungsfähigkeit des Schülers bestimmt wird, widerlegt. Das Ergebnis der Forschung war, dass zu dieser Zeit insbesondere vier Merkmale benachteiligend wirkten: Die Tatsache, auf dem Land aufgewachsen zu sein, aus einer Arbeiterfamilie gebürtig, weiblich und katholisch zu sein. Aus dieser Erkenntnis erwuchs die Kunstfigur des „katholischen Arbeitermädchens vom Lande", welches die niedrigsten Bildungschancen aufwies (Fend 2008, S. 39). Arbeiterkinder, insbesondere aus Süddeutschland, kamen im nationalen Vergleich selten über einen Hauptschulabschluss hinaus und waren an Universitäten so gut wie nicht vertreten.

2. Auf die Erkenntnisse der Bildungsbenachteiligung wurde in den 70er Jahren, der zweiten Phase der Forschung zur Bildungsbeteiligung, derart reagiert, dass ein Konzept der Gesamtschule entwickelt wurde. Alle Kinder besuchten bis zur Vollendung des 9. oder 10. Schuljahres dieselbe Schule, so dass Entscheidungen zur Schulart entfielen und die Schüler lediglich schulintern in Leistungsgruppen eingeteilt wurden. Die Überprüfung der Wirksamkeit dieses Modells zeigte positive Entwicklungen hinsichtlich der Chancengleichheit: Die Chancen der Schüler aus verschiedenen Schichten konnten sich deutlich annähern, wenngleich die Verknüpfung der Bildungschancen und der sozialen Herkunft nicht vollkommen aufgehoben werden konnte.

3. Die dritte Phase in den 1980er/ 90er Jahren beschäftigte sich im öffentlichen Raum kaum mit dem Thema Chancengleichheit im Bildungswesen. Gleichzeitig wurden internationale Untersuchungen durchgeführt und erkannt, dass die Ausweitung von Bildungsbemühungen einen wichtigen Effekt auf die Schaffung von Chancengleichheit erzielte.

4. In der vierten Phase, nach der Implementierung der internationalen Untersuchungen wie bspw. den PISA-Studien, wurde die

Aufmerksamkeit erneut auf den Bereich der Chancengleichheit im Bildungssystem gelenkt. Die Ergebnisse der Studien zeigten, dass Deutschland und die Schweiz die westlichen Länder sind, welche die stärkste Selektion verursachen und dadurch Kindern aus sozial schwachen Schichten die geringsten Chancen ermöglichen. PISA legte offen, dass Kinder aus verschiedenen sozialen Schichten bei gleichem Stand an kognitiven Fähigkeiten in diesen Ländern unterschiedliche Bildungschancen verzeichnen.

Die Studien zur Bildungsberichterstattung wurden, wie bereits erwähnt, schon seit den 1960er Jahren zu verschiedenen Kompetenzschwerpunkten durchgeführt, so beispielsweise die First International Mathematics Study (FIMS) zu den Mathematikkenntnissen im Jahr 1964, die First International Science Study (FISS) zum naturwissenschaftlichen Wissen im Jahre 1970 oder 1984 die Aufsatzstudie in den Muttersprachen der Teilnehmerländer. Diese Studien wurden allesamt durch die International Association for the Evaluation of Educational Achievement (IEA) in Auftrag gegeben. Die Schulleistungsstudien wurden in den folgenden Jahren weiterhin regelmäßig durchgeführt, teils auch unter anderer Namensgebung und mit variierten Testungskonzepten. 1990 wurden schließlich die Kompetenzfeststellungsstudien durch die International Reading Literacy Study (IRL) um die Lesekompetenz ergänzt. Im Jahr 2000 führte die OECD zum ersten Mal die PISA–Studie (Programm for International Student Assessment) mit der Zusammenfassung der Schwerpunkte Mathematik, Naturwissenschaften, Lesekompetenz und fächerübergreifende Bildung durch. Die PISA-Studie wurde seitdem in den Jahren 2003, 2006, 2009 und 2012 erneut durchgeführt. Neben der PISA-Studie werden diverse andere internationale Schulleistungsstudien von der IEA erhoben, zu nennen sind an dieser Stelle die TIMSS-Studie (Trends in International Mathematics and Science Study) mit einem mathematisch-naturwissenschaftlichen Schwerpunkt, die PIRLS- Studie (Progress in International Reading Literacy Study) und die IGLU-Studie (Internationale Grundschul-Lese-Untersuchung) zur Erfassung der Lesekompetenz.

Deutlich in den Fokus des Interesses gerückt wurden die Ergebnisse der Schulleistungsstudien nach dem PISA-Schock im Jahre 2001, als infolge der Veröffentlichung der Ergebnisse dem deutschen Schüler bescheinigt wurde, dass er nicht in der Lage ist, sinnverstehend zu lesen und dass sich die Schüler beachtlich in ihren Leistungen unterscheiden. Außerdem wurde festgestellt, dass sich auch die deutschen Schulen im nationalen Vergleich immens in ihren Leistungen unterscheiden. Die Politik war nach diesen Erkenntnissen gezwungen, zu reagieren, somit verabschiedete die Ständige Konferenz der Kultusminister der Länder (KMK) im Jahre 2006 eine Gesamtstrategie zum „Bildungsmonitoring". *„Bildungsmonitoring* bezeichnet dabei die kontinuierliche, datengestützte Information von Bildungspolitik und Öffentlichkeit über Rahmenbedingungen, Verlaufsmerkmale, Ergebnisse und Erträge von Bildungsprozessen." (Gehrmann 2011, S. 14). Neben der Durchführung der internationalen Schulleistungsstudien umfasste die neue Strategie drei Instrumente, die ab diesem Zeitpunkt verbindlich in das System impliziert werden sollten: Die zentrale Überprüfung hinsichtlich der Erreichung der Bildungsstandards auf Länderebene, länderübergreifende Vergleichsarbeiten sowie die gemeinsame Bildungsberichterstattung von Bund und Ländern (vgl. KMK 2013, S. 215). Iben (2002, S. 185f.) ergänzt die dargestellten vier Phasen um die Erkenntnis, dass sich aktuell ein „Trend zur Zurückdrängung aller Gleichheitsforderungen" entwickelt, da in der breiten Gesellschaft zunehmend akzeptiert werde, dass die freie Wirtschaft neben den Gewinnern auch Verlierer produziert. Somit werde die Benachteiligtenförderung darauf begrenzt, die Startchancen für alle gerechter zu gestalten.

Da der Markt diese Gerechtigkeit nicht selbst gewährleistet, werden Förderungen und unterstützende Hilfen durch politische Interventionen überall dort notwendig, wo sich Benachteiligung zu manifestieren droht. Rahmenbedingungen müssen derart gestaltet werden, dass Chancengleichheit weitgehend hergestellt werden kann. Inwiefern die Chancen vom Einzelnen tatsächlich ergriffen werden, ist persönliche Entscheidung des Individuums.

Nachdem nun der Entwicklungsprozess des Bildungsmonitorings von der ersten Erkenntnis, dass Bildungsbenachteiligung ein Problem darstellt in den 60er

Jahren über die Entwicklung des Gesamtschulsystems bis hin zur Entstehung und Ausdifferenzierung der Bildungsberichterstattung auf verschiedenen Ebenen dargestellt wurde, kann konstatiert werden, dass die aktuelle politische Bestrebung diejenige ist, die Startchancen aller in der Gesellschaft lebenden Personen anzugleichen. Jede Person soll die Möglichkeit haben, sich entsprechend seiner Vorstellungen entfalten zu können. Vor diesem Hintergrund sollen nun die Erkenntnisse des Bildungsmonitorings auf internationaler, nationaler und regionaler Ebene unter dem Fokus der Chancengleichheit und Bildungsbenachteiligung betrachtet werden, um Aussagen treffen zu können, inwiefern das hehre Ziel der Chancengleichheit für alle Personen zum momentanen Zeitpunkt bereits erreicht ist.

2.1.3 *Das internationale Bildungsmonitoring – am Beispiel PISA 2012*

„PISA 2012: Schulische Bildung in Deutschland besser und gerechter", so überschreibt das Bundesministerium für Bildung und Forschung seine Pressemitteilung zu den Ergebnissen der PISA-Studie aus dem Jahre 2012 (http://www.bmbf.de/de/899.php). Grundlage für diese positive Pressemitteilung waren die Erkenntnisse der Studie, nach der es Deutschland gelungen war, die Leistungen seiner schwächsten Schüler anzuheben und dabei gleichzeitig das Leistungsniveau der stärksten Schüler beizubehalten. Somit liegt Deutschland inzwischen in allen Bereichen über dem Durchschnitt der OECD-Länder und nicht mehr, wie noch im Jahr 2000, im unteren Drittel der Leistungen.

Trotz einiger Verbesserungen in puncto Chancengerechtigkeit zeigt Deutschland noch immer einen deutlichen Nachholbedarf, da der sozioökonomische Hintergrund einen vergleichsweise starken Einfluss auf die Schülerleistungen ausübt.

Schülerleistungen und Chancengerechtigkeit

◇ Zusammenhang zwischen Schülerleistungen und sozioökonomischem Hintergrund stärker als im OECD-Durchschnitt

◇ Zusammenhang zwischen Schülerleistungen und sozioökonomischem Hintergrund unterscheidet sich statistisch nicht signifikant vom OECD-Durchschnitt

◇ Zusammenhang zwischen Schülerleistungen und sozioökonomischem Hintergrund schwächer als im OECD-Durchschnitt

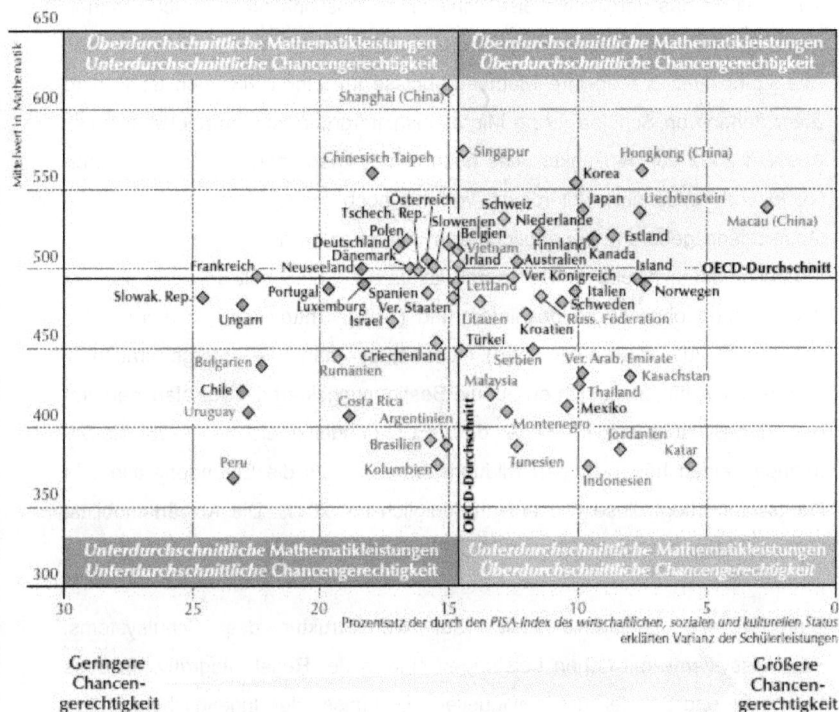

Mittelwert in Mathematik

Überdurchschnittliche Mathematikleistungen / Unterdurchschnittliche Chancengerechtigkeit — Überdurchschnittliche Mathematikleistungen / Überdurchschnittliche Chancengerechtigkeit

Shanghai (China) · Chinesisch Taipeh · Singapur · Hongkong (China) · Korea · Österreich · Tschech. Rep. · Schweiz · Japan · Liechtenstein · Polen · Slowenien · Niederlande · Macau (China) · Deutschland · Belgien · Estland · Dänemark · Vietnam · Finnland · Kanada · Frankreich · Neuseeland · Irland · Australien · Island — OECD-Durchschnitt · Ver. Königreich · Slowak. Rep. · Portugal · Spanien · Lettland · Italien · Norwegen · Luxemburg · Ver. Staaten · Schweden · Ungarn · Israel · Litauen · Russ. Föderation · Kroatien · Türkei · Bulgarien · Griechenland · Serbien · Ver. Arab. Emirate · Rumänien · Malaysia · Kasachstan · Chile · Thailand · Costa Rica · Mexiko · Uruguay · Argentinien · Montenegro · Jordanien · Brasilien · Tunesien · Katar · Peru · Kolumbien · Indonesien

Unterdurchschnittliche Mathematikleistungen / Unterdurchschnittliche Chancengerechtigkeit — Unterdurchschnittliche Mathematikleistungen / Überdurchschnittliche Chancengerechtigkeit

OECD-Durchschnitt

Prozentsatz der durch den PISA-Index des wirtschaftlichen, sozialen und kulturellen Status erklärten Varianz der Schülerleistungen

Geringere Chancengerechtigkeit — Größere Chancengerechtigkeit

Abb. 2: Schülerleistungen und Chancengerechtigkeit (OECD 2013, S. 13, zit n.: OECD, PISA-2012-Datenbank.)

Die PISA-Studie aus dem Jahr 2010 zeigte bereits, dass der familiäre Hintergrund deutliche Auswirkungen auf den Bildungserfolg hat und dass das Schulsystem diese Auswirkungen häufig verstärkt, anstatt diese abzumindern:

„Obwohl ein ungünstiger sozioökonomischer Hintergrund nicht automatisch zu schlechten schulischen Leistungen führt, scheint der sozioökonomische Hintergrund der Schüler und der Schulen die Leistungen doch stark zu beeinflussen." (OECD 2010, S. 10). Die PISA-Studie 2012 konnte diese

21

Situation nicht auflösen. Schüler aus sozial schwachen Familien schnitten in Mathematik durchschnittlich noch immer um 43 Punkte schlechter ab als Jugendliche aus sozial begünstigten Elternhäusern. Eine Auswirkung dieser Tatsache ist das vergleichsweise schlechtere Abschneiden der Schülerinnen und Schüler mit Migrationshintergrund gegenüber ihren einheimischen Altersgenossen: „Lagen ihre Matheergebnisse im Jahr 2003 noch 81 Punkte unter denen von Schülern ohne Migrationshintergrund, so verringerte sich der Abstand 2012 auf 54 Punkte (was noch immer knapp anderthalb Schuljahren Rückstand entspricht). Allerdings verfehlt noch immer fast jeder dritte in Deutschland geborene Jugendliche aus Migrantenfamilien in Mathematik das Grundkompetenzniveau 2. Der Anteil ist damit gut doppelt so hoch wie bei Jugendlichen ohne Migrationshintergrund (14%)." (http://www.oecd.org/berlin/ presse/pisa-2012-deutschland.htm). Betrachtet man die intergenerationale Bildungsmobilität, zeigt sich erneut die Bestimmungskraft der sozialen Herkunft über den Bildungsweg: In 37 % der OECD-Länder erreichen die 25- bis 34-Jährigen einen höherwertigen Bildungsabschluss als die Elterngeneration. In Deutschland liegt diese Prozentzahl lediglich bei 20 %. Die Abwärtsmobilität liegt in Deutschland bei 22 %, im OECD-Vergleich bei 13%.

Eine weitere Erkenntnis zielte auf die Struktur des Schulsystems: Bildungssysteme mit hohen Leistungen sind in der Regel integrativ, so dass Lehrkräfte und Schulen die individuellen Bedürfnisse der Jugendlichen stärker einbezogen. „Demgegenüber erreichen Schulsysteme, die von vornherein unterstellen, dass die Schülerinnen und Schüler für unterschiedliche Laufbahnen bestimmt sind, und die dementsprechend unterschiedliche Erwartungen an sie richten und sie in unterschiedliche Schulen, Klassen und Klassenstufen einteilen, oft weniger ausgewogene Ergebnisse, ohne dass die Gesamtleistung besser ausfiele. Erfolgreiche Schulsysteme – d.h. solche, die überdurchschnittliche Leistungen erreichen und unterdurchschnittliche sozioökonomische Ungleichheiten aufweisen – bieten allen Schülerinnen und Schülern, unabhängig von ihrem sozioökonomischen Hintergrund, gleiche Lernmöglichkeiten" (OECD 2010, S. 18). In diesem Zusammenhang konstatierte die OECD bereits im Jahr 2013 infolge der Zusammenfassung von verschiedenen Bildungsgängen, dass positive Effekte erzielt wurden.

Spannend ist nun die Frage, welche darüber hinaus in Deutschland eingeleiteten Maßnahmen der Einschätzung der OECD zufolge die Angleichung der Chancengleichheit erwirken konnte. Hier weist die OECD im Jahr 2013 auf die Implizierung von Programmen hin, die Schülern aus sozial benachteiligten Elternhäusern durch ein zusätzliches Angebot an Unterrichtsstunden mehr Lernchancen eröffnen. Auch den Lehrkräften wird eine bedeutsame Einflussgröße auf die Entwicklung des Bildungserfolges der jeweiligen Schülerinnen und Schülern zugeschrieben, indem sie bei dem einzelnen Schüler eine fehlende Motivation erkennen und dieser bereits zu Beginn entgegenwirken, ehe sich ein Desinteresse an der Schule verfestigt. So können Lehrer die Schüler bei der Vermittlung von Durchhaltevermögen unterstützen, indem sie deren komplexe Problemlösefähigkeiten fördern und sie zum Lernen aus Fehlern ermutigen. Damit korreliert, dass es ein Anliegen der Politik sein muss, engagierte und begabte Lehrkräfte zu gewinnen, da ein positives Lernklima als wichtige Größe für verbesserte Schülerleistungen betrachtet wird. Aufgabe der Politik ist in dem Zusammenhang, keinen Lehrermangel entstehen zu lassen. Eine weitere Erkenntnis stützt sich auf die Dimension der Eltern, die durch eine Erwartungshaltung hinsichtlich des Schulerfolgs ihre Kinder motivieren und ihnen einen Orientierungsrahmen vorgeben können (Prenzel et al. 2013, S. 9ff.).

2.1.4 *Das nationale Bildungsmonitoring - Bildung in Deutschland 2012*

Der Bildungsbericht Deutschland, welcher im Jahr 2012 in vierter Auflage erschienen ist, attestiert Deutschland ähnlich der internationalen Schulleistungsstudie eine gute Gesamtentwicklung. Der Bildungsbericht weist auf eine bessere Entwicklung des Bildungsniveaus in Deutschland hin, da im Vergleich zur dritten Auflage des Surveys die Zahl der Abiturienten anstieg und die Zahl der Schulabbrecher weiter abnahm. Als Ursachen für dieses positive Resultat wurden Schulreformen, bspw. in die veränderte Lehrerausbildung und eine erhöhte Durchlässigkeit im Schulsystem benannt. Als weitere Gründe werden der Ausbau des Bildungs- und Betreuungssystems sowohl im

Kleinkindbereich als auch im Ganztagesschulbereich mit einer Spezifizierung und Ausdifferenzierung der Förderangebote sowie der Anstieg der Investitionen in Förder- und Bildungsprogramme angeführt. Die Entwicklung zeigt, dass die Zahl junger Menschen mit einem Schulabschluss angestiegen ist, dass die Chance auf höhere Bildungsabschlüsse zunimmt und dass insbesondere der Bildungsstand der Frauen einen deutlichen Anstieg verzeichne. Demgegenüber ist jedoch ein Zuwachs der jungen Männer festzustellen, die keinen Berufsabschluss erzielen. Auch zeigen männliche Ausbildungsabsolventen größere Übergangsschwierigkeiten in den Beruf und sind in höherem Maße mit Arbeitslosigkeit konfrontiert als weibliche Absolventinnen.

Es wird beschrieben, dass im Vergleich zum letzten Bildungsbericht weniger Kinder und Jugendliche unter sozialen und ökonomischen Risikobedingungen aufwachsen, dennoch ist die Zahl mit 29 Prozent der Kinder und Jugendlichen erschreckend hoch. Unter dem Begriff der Risikobedingungen verstand die Ständige Konferenz der Kultusminister der Länder das Zutreffen mindestens eines der drei folgenden Kriterien „Bildungsfernes Elternhaus, Einkommen unter der Armutsgefährdungsgrenze, kein Elternteil berufstätig" (http://www.kmk.org/presse-und-aktuelles/meldung/bildung-in-deutschland-2012.html).

Somit ist nach wie vor in Deutschland „ein enger Zusammenhang zwischen Herkunftsmerkmalen, Bildungsbeteiligung sowie Kompetenz- und Zertifikatserwerb" anzutreffen (Autorengruppe Bildungsberichterstattung 2012, S. 211). Menschen mit Migrationshintergrund haben noch immer einen durchschnittlich niedrigeren Bildungsstand als die Vergleichsgruppe ohne Migrationshintergrund, auch zeigen sie ein höheres Risiko auf, von sozialen und finanziellen Risiken betroffen zu sein und in geringerem Maße in ihrer Entwicklung gefördert zu werden. Kinder von Eltern mit niedrigem Bildungsstand zeigen in ca. 29 % Sprachentwicklungsverzögerungen auf, wird innerfamiliär eine andere als die deutsche Sprache verwendet, liegt der Prozentsatz sogar bei 39 %. Der Anteil an Klassenwiederholungen ist bei Kindern aus Familien mit niedrigem sozialökonomischem Status oder mit Migrationshintergrund überdurchschnittlich hoch. Der Bericht weist darauf hin, dass das Ziel, Kinder aus bildungsfernen Familien und Kinder mit Migrationshintergrund früh durch institutionelle Angebote zu fördern und damit Nachteile zu kompensieren, bislang nicht erreicht werden konnte. In der Altersgruppe der 30- bis 35-Jährigen konnten 10 % keinen Hauptschulabschluss und 37 % keinen beruflichen Abschluss vorweisen. Mit zunehmendem Bildungsniveau steigen die Erwerbsquote, das Einkommen sowie die gesellschaftliche Teilhabe an. (vgl. http://www.kmk.org/presse-und-aktuelles/meldung/bildung-in-deutschland-2012.html, Autorengruppe Bildungsberichterstattung 2012, S. 210 ff.)

2.1.5 *Bildungsmonitoring auf regionaler Ebene - Bildung im Ostalbkreis 2011*

Der Bildungsbericht des Ostalbkreises beinhaltet eine Skizzierung der Bevölkerungszusammensetzung im Landkreis. Da sich die vorliegende Wirksamkeitsstudie rein auf diesen Landkreis bezieht, speziell auf die Sonderberufsfachschulen zweier Kreisstädte, wird auf die Bevölkerungsstruktur kurz eingegangen, um mehr Klarheit über die Umgebung der Jugendlichen zu schaffen. Im vorliegenden Bericht wird zudem die Situation der Personen mit Migrationshintergrund ausführlich skizziert und auf die Gegenüberstellung dieser mit der Bevölkerung ohne Migrationshintergrund vorrangig eingegangen.

Der Bildungsbericht des Ostalbkreises konstatiert, dass am 31.12.2009 jeder fünfte Bewohner des Ostalbkreises einen Migrationshintergrund vorzuweisen hatte, konkret waren dies zum Stichtag 67.392 Einwohner der 306.325 Einwohner, was einem Prozentsatz von 22,0 % entspricht.

Deutsche ohne Migrationshintergrund und Migranten nach Art des Migrationshintergrunds im Ostalbkreis im Jahr 2009

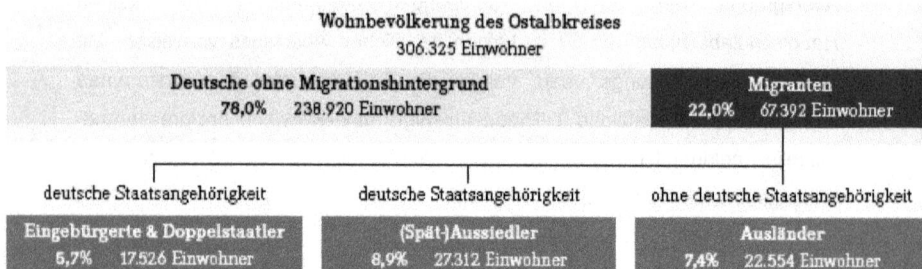

Wohnbevölkerung des Ostalbkreises
306.325 Einwohner

Deutsche ohne Migrationshintergrund 78,0% 238.920 Einwohner	**Migranten** 22,0% 67.392 Einwohner

deutsche Staatsangehörigkeit	deutsche Staatsangehörigkeit	ohne deutsche Staatsangehörigkeit
Eingebürgerte & Doppelstaatler 5,7% 17.526 Einwohner	**(Spät-)Aussiedler** 8,9% 27.312 Einwohner	**Ausländer** 7,4% 22.554 Einwohner

Berechnungen auf Grundlage von 98,1 % der Wohnbevölkerung (Bevölkerung mit Hauptwohnsitz);
ohne Wohnbevölkerung von Adelmannsfelden und Tannhausen; fehlend 13.
Quelle: Einwohnermeldewesen der Städte und Gemeinden, eigene Berechnungen (Ableitung mit MigraPro)

Abb. 3: Wohnbevölkerung des Ostalbkreises (Gehrmann et al. 2001, S. 26)

Die Zahl der Einwohner ohne deutsche Staatsbürgerschaft machte jedoch lediglich 7,4 % aus, daneben besitzen 5,7 % der Personen mit Migrationshintergrund infolge Einbürgerung oder Doppelstaatsbürgerschaft den deutschen Pass, weitere 8,9 % sind Spätaussiedler. Gehrmann et al. (2011, S. 24ff.) weisen darauf hin, dass es deutliche Disparitäten in den Migrantenanteilen innerhalb der Städte und Gemeinden des Ostalbkreises festzustellen sind: In den Kreisstädten Schwäbisch Gmünd liegt der Anteil bei 34,2 %, in Aalen bei 23,4 % und in Ellwangen bei 20,7 %, im Gegensatz dazu liegt in der Gemeinde Neuler die Zahl bei 5,9 %, was den geringsten Migrantenanteil des Ostalbkreises ausmacht. Deutlich zu verzeichnen sind die Unterschiede in den Stadtbezirken:

Der Anteil der Bewohner mit Migrationshintergrund ist in den innerstädtischen Bereichen um das 1,3- bis 1,6- fache erhöht. Damit ergeben sich in den großen Kreisstädten folgende innerstädtische Bevölkerungsanteile der Menschen mit Migrationshintergrund: Schwäbisch Gmünd 45,4 %, Aalen 37,1% und Ellwangen 31 %. Hinsichtlich der Herkunftsländer eröffnet sich eine sehr große Vielfalt: Menschen kamen aus über 162 Herkunftsländer in den Ostalbkreis, gemessen an der Gesamtbevölkerung kamen 6 % der Menschen aus den

Ländern der ehemaligen Sowjetunion, 4 % aus der Türkei, über 2 % aus dem ehemaligen Jugoslawien und mehr als 1 % aus Italien und Polen. Bezogen auf die Gruppe der Menschen mit Migrationshintergrund bedeutet dies, dass 28 % der Menschen mit Migrationshintergrund aus der ehemaligen Sowjetunion, 19 % aus der Türkei und 9,5 % aus dem ehemaligen Jugoslawien kamen. Menschen aus Polen, Italien und Rumänien stellen jeweils mehr als 6 % der Menschen mit Migrationshintergrund im Ostalbkreis. Die Zahlen des Bildungsberichts sind deutlich: Insbesondere Kinder und Jugendliche weisen einen starken Migrationsanteil auf. So haben inzwischen 22 % der jungen Menschen unter 20 einen Migrationshintergrund, bei der Gruppe der Unter-6-Jährigen beläuft sich der Anteil gar auf über ein Drittel. Wird an dieser Stelle der Fokus erneut auf die innerstädtischen Bereiche gelegt, wird der Anteil der Unter-20-Jährigen in Schwäbisch Gmünd bei 61,9 % erhoben, in Aalen bei 56 % und in Ellwangen bei 42,5 %. Daraus lässt sich schließen, dass in den umliegenden Stadtbezirken die Dichte an jungen Menschen mit Migrationshintergrund deutlich abnimmt.

Bevölkerung nach Art des Migrationshintergrundes und ohne Migrationshintergrund in kindertageseinrichtungs- und schulrelevanten Altersgruppen in Auswahlstädten und dem Ostalbkreis im Jahr 2009 (in %)

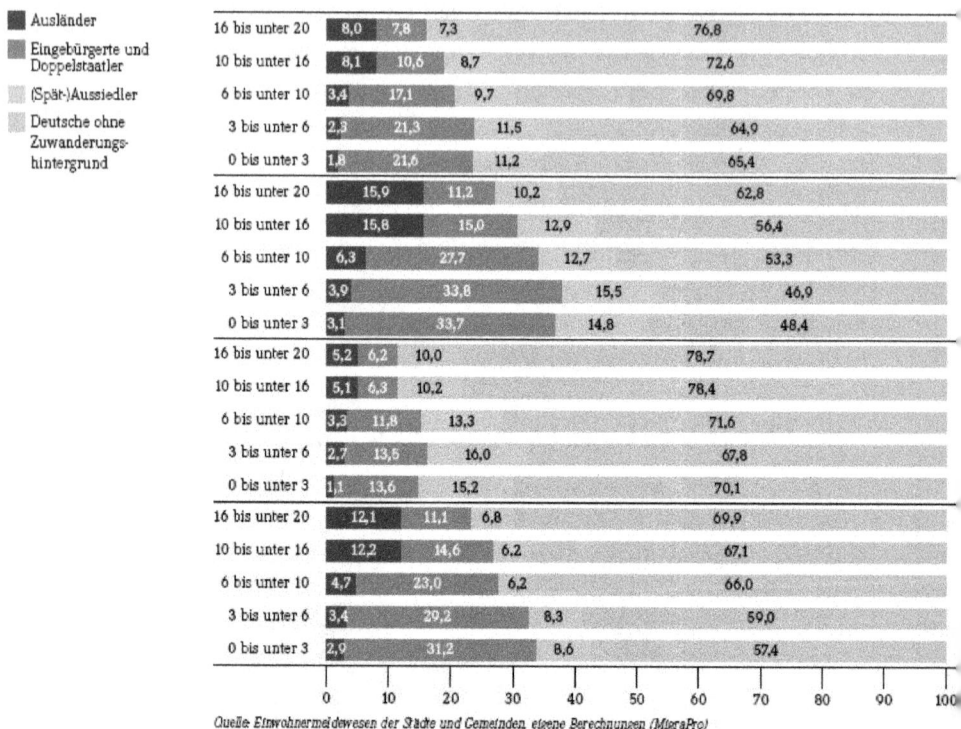

Legende:
- Ausländer
- Eingebürgerte und Doppelstaatler
- (Spät-)Aussiedler
- Deutsche ohne Zuwanderungshintergrund

Altersgruppe	Ausländer	Eingebürgerte und Doppelstaatler	(Spät-)Aussiedler	Deutsche ohne Zuwanderungshintergrund
16 bis unter 20	8,0	7,8	7,3	76,8
10 bis unter 16	8,1	10,6	8,7	72,6
6 bis unter 10	3,4	17,1	9,7	69,8
3 bis unter 6	2,3	21,3	11,5	64,9
0 bis unter 3	1,8	21,6	11,2	65,4
16 bis unter 20	15,9	11,2	10,2	62,8
10 bis unter 16	15,8	15,0	12,9	56,4
6 bis unter 10	6,3	27,7	12,7	53,3
3 bis unter 6	3,9	33,8	15,5	46,9
0 bis unter 3	3,1	33,7	14,8	48,4
16 bis unter 20	5,2	6,2	10,0	78,7
10 bis unter 16	5,1	6,3	10,2	78,4
6 bis unter 10	3,3	11,8	13,3	71,6
3 bis unter 6	2,7	13,5	16,0	67,8
0 bis unter 3	1,1	13,6	15,2	70,1
16 bis unter 20	12,1	11,1	6,8	69,9
10 bis unter 16	12,2	14,6	6,2	67,1
6 bis unter 10	4,7	23,0	6,2	66,0
3 bis unter 6	3,4	29,2	8,3	59,0
0 bis unter 3	2,9	31,2	8,6	57,4

Quelle: Einwohnermeldewesen der Städte und Gemeinden, eigene Berechnungen (MigraPro)

Abb. 4: Bevölkerung nach Migrationshintergrund (Gehrmann et al. 2011, S. 32)

Die Anzahl der Kinder mit Migrationshintergrund in den vorschulischen Einrichtungen belief sich im Erhebungszeitraum auf durchschnittlich 26 %. In 14 % der Einrichtungen gibt es bereits mehr Kinder mit Migrationshintergrund als ohne. Deutliche Variationen sind auch in diesem Bereich in den verschiedenen Gemeinden und Städten mit den jeweiligen Stadtbezirken zu erkennen. 57,1 % der Kinder mit Migrationshintergrund nutzen zu Hause eine Sprache, die nicht der deutschen Sprache entspricht. Bei den zweisprachig aufwachsenden Kindern wird vermehrt ein Sprachförderbedarf diagnostiziert.

Wird das Schulsystem des Ostalbkreises in den näheren Augenschein genommen, zeichnet sich aufgrund des Geburtenrückgangs der vergangenen Jahre eine geringere Schülerzahl ab. Die Hauptschulen mussten deutliche Einbußen in ihren Schülerzahlen hinnehmen, dagegen war ein Anstieg der Schülerzahlen an Gymnasium zu verzeichnen.

Hinsichtlich der Chancengleichheit von jungen Menschen mit Migrationshintergrund zeichnet der Ostalbkreis einen großen Bedarf an Veränderung auf, da die Benachteiligungen im Vergleich zum Bundesland Baden-Württemberg eklatant sind. So ist Anteil der männlichen Schüler mit Migrationshintergrund, welche auf eine Sonderschule verwiesen werden, im Lauf der Zeit gestiegen. Im Verlauf des Bildungsmonitorings über 12 Schuljahre hinweg lag die Steigerung bei 75 %, so dass im Ostalbkreis zwischenzeitlich eine Quote von 5,7 % erreicht wird - dies entspricht einer vergleichsweisen Erhöhung der Quote um 30 % im Vergleich zum Bundesland. Der Anteil der Schüler mit Migrationshintergrund, die mit einer Hochschulzugangs-berechtigung die Schule verlassen, liegt lediglich bei 1,2 % - dies entspricht einem Viertel des Prozentsatzes des Bundeslands.

Aus dem Bildungsbericht des Ostalbkreises geht zusätzlich hervor, dass außergewöhnlich viele Jugendliche mit Migrationshintergrund Benachteiligungen beim Start in das Berufsleben erhalten, denn nahezu 70% dieser Schüler erreichen maximal den Hauptschulabschluss. Die Gruppe der Schulabgänger, die nicht in eine duale Ausbildung oder in ein Studium mündet, verbleibt in den Bildungsgängen des Übergangssektors, so bspw. im Berufsvorbereitungsjahr oder im Berufseinstiegsjahr. Der Anteil der Schüler mit Migrationshintergrund und ohne Schulabschluss liegt in diesem Bereich bei 31,6 %, was für eine immense Überrepräsentation spricht. Gleichzeitig zeichnet sich in den Übergangssystemen ein Frauenanteil von 48 % ab. (vgl. Gehrmann et al. 2011, S. 109ff.). Hinsichtlich des Geschlechterverhältnisses wird festgestellt, dass der Anteil der Mädchen in den Gymnasien am stärksten und der der Jungen hingegen in den Sonderschulen am stärksten ist.

Hinsichtlich der beruflichen Bildung zeichnen sich ebenfalls deutliche Disparitäten zwischen den Jugendlichen mit deutscher Herkunft und denen mit Migrationsgeschichte ab. Die Hälfte aller deutschen Jugendlichen münden in ein Ausbildungsverhältnisse im Dualen System ein, während der Anteil der Jugendlichen mit nichtdeutschen Wurzeln bei 43 % liegt. Mehr als ein Drittel dieser Jugendlichen sind hingegen im Übergangssystem zu finden, der Anteil der deutschen Jugendlichen ist dagegen nicht einmal halb so hoch. Kritisch zu betrachten sind diese Werte insbesondere vor dem Hintergrund, dass sich diese Station im Lebenslauf der Jugendlichen für weitere berufliche Anschlüsse als nachteilig erwies.

Verteilung der Schüler öffentlicher und privater beruflicher Schulformen* im Ostalbkreis auf die Teilbereiche des Berufsbildungssystems nach Nationalität im Schuljahr 2008/09

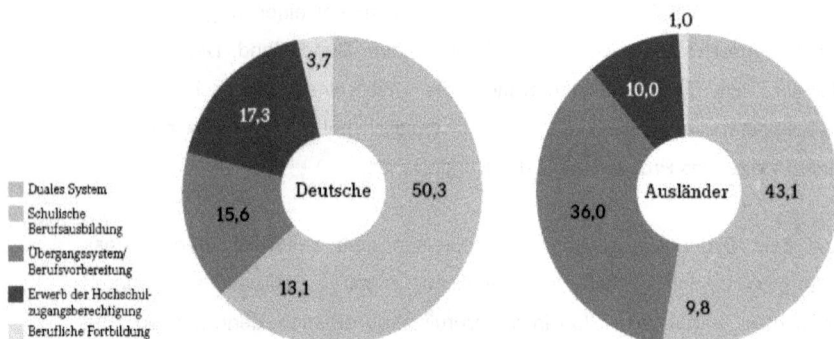

Legende:
- Duales System
- Schulische Berufsausbildung
- Übergangssystem/ Berufsvorbereitung
- Erwerb der Hochschulzugangsberechtigung
- Berufliche Fortbildung

Deutsche: 50,3 / 3,7 / 17,3 / 15,6 / 13,1
Ausländer: 43,1 / 1,0 / 10,0 / 36,0 / 9,8

*Bei der Sonderberufsschule an der Außenstelle der Johannes-Landenberger-Schule Waibängen wird das Merkmal "Staatsangehörigkeit" nicht getrennt erhoben.
Quelle: Statistisches Landesamt Baden-Württemberg, eigene Berechnungen

Abb. 5: Verteilung der Schüler (Gehrmann et al. 2011, S. 110)

Dieser überdimensionale Anteil der jungen Menschen mit Migrationshintergrund im Übergangssystem trägt auch als Ursache dazu bei, dass der Anteil der Schulabgänger ohne Schulabschluss unter ihnen mehr als doppelt so hoch liegt wie in der einheimischen Vergleichsgruppe.

Dem gegenüberzustellen ist der Anteil am akademischen Berufsweg, welcher in dieser Gruppe lediglich halb so oft ergriffen wird, der Anteil liegt bei 4,5 %, der Anteil der Akademiker im gesamten Landkreis liegt vergleichsweise bei 8,8 %.

Sozialversicherungspflichtig Beschäftigte insgesamt und ausländische sozialversicherungspflichtig Beschäftigte am Wohnort nach Berufsausbildung im Ostalbkreisim Jahr 2009 (in %)

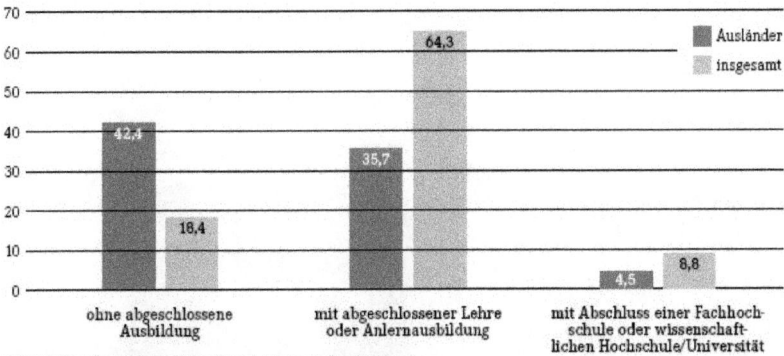

Quelle: Statistisches Landesamt Baden-Württemberg, eigene Berechnungen

Abb. 6: Sozialversicherungspflichtige Beschäftigte (Gehrmann et al. 2011, S. 36)

Treffen junge Menschen auf den Ausbildungsmarkt, zeigt sich eine Äquivalenz zwischen dem Ostalbkreis und der Arbeitslosenquote von Baden-Württemberg: Sie liegt beiderseits bei 5,7 Prozentpunkten. Beleuchtet man hierbei die Arbeitslosenquote näher, wird deutlich, dass bei der Gruppe der Ausländer die Arbeitslosenquote um mehr als ein Dreifaches höher liegt als die der deutschen Erwerbspersonen. Dieser Umstand lässt darauf schließen, dass die Ressourcen zur Teilhabe an der Gesellschaft deutlich gemindert sind.

Jahr	alle zivile Erwerbs-personen insgesamt	Arbeitslosenquote bezogen auf ...			
		abhängige zivile Erwerbspersonen			
		insgesamt	Deutsche	Ausländer	unter 25 Jahren
		in %			
Ostalbkreis					
2005	7,1	7,8	6,9	18,7	7,3
2006	6,1	6,8	6,0	17,2	5,6
2007	4,8	5,3	4,7	13,8	4,1
2008	3,7	4,2	3,6	11,6	2,9
2009	5,0	5,7	.	.	.
Baden - Württemberg					
2005	7,0	7,8	6,7	16,7	7,1
2006	6,3	7,1	6,0	15,2	5,7
2007	4,9	5,5	4,7	12,0	4,0
2008	4,1	4,6	3,9	10,3	3,3
2009	5,1	5,7	.	.	.

Anmerkung: Die Arbeitslosenquoten geben den Jahresdurchschnitt wieder
Quelle: Statistik der Bundesagentur für Arbeit

Abb. 7: Arbeitslosenquote im Ostalbkreis und im Bundesland (Gehrmann et al. 2011, S. 184)

An dieser Stelle sollen die vorliegenden Daten des Bildungsberichts von 2012, bei dem die letzten Daten im Jahr 2009 erhoben wurden, um aktuelle Daten des Statistischen Landesamts Baden-Württemberg ergänzt werden: Im Schuljahr 2011/2012 verließen 138.700 Schüler eine allgemeinbildende Schule. 5,1 Prozent dieser Schulabgänger verließen die Schule ohne Hauptschulabschluss. Von diesen 5.951 Abgängern ohne Hauptschulabschluss besuchten 3.803 eine Sonderschule, dies entspricht einer Quote von 63,9 Prozent. Im Durchschnitt erreichen Mädchen formell höher qualifizierende Abschlüsse als Jungen, auch zeigten sich deutsche Schüler nach wie vor besser gestellt als Schüler mit Migrationshintergrund. Noch immer verließen 11,7 Prozent der ausländischen Schüler die allgemeinbildende Schule ohne Hauptschulabschluss, die Zahl der deutschen Schüler hingegen umfasste lediglich ein Drittel dieser Zahl (4,2 Prozent).

2.1.6 BIBB – Übergangsstudien

Die im Jahre 2008 veröffentliche BIBB-Übergangsstudie zeigt, dass lediglich ein Fünftel der Schüler ohne Hauptschulabschluss einen Ausbildungsplatz im dualen System erhielt, die anderen vier Fünftel nahmen an einer Qualifizierungsmaßnahme im Übergangssystem teil, welchem die Sonderberufsfachschule zugeordnet wird. Zwei Fünftel der Schüler mit Hauptschulabschluss erreichten eine duale Ausbildung, während nahezu die Hälfte der Schüler ebenfalls in das Übergangssystem einmündete (vgl. Autorengruppe Berichterstattung 2008, S. 157f.). In der folgenden Abbildung werden die Übergangssituationen der Jugendlichen mit maximal Hauptschulabschluss in einem Zeitraum von 30 Monaten deutlich.

Abb. H3-7: Übergangsstationen von Jugendlichen mit maximal Hauptschulabschluss 6, 18 und 30 Monate nach Verlassen des allgemeinbildenden Schulsystems (in %)

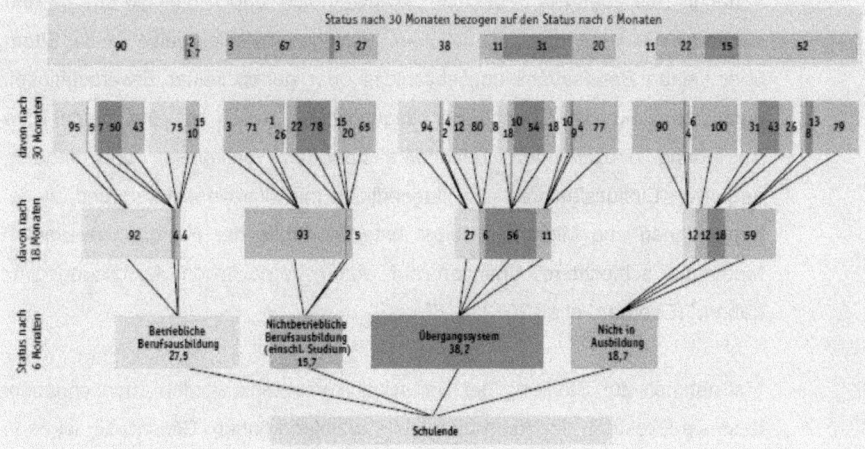

Abb. 8: Übergangsstationen von Jugendlichen (Autorengruppe Bildungsberichterstattung 2008, S.165)

Die BIBB-Übergangsstudie aus dem Jahr 2011 kommt zu dem Ergebnis, dass Jugendliche im Vergleich zu den Vorjahren inzwischen mehr institutionelle Unterstützung bei der Berufswahl erhalten. Insbesondere Jugendliche mit Migrationshintergrund erhielten signifikant häufiger als die deutschen Altersgenossen Maßnahmen wie bspw. die Betreuung durch Berufseinstiegsbegleiter. Erfahren Jugendliche institutionelle Unterstützung in der Phase des Übergangs Schule-Beruf, kann sich dadurch die individuelle berufliche Orientierung verändern. Beratungsgespräche in der Berufsberatung, Praktika und gezielte Einheiten wie das Simulieren von Vorstellungsgesprächen zeigen den Effekt, dass das Interesse der Jugendlichen an einer Berufsausbildung ansteigt, während nichtqualifizierende Wege wie berufsvorbereitende Maßnahmen oder Jobben weniger Zuspruch finden. Die BIBB-Übergangsstudie kommt darüber hinaus zu der Erkenntnis, dass ein gut gelingender Übergang in eine berufliche Ausbildung neben der Art des Schulabschlusses von der sozialen, ethischen und regionalen Herkunft abhängt: „Als ebenfalls bedeutsam erweisen sich jedoch u.a. die soziale und ethnische Herkunft der Jugendlichen. Verfügen beispielsweise beide Eltern über keinen Berufsausbildungsabschluss oder gehen keiner Erwerbstätigkeit nach, so sinkt die Chance der Jugendlichen, rasch in eine betriebliche Ausbildung einzumünden. Besonders betroffen von diesen und anderen negativen Einflussfaktoren sind Jugendliche mit Migrationshintergrund, wobei Migrantinnen und Migranten selbst unter Kontrolle der übergangsrelevanten Merkmale schlechtere Chancen auf einen betrieblichen Ausbildungsplatz haben." (Eberhard et al. 2013, S. 8f.).

Maßnahmen zur Stärkung der Berufswahlkompetenz werden zugeschrieben, dass sie Effekte in der Ausbildungsreife erzielen können. Gleichzeitig ist es in den vergangenen Jahren kaum zu einer Verbesserung der Berufseinstiegschancen gekommen, da es in der Zahl der Ausbildungsplätze insbesondere bis zum Jahr 2006 einen deutlichen Mangel gegeben habe. Da heute eine Proklamierung dahingehend stattfindet, dass Ausbildungsbetriebe ihre Ausbildungsplätze mancherorts bereits nicht mehr belegen können und ein Fachkräftemangel droht, wird den Programmen zur Berufswahlkompetenz und Ausbildungsreife eine neue, gestiegene Bedeutung zugemessen, da mithilfe dieser Förderungsangebote auch schwachen Schülern der Weg in eine Ausbildung ermöglicht werden kann. „Um den drohenden Fachkräftemangel zumindest lindern zu können, müssen in Ost und West neue, bislang noch unzureichend genutzte Potenziale unter den Jugendlichen für eine duale Berufsausbildung [...] gewonnen werden (ULRICH 2011). Hierzu zählen insbesondere schulisch leistungsschwächere Jugendliche, Jugendliche mit Migrationshintergrund sowie Jugendliche mit sozialen Benachteiligungen." (Eberhard et al. 2013, S. 11). Strategien zur Akquirierung des Potentials sei die Förderung der Berufswahl an Schulen, die Imagesteigerung von bislang wenig populären Berufen, die Etablierung regionaler Übergangsmanagement-systemen mit dem Ziel der Integration benachteiligter Jugendlicher sowie der Begleitung der Berufsausbildung benachteiligter Jugendlicher durch Mentoren. Außerdem besteht die Forderung nach einer effizienteren Gestaltung der Übergangssysteme, durch welche Jugendliche mehr profitieren können. Moniert wird, dass bislang keine wissenschaftlich gesicherten und repräsentativen Erkenntnisse dazu vorliegen, wie viele Jugendliche von welchen Maßnahmen zur Verbesserung der Berufsorientierung und der Übergangschancen profitieren konnten (vgl. Eberhard et. al 2013, S. 13).

Hinsichtlich der verschiedenen Bildungsberichterstattungen kann nun festgehalten werden, dass im deutschen System bislang keine Chancengleichheit hinsichtlich der Startbedingungen der Kinder und Jugendlichen vorzufinden ist. Die Anstrengungen und Reformen der letzten Jahre zeigten jedoch eine Verbesserung der Situation, was zeigt, dass die getroffenen Maßnahmen für das deutsche System passend sind, so bspw. die Förderung der benachteiligten Jugendliche durch spezifische Programme und intensive Beratungen. Es zeigte sich insbesondere im Bildungsbericht des Ostalbkreises, dass die soziale Herkunft und der Migrationshintergrund für viele Kinder und Jugendliche sehr benachteiligende Auswirkungen haben, da sie sowohl in Schulen mit niedrigen Abschlussmöglichkeiten deutlich überrepräsentiert sind, was die Folge nach sich zieht, dass die Anschlussmöglichkeiten in der Arbeitswelt deutlich erschwert sind, so dass viele ohne Berufsausbildung und in der Arbeitslosigkeit verweilen.

Die Frage, wie sich die aufgezeigte Chancenungleichheit im deutschen Bildungssystem begründen lässt, ist vor diesen Ergebnissen eine ernstzunehmende Frage. Es werden daher im Anschluss Modelle skizziert, welche diese Ungleichheit der Chancen im deutschen System erklären versuchen. Fend (2008, S. 42ff.) skizziert drei Modelle, welche die Selektivität des Bildungssystems erklären wollen. Das erste Modell geht von der Annahme aus, dass die Ursache im Bildungssystem liegt, das zweite Modell nimmt die Zielgruppe des Bildungssystems in den Fokus und das dritte beschäftigt sich vorrangig mit dem Prozess der Interaktion zwischen dem Bildungssystem und seinen Teilnehmern. Da in der Debatte um das Bildungsmonitoring neben dem Begriff der Chancengleichheit oftmals der Begriff der Benachteiligung verwendet wird, wird dieser zunächst definiert und in Zusammenhang mit der strukturellen Sicht gebracht.

2.1.7 Benachteiligung - Strukturelle Sichtweise auf Chancenungleichheit

Iben (2002, S. 853f.) zufolge entwickelte sich der Benachteiligungsbegriff in den frühen 1970er Jahren in den Vereinigten Staaten und nahm ursprünglich Bezug auf Schüler, die in ihren schulischen Leistungen Rückstände aufzeigten, obwohl sie sich hinsichtlich ihrer Intelligenz im durchschnittlichen Bereich befanden. Als Grund hierfür wurden nachteilige Sozialisationsbedingungen herangezogen und in den darauf folgenden Jahren eingehender erforscht. Hierbei wurde deutlich, dass diese Benachteiligungen nicht auf das Verschulden Einzelner zurückzuführen war, sondern vielmehr ein gesellschaftliches Problem darstellte. „Soziale Benachteiligung entsteht überall dort, wo bestimmten Gruppen der Zugang zu gesellschaftlich anerkannten Werten (Prestige, höheres Einkommen, soziale Sicherheit, Bildung) durch Schichtgrenzen und Diskriminierung verwehrt oder erschwert ist und Macht, Einfluss und Besitz bei wenigen privilegierten Gruppen konzentriert sind. Jede Stände-, Klassen- oder Schichtengesellschaft bildet eine Hierarchie, in der Status nicht durch demokratische Legitimation oder individuelle Qualifikation, sondern vorwiegend nach Gruppenzugehörigkeit zugeteilt oder vorenthalten wird. Soziale Benachteiligung ist darum als kollektive Benachteiligung zu verstehen, die nicht durch den Aufstieg und Erfolg einzelner beseitigt werden kann." (Iben 2002, S. 852). Liegt eine kollektive Benachteiligung vor, so wird diese auch als institutionelle Diskriminierung bezeichnet. Unter dem Begriff der institutionellen Diskriminierung wird das Handeln von Institutionen des Bildungs- oder Ausbildungssektors gefasst, welche Effekte des Ausschlusses und der Benachteiligung zur Folge hat, ohne dass einzelne Menschen diese Auswirkungen bewusst und gezielt schaffen, bspw. indem sie Missachtung oder Gewalt anwenden. Die Diskriminierung entsteht somit weniger durch das personenbezogene, konkrete Handeln der in der Institution Tätigen, sondern vielmehr aufgrund der vorgegebenen Strukturen, bspw. durch Verwaltungsvorschriften, Zugangsvoraussetzungen, Maßnahmen oder Programmen. Alternative Bezeichnungen der institutionellen Diskriminierung sind auch indirekte oder versteckte Diskriminierung, da die Diskriminierung eben nicht offen oder direkt durch spezifische Handlungen oder Entscheidungen geschieht, sondern durch die Organisationsstrukturen ausgelöst werden (vgl. Fereidooni 2011, 23ff.). Auch Braun et al. (1999, S. 5f.) und Burgert (2001, S. 17f.) weisen in ihren Veröffentlichungen darauf hin, dass der Benachteiligungs-Begriff kritisch zu betrachten ist, da der Begriff eine Implikation der individuellen persönlichen Verantwortung für die berufliche und soziale Ausgrenzung in sich trägt. Folglich werden politische und gesellschaftliche Versäumnisse in der beruflichen Qualifizierung sowie der Beschäftigung von potentiellen Arbeitnehmern auf die Unfähigkeit des jeweiligen Gesellschaftsmitglieds übertragen, wenngleich die Benachteiligung ursprünglich in den Strukturen unseres politischen, schulischen, beruflichen und sozialen Systems wurzelt. Die Formen von Benachteiligungen können vielfältigster Ausprägung sein: „Lernbehinderungen, soziale Auffälligkeiten, Armut, sonstige schwierige Lebensumstände, Sprachprobleme (z.B. infolge Migration), gesundheitliche Beeinträchtigungen usw. Dabei wird nicht verkannt, dass Auslese beim Zugang zu Ausbildung und Arbeit auch entlang sozio-demographischer Merkmale erfolgt: Geschlecht, Nationalität, Region, soziale Herkunft usw." (Braun et al. 1999, S. 5f.).

Die Anwendung dieser Erkenntnis führt konsequenterweise dazu, dass die entstehenden Schwierigkeiten von Jugendlichen beim Übergang von der Schule in den Beruf stets unter Einbeziehung des aktuellen Zustands sowie der angedachten Entwicklung des (Aus-) Bildungssystem reflektiert werden müssen. Deutlich wurde, dass Benachteiligung verschiedenste Ausprägungen umfassen kann. Bezugnehmend auf die Benachteiligung von Schülern am Übergang zur Berufsausbildung nimmt Burgert (2001, S. 19ff.) eine Differenzierung des Benachteiligungsbegriffs in verschiedenen Ebenen vor: Die Ebene der *sozialen Benachteiligungen* umfasst u.a. finanzielle Schwierigkeiten, Abhängigkeit vom Wohlfahrtsstaat sowie eine geringe Bildung der Eltern. Die ursprüngliche Funktion des dualen Schulsystems, Jugendliche aus bildungsfernen Familien in der Berufswelt zu integrieren, ist heute nicht mehr tragfähig, sodass soziale Benachteiligungen kaum aufgefangen werden können. Die zweite Ebene wird als *Benachteiligung aus Sicht des allgemeinbildenden Schulsystems* bezeichnet. Unter dieser Form der Benachteiligung gruppiert Burgert jene Schüler, die keine Mittlere Reife erzielen, welche in der aktuellen Ausbildungslage jedoch als grundlegende Zugangsvoraussetzung für eine berufliche Ausbildung gewertet wird. Als *benachteiligt aus Sicht des berufsbildenden Systems* bezeichnet Burgert diejenigen Jugendlichen, welche aufgrund ihres niederen Berufsabschlusses keine Ausbildung erhalten und somit keine beruflichen Abschlussmöglichkeiten erfahren. Die *regionale Benachteiligung* wird als weiterer Benachteiligungsaspekt aufgeführt und beinhaltet einen geringen Ausbildungsstellenmarkt in der Wohnregion.

Hervorzuheben ist an dieser Stelle, dass von einfachen linear-kausalen Erklärungen zu diesen Benachteiligungen Abstand genommen werden muss, obgleich die jeweiligen Aspekte starken Einfluss ausüben. Das Wechselspiel der aufgezeigten Komponenten kann einen Circulus vitiosus entstehen lassen, welcher die Bedingungen der Jugendlichen erschwert, sogar nahezu verhindert, in Ausbildung zu kommen. Braun et. al. (1999, S. 5f.) zeigen in ihrer über das Deutsche Jugendinstitut veröffentlichen Expertise die Notwendigkeit auf, dass eine Berufsausbildung für diese Gruppe der Jugendlichen nötig ist und postulieren in diesem Zusammenhang auch, dass dies in Anbetracht der aktuellen Bedingungen möglich ist, wenn diesen Benachteiligungsaspekten bewusst begegnet werden. Ihr Vorschlag ist, schulische und vorberufliche Bildung mit dem System der beruflichen Bildung intensiver abzustimmen, so dass Übergänge fließend ermöglicht werden.

Dennoch ist davon auszugehen, dass Benachteiligungen grundsätzlich in einer Gesellschaft nicht völlig eliminiert werden können, sondern dass immer ein gewisses Maß an Ungleichheiten bestehen bleibt. Dennoch erscheint die klare Benennung der Benachteiligungsursachen und -formen sowie die bewusste Auseinandersetzung mit den ungleichen Zugangsbedingungen der Gesellschaft notwendig, um stets Maßnahmen zur Verringerung der Benachteiligungen zu erarbeiten und mit dieser Sensibilisierung den Jugendlichen gegenüberzutreten. Die Antidiskriminierungsstelle des Bundes (2013, S. 31) hebt in ihrem Bericht „Diskriminierung im Bildungsbereich und im Arbeitsleben" diesen Aspekt ebenfalls hervor. Es wird davon ausgegangen, dass die Verringerung und die Prävention von Benachteiligung im Bildungs- und Arbeitssystem von großer Bedeutung ist, da diese Benachteiligungserfahrungen immense gesellschaftliche und persönliche Auswirkungen nach sich ziehen. So kann die individuelle persönliche Erfahrung von Benachteiligung das Selbstwertgefühl verringern und die Leistungsfähigkeit und Motivation deutlich beeinträchtigen. Auf gesellschaftlicher Dimension entstehen aufgrund von Benachteiligung insofern hohe Kosten, als dass Menschen vom Arbeitsmarkt ausgeschlossen werden und vorhandene Ressourcen nicht genutzt werden. Diese Akquirierung und Einbeziehung der Ressourcen wird insbesondere in Zeiten des Fachkräftemangels notwendig.

Es wurden nun die verschiedenen Ebenen und Auswirkungen von Benachteiligung dargestellt und aufgezeigt, welche weit reichenden persönlichen, aber auch finanziellen Nachteile sowohl für das Individuum als auch die Gesellschaft durch diese Missstände entstehen. Dem Bildungswesen kann eine Verantwortung für die Chancenungleichheit angelastet werden, wenn Schüler aufgrund von Merkmalen, die ihre soziale Herkunft betreffen, bewusst von höher qualifizierenden Bildungsangeboten ausgeschlossen werden. Die gesetzliche Vorgabe zum Zugang zu Bildung macht keine Unterschiede zwischen unterschiedlicher Herkunft, da alle Schüler, die ein Interesse an einem Bildungsangebot haben und die formalen Zugangsvoraussetzungen erfüllen, zugelassen werden müssen. Da von den formalen Bedingungen her eine ungleiche Behandlung ausgeschlossen ist, können die unterschiedlichen Ergebnisse eher auf eine weniger intensive Nutzung des Angebots durch verschiedene Gruppen oder auf eine Ungleichbehandlung bei der Vergabe der Zugangserlaubnis für das Bildungsangebot zurückgeführt werden. Es müssen deshalb neben den strukturellen Bedingungen die individuellen sowie familiären Einflüsse betrachtet werden, um ein ganzheitliches Verständnis hinsichtlich der Entstehung und Erklärung der Ungleichheiten erlangen zu können.

2.1.8 *Familiärer Bildungshintergrund als Indikator für Bildungsinteressen*

In der Forschung wird ein Augenmerk darauf gelegt, wie sich die Interaktion zwischen den Bildungsangeboten für den sozialen Aufstieg, die Inanspruchnahme dieser durch die Schüler und die Rolle der Eltern darin verhalten. Menschen aus sozial schwachen Schichten zeigen demnach ein zurückhaltendes, unsicheres und ängstliches Gegenübertreten zu diesen Bildungsangeboten. Umso früher der Übergang in eine weiterführende Schule ansteht, desto höher wird von den Familien die Gefahr eingeschätzt, in diesem System zu scheitern. Gerade hier ist die Nutzung der familiären Ressourcen notwendig. Bislang liegen jedoch wenige Erkenntnisse vor, was in der Familie hinsichtlich dieses Themas an Prozessen geschieht. Daneben ist unklar, was zu der Tatsache führt, dass Kinder aus sozial schwachen Schichten bei gleicher Leistungsfähigkeit grundsätzlich Schulwege mit geringerer Qualifikation wählen. Fend (2008, 42f.) und Fereidooni (2011, S. 123f.) führen an dieser Stelle zwei Modelle an:

Das eine geht von einer reinen Kosten-Nutzen-Kalkulation (Rational-Choice-Ansatz) aus und führt Gründe auf, die dazu führen können, dass bestimmte gesellschaftliche Schichten in Übergangssituationen größere oder geringere

Risiken eingehen. Demnach kann ein Grund für eine kurze Bildungsbiografie die Abwägung sein, dass die Kosten der Bildung die dafür notwendigen Investitionen übersteigen und daher von Eltern abgelehnt wird. Daneben sind bei den Familien mit höherer Bildungstradition generell mehr monetäre Mittel verfügbar, sie entscheiden sich tendenziell eher für die Bildungsinvestition und stellen damit die Kosten als nachrangig an. Eine weitere differierende Haltung der Eltern bezieht sich auf den Beziehungsaspekt zwischen den Generationen: Während die höher gebildeten Eltern Wert darauf legen, den eigenen erreichten Status auch bezüglich ihrer Nachkommenschaft zu sichern bzw. wenn möglich gar zu verbessern, zeigten bildungsferne Eltern eher die Befürchtung, dass sich die Kinder mit steigender Bildung entfremden oder gar abwenden könnten (vgl. Fereidooni 2011, S. 125 f.).

Ein alternativer Erklärungsweg bezieht sich auf die kulturellen und sozialen Ressourcen, die bei risikobehafteten Entscheidungen mit einbezogen werden. Das kulturelle Kapital meint in Anlehnung an Bourdieu die Intensität der Wahrnehmung von Bildungsangeboten. Darüber hinaus können darunter auch die Lernmotivation, der Sprach-, Kleidungs- oder Lebensstil gefasst werden. Das soziale Kapital bezieht sich auf Coleman und meint insbesondere das Vorhandensein der Möglichkeit der Nutzung von Beziehungen und Netzwerken, welche bei einer Entscheidungsfindung unterstützend wirken kann. Bestätigen lassen sich diese Annahmen mit den oben aufgeführten Ergebnissen, also dass Kinder mit geringer Kultur- und Sozialkapitalausstattung seltener das Gymnasium besuchen. Diejenigen Kinder und Jugendliche mit geringer Rückgriffsmöglichkeit auf finanzielle oder soziale Ressourcen, welche dennoch auf dem Gymnasium beschult werden, müssen vergleichsweise höhere Anstrengungen unternehmen, um die Bildungsinhalte zu erlernen, da sie eine höhere kulturelle Ferne zu diesen aufzeigen. Die Begründung dieser These wird folgendermaßen angesiedelt: Kinder, die in einer Umgebung mit hohem Kulturkapital aufwachsen, werden schon in frühem Alter aufgrund der Ermöglichung verschiedener bildungsnaher Spiel- und Lernräume und Förderungstendenzen konfrontiert, mit deren Grundlage sie die schulischen Anforderungen leichter bewältigen können. Kindern aus bildungsfernen Schichten fehlen diese im frühkindlichen Alter vermittelten

Schlüsselqualifikationen, so dass sie sich diese im Schulsystem erst aneignen müssen (vgl. Fereidooni 2011, S. 126; Fend 2008, S. 43f.).

Fereidooni (2011, S. 123f.) stellt also fest, dass die Bildung der Jugendlichen durch Lebensvorstellungen, -stile sowie Biografieverläufe der Eltern intensiv beeinflusst werden. So seien die Erwartungen der Eltern neben der Schulleistung des Kindes eine entscheidende Komponente für den Bildungserfolg des Kindes. Besonders bedeutsam sei der Übergang von der Grundschule in die weiterführende Schule, da mit dieser Entscheidung der Bildungsweg in eine gewisse Richtung gelenkt wird und die Durchlässigkeit des Bildungssystems nach oben gering ist. „Dabei nehmen die Einflussgrößen wie Bildungstradition, erwarteter Bildungsnutzen und das Kulturkapital prominente Stellungen bei der Erklärung divergierender innerfamiliärer Bildungsbestrebungen und den damit einhergehenden unterschiedlichen schulischen Laufbahnentscheidungen ein." (Fereidooni 2011, S. 124). Fend (2003, 43f.) verweist in diesem Zusammenhang darauf, diese Laufbahnentscheidung auch von der anderen Seite her zu betrachten, also unter dem Einfluss der Lehrkräfte. Er verweist auf die Belege von Studien, die zeigen, dass bereits das Wissen der Lehrer um die soziale Herkunft eines Kindes die Notengebung beeinflusse und die Annahmen zur Leistungsfähigkeit durch den Lehrer Auswirkungen auf den Schüler hat. Somit hat auch das Wissen der Lehrer über die Schichtzugehörigkeit einen Effekt bei Übergangsentscheidungen, bspw. durch die Beratung der Eltern.

Werden nun die Erkenntnisse des Bildungsmonitorings zusammenfassend betrachtet, wird deutlich, dass Jugendliche, die aus sozial schwachen Familienhintergründen stammen, bspw. aufgrund Arbeitslosigkeit über geringe finanzielle Ressourcen verfügen, kaum Zugänge zu sozial bedeutsamen Netzwerken haben, ein Migrationshintergrund vorweisen oder Eltern haben, die keine intensiveren Bildungserfahrungen besitzen, ein sehr hohes Risiko haben, ebenfalls keine höherwertigen Schul- und Berufsabschlüsse zu erzielen. Viele von ihnen befinden sich im Übergangssystem, was für viele eine Erhöhung der Zeit in diesem Übergang nach sich zieht und somit als Hemmung des Übergangs in die Arbeitswelt wirkt. Als benachteiligte Jugendliche werden in dieser Forschungsstudie somit die Teilnehmer der Sonderberufsfachschule definiert, da die skizzierten Ebenen der Benachteiligung auf sie einwirken. Im folgenden Abschnitt wird das System der Sonderberufsfachschule der aufgezeigt.

2.1.9 *Sonderberufsfachschule*

Die Sonderberufsfachschule ist als Vollzeitschule definiert und dient neben dem Berufsvorbereitungsjahr und dem Berufseinstiegsjahr als Anschlussmöglichkeit im Übergang zwischen Schule und Beruf. Die gesetzliche Legitimation ist in § 10 Abs. 5 Schulgesetz für Baden-Württemberg (SchG) hinterlegt.

Die drei Variationen sind grundsätzlich konzipiert für Jugendliche unter 18 Jahren, die keine Berufsausbildung beginnen und keine weiterführende Schule besuchen (vgl. Burgert 2001, S. 80). Hintergrund hierfür ist die gesetzliche Grundlage der allgemeinen Schulpflicht und der Berufsschulpflicht, die sowohl in Baden-Württemberg, als auch in ganz Deutschland besteht. Nach den Ausführungen des Innenministeriums Baden –Württemberg sind alle Kinder und Jugendlichen, die ihren Wohnsitz, ihren gewöhnlichen Aufenthalt oder ihre Arbeits- oder Ausbildungsstätte in Baden-Württemberg haben, schulpflichtig. Die Schulpflicht beinhaltet die Teilnahme am Unterricht und an verbindlichen Veranstaltungen sowie die Einhaltung der Schulordnung der besuchten Schule.

Kinder, die zu einem bestimmten Stichtag sechs Jahre alt werden, werden zu Beginn des nächsten Schuljahres in eine sogenannte **Grundschule** eingeschult. Die Abweichung von dieser Regelung durch beispielsweise eine **Zurückstellung** oder vorzeitige Einschulung des Kindes ist auf Antrag möglich. Im Anschluss daran muss eine der weiterführenden Schularten, wie die Werkrealschule/ Hauptschule, Realschule, Gemeinschaftsschule oder das Gymnasium besucht werden. Die Besuchspflicht endet nach erfüllten fünf Jahren und mündet in die Berufsschulpflicht. Diese wird durch den Besuch einer beruflichen Schule, durch die Teilnahme an einer dualen Ausbildung oder durch den Besuch einer beruflichen Vollzeitschule erfüllt. Kinder und Jugendliche, die infolge körperlicher, geistiger oder seelischer Besonderheiten in der allgemeinen Schule nicht gefördert werden können, sind zum Besuch einer geeigneten Sonderschule verpflichtet. Zudem wurde gesetzlich festgelegt, dass Schulpflichtige, die ihre Schulpflicht missachten, der jeweiligen Schule zwangsweise durch die zuständige Polizeibehörde zugeführt werden können. Außerdem ist den Erziehungsberechtigten die besondere Aufgabe zugeteilt, für die Erfüllung der Schulpflicht Sorge zu tragen. Bei entsprechenden Verstößen dieser Verpflichtung kann die zuständige obere Schulaufsichtsbehörde ein Zwangsgeld festsetzen (vgl. Heinkele & Kehl 2010, S. 13ff.).

Die in dieser Wirksamkeitsstudie angesprochene Zielgruppe unterliegt der Berufschulpflicht und im Speziellen sind die Probanden gezwungen, am Übergangsystem Schule – Beruf teilzunehmen, da sie, wie bereits erwähnt, keine duale Ausbildung absolvieren, aber ihre allgemeine Schulpflicht bereits erfüllt haben. Eine Differenzierung erfolgt dahingehend, dass Jugendliche mit Hauptschulabschluss in Baden-Württemberg das Berufseinstiegsjahr besuchen, während Jugendliche, die keinen Hauptschulabschluss erworben haben, am Berufsvorbereitungsjahr teilnehmen müssen.

Die Sonderberufsfachschule ist im Gegensatz dazu vorwiegend für benachteiligte Jugendliche entwickelt worden. Das seit dem Schuljahr 2009/2010 vom Kultusministerium Baden-Württemberg an Sonderberufsfachschulen des Landes eingeführte Vorqualifizierungsjahr Arbeit/ Beruf (VAB) bietet einen neuen Weg für theorieschwache Jugendliche und hat zum Ziel, das durchaus in der Presse kritisch belegte BVJ weiterzuentwickeln und mittelfristig gar abzulösen. Zumeist sind dies Förderschulabsolventen ohne Hauptschulabschluss. Das Vorqualifizierungsjahr Arbeit/ Beruf bietet berufliche Orientierung und das Kennenlernen von Berufsfeldern, aber auch die Möglichkeit, einen dem Hauptschulabschluss gleichwertigen Bildungsstand zu erwerben. Darüber hinaus sollen die benachteiligten Jugendlichen im Prozess der Erreichung der Ausbildungsreife und der Berufsfindung unterstützt werden. Leitziele des neuen Konzepts sind die bessere Vernetzung von Theorie und

Praxis sowie individuellere Lernprozesse, die über lebenswelt- und berufsbezogenes Lernen sowie eine zielgerichtete Förderung in Prüfungs- und Praxisgruppen erreicht werden sollen. Zentrale Stichworte sind Flexibilität, Projektarbeit und integrative Klassen, das Oberziel lautet Ausbildungsreife (vgl. Heinkele & Kehl 2010, S. 14ff.).

Für gewöhnlich dauert das Vorqualifizierungsjahr Arbeit / Beruf ein Schuljahr, wobei der Unterricht aus Theorie und Praxis von lebenswelt- oder berufsbezogenen Arbeitsfeldern besteht (vgl. Heinkele & Kehl 2010, S. 15f.).

Im Gegensatz zum dualen Ausbildungssystem und dem Schulberufssystem können Jugendliche im Übergangssystem keinen Ausbildungsabschluss eines anerkannten Fachberufes erreichen. Vielmehr sind die Funktionen des Übergangssystems dahingehend ausgerichtet, die Fähigkeiten und Kompetenzen von benachteiligten Jugendlichen zu verbessern und deren Ressourcen zu aktivieren, um so die Einstiegschancen in das reguläre Ausbildungssystem zu erhöhen (vgl. Heinz 2010, S. 664).

Nachdem nun deutlich wurde, aus welchen Komponenten und Einflussfaktoren die Bildungsbenachteiligung und Chancenungleichheit der Jugendlichen besteht und das Konzept der Sonderberufsfachschule vorgestellt wurde, sollen im Folgenden die Anregungen zum Abbau dieser Missstände aus der Literatur heraus erarbeitet werden.

2.1.10 *Abbau von Chancenungleichheit*

Das Bewusstsein um die Entstehung und die Auswirkungen von Benachteiligung und Chancenungleichheit führte dazu, dass auf politischer Ebene der Abbau dieser Missstände zu einem Thema geworden ist. Durch die Steuerung mittels verschiedenen Instrumenten konnten in den vergangenen Jahren bereits eine Verbesserung der Chancen von jungen Menschen aus sozial schwachen Familien verzeichnet werden, so das Ergebnis der verschiedenen Bildungsberichte auf internationaler, nationaler und regionaler Ebene.

Um mehr Bildungsgerechtigkeit zu schaffen, wird von verschiedener Seite gefordert, die Bildungsausgaben zu erhöhen und eine Umfinanzierung des Bildungssystems in die Wege zu leiten. Die OECD gibt an, dass der Anteil der öffentlichen Bildungsausgaben im Jahr 2012 im Vergleich zu 2009 von 4,6 % auf 5,1 % des BIP angestiegen sei. Dennoch liege Deutschland hier deutlich unter dem OECD-Mittel, welches bei 5,8 % des BIP liege (http://www.oecd.org/ education/country%20note%20Germany%20(DE).pdf). Das Bundesministerium für Bildung und Forschung gibt an, die Ausgaben zukünftig zumindest an das OECD-Mittel angleichen zu wollen.

Im OECD-Vergleich der Bildungsausgaben lässt sich feststellen, dass die Ausgaben für den vorschulischen Bereich in Deutschland überdurchschnittlich hoch einzustufen sind. Der Anteil der öffentlichen Hand liegt mit 70,2% jedoch deutlich unter dem OECD-Vergleich (81,7%), was bedeutet, dass die privaten Ausgaben deutlich über dem internationalen Vergleichswert liegen. Diese Tatsache hat einen großen Einfluss darauf, dass die soziale Herkunft der Kinder bislang den Bildungsweg derart bestimmt, da zu wenige Gelder in den frühen Jahren zur Förderung bereit gestellt werden. Durch den Zugang aller Kinder zu elementarpädagogischer Bildung können die Startvoraussetzungen insbesondere der Kinder aus benachteiligten Familien für den Eintritt ins Schulsystem verbessert werden, da in diesem Bereich eine intensive Sprachförderung oder auch eine mathematisch-naturwissenschaftliche Grundbildung erfolgen kann, welche mit Blick auf die PISA-Studie für die erfolgreiche Bewältigung des Bildungsweges wichtige Größen darstellen. Um allen Kindern die gleichen Startchancen zu gewähren, wird gefordert, die Bildungsinvestitionen derart umzugestalten, dass die öffentliche Hand sich verstärkt in der Finanzierung der vorschulischen Bildung einbringt, bspw. durch die Abschaffung der Kindergartenbeiträge und Einführung der Kindergartenpflicht für das letzte Jahr, sodass sich auch finanzschwache Familien frühkindliche Bildung leisten können. Um diese Finanzierung vornehmen zu können, schlägt die Stiftung Marktwirtschaft bspw. vor, die Ausgaben für die Bildung im Tertiärbereich zu senken, indem bspw. Studiengebühren wieder eingeführt werden oder die öffentlichen Ausgaben zur beruflichen Weiterbildung lediglich als Kredite vergeben werden (vgl. Stiftung Marktwirtschaft 2013, S. 39f.).

Die Forderungen zu Reformen des Bildungssystems zur Erlangung einer verbesserten Chancengleichheit konzentrieren sich auf zwei Bezugsgrößen: Die Elementarpädagogische Bildung einerseits und die Primar- und Sekundarbildung andererseits. Hinsichtlich der elementarpädagogischen Reform wird vielfach gefordert, die in diesem Bereich tätigen Fachkräfte zu akademisieren, um sie auf die Anforderungen im Beruf adäquat vorzubereiten. „Die Mitarbeiter elementarpädagogischer Einrichtungen müssen sich aufgrund der ethnischen, sprachlichen und kulturellen Verschiedenheit der Kinder Kenntnisse in der „Neurobiologie, Lern- und Entwicklungspsychologie", Spracherwerbs- und Zweitsprachenerwerbsforschung, interkultureller Kommunikation sowie im Fach Deutsch als Fremdsprache aneignen und überdies in der Lage sein, sich in einer von Migrantenkindern gesprochenen Sprache verständigen zu können." (Fereidooni 2011, S. 140). Um Übergänge vom Elementar- in den Grundschulbereich zu vereinfachen, können darüber hinaus die Fachkräfte beider Institutionen ein gemeinsames Grundstudium absolvieren. Auch die Förderung von Mehrsprachigkeit in frühen Bildungsinstitutionen werden positive Chancen zugeschrieben, da Kinder mit deutscher wie anderer Muttersprache von einem zweisprachigen Aufwachsen hinsichtlich ihrer sprachlichen und kognitiven Entwicklung profitieren können. Auch unter dem Gesichtspunkt der zunehmenden Transmigration ist der frühe mehrfache Sprachenerwerb als positiv zu bewerten.

Eine weit verbreitete Empfehlung für die Erhöhung von Chancengerechtigkeit wird in der Ausweitung des Ganztageskindergarten-Angebots gesehen. Insbesondere bei Kindern aus benachteiligten Familienkontexten fördert der Besuch eines Kindergartens positive Effekte in den unterschiedlichen Leistungsbereichen (vgl. http://www.bmbf.de/press/3534.php, Fereidooni 2011, S. 140ff.). Prengels (2011, S. 7) Sichtweise zufolge sollen Kinder mit

Migrationshintergrund vor dem dritten Lebensjahr bereits einen Kindergarten besuchen, um frühzeitig die deutsche Sprache zu erlernen. Die Gesellschaft sei aufgefordert, Anstrengungen zu unternehmen, auch die Kinder bildungsferner Familien durch niedrigschwellige Angebote zu erreichen, die keinen Kindergarten besuchen.

Hinsichtlich des Primar- und Sekundarbereichs zeigten die Ergebnisse der OECD (http://www.bmbf.de/press/3534.php), dass die gezielte Installierung von Programmen zur Förderung benachteiligter Schülergruppen positive Erfolge erzielen, so dass diese zukünftig weiterhin und gezielt eingesetzt werden müssen. Auch zeigt die aktuelle PISA-Studie, dass Deutschland nach wie vor eines der Länder ist, in der es häufige Klassenwiederholungen gibt, welche wenig gewinnbringende Effekte erwirken, so dass auch in dieser Hinsicht eine verstärkte und gezielte Förderung von leistungsschwachen Schülern erfolgen sollte.

Ebenso zeigen diese Ergebnisse, dass eine weniger ausdifferenzierte und später stattfindende Selektion in verschiedene Schularten positive Effekte in der Bereitstellung von Chancengleichheit erbringen und sowohl starke als auch schwache Schüler von einem gemeinsamen Unterricht gewinnen. Somit wird der Einführung von Gesamtschulen und der Ganztagsschulbetrieb positive Bedeutung zugesprochen. Neben der ausgleichenden Wirkung hinsichtlich der Leistungsdefizite insbesondere von Kindern, die zu Hause wenig schulische Förderung erfahren, wird den Ganztagsschulen die verbesserte Möglichkeit der Persönlichkeitsentwicklung der Schüler zugeschrieben, indem neben der Leistungsförderung verschiedene zusätzliche kulturelle und soziale Angebote bereitgestellt werden können. Als weitere Effekte dieses Systems werden die Entlastungseffekte für die Eltern und gleichzeitig eine verstärkte Einbindung der Eltern in die schulischen Zusammenhänge aufgeführt. Mit dieser Gestaltungsform der Schule kann zudem die Stärkung der Lehrer-Schüler-Beziehung gefördert werden, da die Möglichkeit informeller Kommunikation mit diesem schulischen Konzept besser vereinbar ist. Auch hinsichtlich der Leistung der Schüler kann gezielter durch die Lehrer interveniert werden (vgl. Fereidooni 2011, S. 140ff.).

Um der heterogenen Schülerschaft gerecht werden zu können, ist es wünschenswert, verstärkt Lehrkräfte mit Migrationshintergrund zu gewinnen. Diese können einerseits eine Vorbildfunktion für Schüler mit Migrationshintergrund einnehmen, andererseits kann auch die Kommunikation mit Eltern erleichtert werden, indem diese als Ansprechpartner genutzt werden können (Fereidooni 2011, S. 149ff.). Grundsätzlich ist es wichtig, in allen institutionellen Bereichen verstärkte Bemühungen hinsichtlich der Zusammenarbeit mit Eltern aufzunehmen, sie hinsichtlich des Schulsystems zu informieren und damit Vorbehalte hinsichtlich der Institution abzubauen.

Zusammenfassend lässt sich nun noch einmal festhalten, dass sich in den letzten Jahren gemäß den Ergebnissen des Bildungsmonitorings ein positiver Trend hinsichtlich des Abbaus der Chancenungleichheiten von benachteiligten Kindern und Jugendlichen beobachten lässt. Trotz der ersten Schritte in Richtung einer Verbesserung muss noch ein langer Weg gegangen werden, bis diese Chancengleichheit wirklich für alle zutreffen wird. Die Forschungen der vergangenen Jahre entwickelten viele verschiedene Aspekte, die die Chancengleichheit fördern könnten und zeigten mit ersten Implementierungen auch positive Effekte. Nachdem nun die gesellschaftliche und familiäre Dimension der Benachteiligung betrachtet wurde, wird nun im anstehenden Kapitel die persönliche, individuelle Dimension betrachtet.

Es wird der Frage nachgegangen, wie der individuelle Prozess des Entstehens eines Bedürfnisses oder eines Wunsches vor sich geht und wie sich der Vorgang des Fassens und Umsetzens einer Entscheidung im kognitiven System gestaltet. Als Erklärung dieses Prozesses wird das Rubikon-Modell herangezogen. Anschließend wird im zweiten Schritt betrachtet, mit Hilfe welcher Mechanismen eine Person die gefasste Entscheidung zu realisieren vermag. Zudem wird darauf eingegangen, welche Mechanismen Menschen zu einer negativen Grundeinstellung führen bzw. wie Menschen zu den Gestaltern ihres Lebens werden.

2.2 Handlungsorientierung und Selbstkonzept

2.2.1 *Das Rubikonmodell der Handlungsphasen*

Motivationsprozesse können nach Heckhausen und Gollwitzer in vier verschiedene Phasen untergliedert werden. Im Rubikonmodell der Handlungsphasen wird deutlich, dass die Phasen hinsichtlich ihrer gedanklichen Inhalte unterschieden werden können. Der Motivationsprozess wird in folgender Abbildung und den daran angeschlossenen Beschreibungen ersichtlich (vgl. Achtziger & Gollwitzer 2009, 150ff.; Rudolph 2009, S. 160ff.).

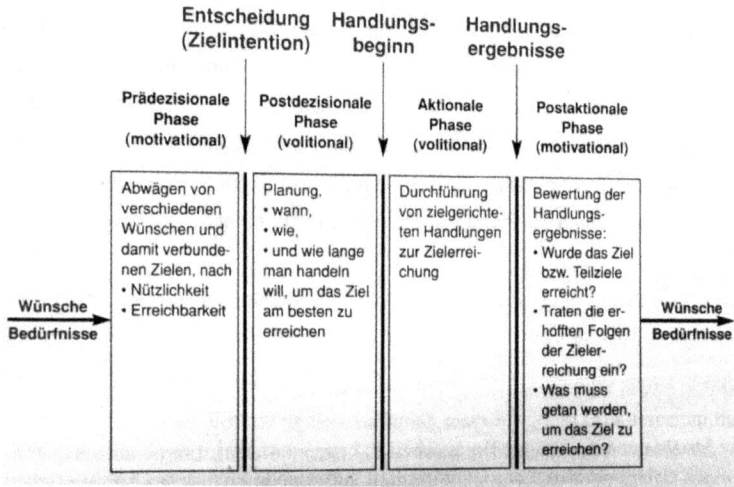

Abb. 9: Das Rubikonmodell der Handlungsphasen (Heckhausen & Gollwitzer, 1987, zit. n. Achtziger & Gollwitzer 2009, S. 151)

Die Prädezisionale Phase

Nachdem sich beim Individuum ein Wunsch eingestellt hat, werden in der prädezisionalen Phase diverse Handlungsmöglichkeiten entwickelt und miteinander verglichen. Dieses Abwägen der Handlungsalternativen sollte idealerweise die individuellen Werte sowie die subjektive Realisierbarkeit der präferierten Möglichkeit einschließen. Die prädezisionale Phase endet mit der Zielintention, einer Handlungstendenz, indem nach dem Abwägen die Entscheidung für eine Absicht getroffen wird. Aus dem anfänglichen eher allgemeinen Wunsch ist nun eine klar definierte Entscheidung geworden, sie wird als „das Überschreiten des Rubikons" bezeichnet und ist Namensgeber des Modells (Achtziger & Gollwitzer 2009, S. 151).

Die Postdezisionale Phase

Zunächst impliziert die in der ersten Phase getroffene Entscheidung noch nicht die Art und Weise, wie die Intention im Alltag realisiert werden soll. Die Erstellung der konkreten Handlungsplanung ist Aufgabe der postdezisionalen Phase und meint die Konkretisierung der Intention, indem das Wann, Wo, Wie und Wie lange entworfen wird. Das Individuum setzt sich somit mit der realistischen Umsetzbarkeit ihres Vorhabens in den individuellen alltäglichen Lebenszusammenhängen auseinander. Die postdezisionale Phase wird mit dem eindeutigen Handlungsplan, wann und wie das Vorhaben in der Realität umgesetzt werden soll, beendet.

Die Aktionale Phase

In der aktionalen Phase wird der in der vorherigen Phase entwickelte Handlungsplan in die Tat umgesetzt. Die Person stellt sich flexibel auf die Situation und neu entstehenden Anforderungen ein. Das Individuum ist in dieser Phase mit der Realisierung der Handlungen und der Verfolgung der subjektiven Ziele befasst. Die aktuelle Situation wird dabei kontinuierlich mit der Realisierungsintention abgeglichen, um bei Bedarf reagieren zu können, indem bspw. Anstrengungsbemühungen intensiviert oder Handlungsalternativen implementiert werden können. Das Endresultat der aktionalen Phase ist das

Handlungsergebnis, also der optimalerweise erfolgreiche Abschluss der Handlung und die Erreichung des Zieles.

Die Postaktionale Phase

Nach dem Erreichen des Ziels oder im ungünstigen Fall dem Misslingen der Handlungen erfolgt die Bewertung der Handlungsfolgen. Der erreichte Status wird mit der anfänglichen Zielintention verglichen und die Entscheidung getroffen, ob und wenn ja welche Handlungen ggf. noch realisiert werden müssen, um den Handlungsverlauf abschließen zu können.

Im Zusammenhang mit den eben beschriebenen vier Handlungsphasen und des Motivationsprozesses steht das Konzept der Bewusstseinslagen von Heckhausen und Gollwitzer (1987). Unter dem Konzept der „Bewusstseinslage" (mind-set) verstehen sie die „implizit auftretende kognitive Orientierungen, die durch das Involviertsein mit der jeweils phasentypischen Aufgabe entsteht" (Achtziger & Gollwitzer 2009, S. 152). Dieses Konzept soll im Anschluss theoretisch erklärt und schließlich auf die Bedeutung für den kognitiven Prozess des Selbst hinsichtlich der Zielverfolgung und Selbstbeurteilung eingeordnet werden.

Das Konzept der Bewusstseinslagen

In der prädezisionalen Phase tritt die „abwägende Bewusstseinslage" auf, da verschiedene Wünsche und die damit verbundenen Ziele anhand möglicher positiver und negativer Konsequenzen bewertet werden. In der sich anschließenden präaktionalen Phase werden konkrete Schritte geplant, um das Ziel erreichen zu können, wodurch sich das Individuum in der „planenden Bewusstseinslage" befindet. In der aktionalen Phase ist die „handelnde Bewusstseinslage" vorzufinden, da die konkrete Umsetzung der Ziele erfolgt. Da in der postaktionalen Phase die Bewertung der Handlungsergebnisse vorgenommen wird, wird in dem Zusammenhang von der „bewertenden Bewusstseinslage" gesprochen (vgl. Achtziger & Gollwitzer 2009, S. 152). Da den Aussagen Achtzigers & Gollwitzers (2009, S. 152ff.) nach bislang lediglich die abwägende und planende Bewusstseinslage untersucht wurden, kann an dieser Stelle auch nur auf die Verhaltenskonsequenzen dieser beiden Bewusstseinslagen näher eingegangen werden. Die abwägende Bewusstseinslage soll das Individuum bei der idealen Auswahl von Zielen unterstützen und eine objektive Einschätzung zur Umsetzbarkeit der Zielintention ermöglichen. Die planende Bewusstseinslage bietet Unterstützung bei dem Verfolgen des Ziels, wenn bei der Umsetzung der Intention Schwierigkeiten auftreten, bspw. indem die Realisierbarkeit in Frage gestellt wird. Damit fördert die planende Bewusstseinslage den Optimismus und hilft die Zielintention weiter zu verfolgen, indem sie positiv bewertet wird. Zur Konkretisierung der Verhaltenskonsequenzen werden diese in Tabellenform nach einer selektiven Kurzfassung von Achtziger & Gollwitzer dargestellt:

Abwägende Bewusstseinslage	Planende Bewusstseinslage
• Realistische Selbstbeurteilung hinsichtlich Intelligenz, Beliebtheit, Attraktivität etc.	• Übertrieben positive Selbstbeurteilung (z.B. als attraktiver und intelligenter als andere; „illusorischer Optimismus")
• Objektive Beurteilung von Informationen über die Wünschbarkeit eigener Ziele	• Zu positive Verarbeitung von Informationen über die Wünschbarkeit eigener Ziele aufgrund hoher Konzentration auf Informationen, die ein Ziel wünschenswert erscheinen lassen; Vernachlässigung von Informationen, welche die Wünschbarkeit eines Ziels in Frage stellen
• Effektive Verarbeitung von Informationen über die Wünschbarkeit eigener Ziele	
• Offene Verarbeitung neu auftauchender Informationen	• Bevorzugte und sehr effiziente Verarbeitung von Informationen, die sich auf die Erreichung eines Ziels beziehen
	• Vernachlässigung neu auftauchender Informationen, die möglicherweise ein Ziel in Frage stellen; verringerte Offenheit der genauen Verarbeitung dieser Informationen

Abb. 10: Konsequenzen der abwägenden und der planenden Bewusstseinslage (vgl. Achtziger & Gollwitzer 2009, S. 153)

In der Abbildung des Rubikonmodells der Handlungsphasen nach Heckhausen & Gollwitzer (1987) ist erkennbar, dass die hier dargestellten vier verschiedenen Bewusstseinslagen zu zwei Übergruppen zusammengefasst werden können: Der motivationalen und der volitionalen Bewusstseinslage. Die motivationale Bewusstseinslage ist in der prädesizionalen sowie der postaktionalen Phase vorzufinden. In beiden Phasen werden verschiedene Handlungsalternativen miteinander in den Vergleich gesetzt und hinsichtlich der individuellen Realisierungswahrscheinlichkeit des Zieles verglichen. Um eine Vielzahl an Handlungsalternativen erfassen zu können, ist die Aufmerksamkeit bei der Eruierung von Möglichkeiten in diesen Phasen als offen und wenig fokussiert einzuschätzen. Das Individuum hat ein hohes Interesse daran, viele Informationen zu bekommen, diese für seine individuelle Passung realitätsnah einzuschätzen und die Abwägung der Alternativen zu vollziehen. Die Informationsverarbeitung wird in diesen Phasen als „realitätsorientiert" bezeichnet.

Die volitionalen Bewusstseinslagen sind in der postdezisionalen sowie aktionalen Phase vorherrschend. Das Individuum zeigt sich auf die Realisierung der Ziele konzentriert und setzt sich mit der Optimierung der Ausführung seines Handlungsplans auseinander. Durch diese Fokussierung in der Umsetzung der Zielintention besteht eine geringe Ablenkbarkeit für anderweitige Wünsche oder Absichten. Das Individuum ist in diesen Phasen interessiert, mit Optimismus an die Umsetzung der Ziele heranzutreten und ggf. entmutigende Einflüsse hinsichtlich der Handlungsumsetzung auszublenden. Die Informations-verarbeitung wird in diesen Phasen als „realisierungsorientiert" bezeichnet (vgl. Achtziger & Gollwitzer 2009, S. 162).

Im Laufe des Lebens zeigt sich jedoch, dass Handlungen nicht immer unmittelbar und reibungslos in die Tat umgesetzt werden können, bspw. weil die Situationsbedingungen unpassend oder erschwerend sind oder der Handlungsplan noch nicht individuell genug angepasst ist. Bei einem Jugendlichen kann dies bspw. der Wunsch sein, eine bestimmte Ausbildung zu absolvieren, doch besteht noch keine Vorstellung dazu, wie der erwünschte Ausbildungsplatz erzielt werden kann.

„Eine Intention gilt als umso „schwieriger", je weniger die einzelnen Teilschritte der Handlung automatisiert sind, je mehr Teilschritte die Tätigkeit umfasst, oder je weniger Lust man auf die auszuführende Tätigkeit hat." (Quirin et al. 2009, S. 157). Häufig wird dieser Lust, die Dinge zu tun, die einem Freude bereiten oder leicht von der Hand gehen, nachgegeben, so dass die eigentliche konsequente Zielerreichung vernachlässigt wird. Es stellt sich an der Stelle die Frage, welche Mechanismen vom Individuum benötigt werden, um dieser Neigung entgegenzuwirken, und was dem Individuum hilft, bei der Umsetzung seiner Zielintention beständig zu bleiben. Im Folgenden soll der Fokus auf einem Erklärungsansatz liegen, der sich im Besonderen mit dieser formulierten Fragestellung auseinandersetzt: Die Theorie der Handlungskontrolle.

2.2.2 *Handlungskontrolltheorie*

Julius Kuhl (1983, S. 304 ff.; Rudolph 2009, S. 164f.) geht davon aus, dass die Umsetzung einer ausgewählten Handlungsalternative, auch wenn diese einem nichtdominanten Handlungsimpuls zuzuordnen ist, durch spezifische Prozesse der Handlungskontrolle ermöglicht wird. Als nichtdominante Handlungen versteht Kuhl diejenigen bereits erwähnten Handlungen, die am wenigsten ritualisiert, aufwändig und am wenigsten spaßbesetzt sind, während er unter den dominanten Handlungen diejenigen versteht, welche einer Person leicht fallen und gerne getan werden. Im Kontext der Fragestellung, wie es Personen gelingt, dominante Handlungstendenzen zugunsten nichtdominanter Handlungstendenzen zu unterdrücken, hat in dieser Theorie der Begriff der Kontrolle und der Regulation eine zentrale Bedeutung. „Personen setzen aktiv, wenn auch nicht notwendigerweise bewusst, *Handlungskontrollmechanismen* ein, die die Aufrechterhaltung nichtdominanter (also schwieriger) Intentionen im Gedächtnis unterstützen, sie von konkurrierenden Handlungstendenzen abschirmen und somit letztlich deren Umsetzung in Handlungen vorantreiben." (Quirin & Kuhl 2009, S. 157).

Diese Mechanismen wirken als Unterstützung, einen Entscheidungsprozess abzuschließen und während der Realisierungsphase Einflüsse und Informationen so zu selektieren, dass die Zielintention nicht gefährdet wird. Handlungskontrollmechanismen können in unterschiedlichen Wirkweisen auftreten:

Handlungskontrollmechanismen

- Aufmerksamkeitskontrolle: Konzentration auf intentionsrelevante statt auf ablenkende Reize
- Enkodierungskontrolle: nur die Aspekte von Reizen oder Situationen werden gespeichert, die intentionsrelevant sind
- Affektregulation: sich von negativen oder auch allzu positiven Emotionen lösen, wenn sie die Intentionsumsetzung behindern
- Motivationsregulation: z.B. Erhöhung der subjektiven Attraktivität von beabsichtigten Handlungen und deren Ergebnissen
- Umgebungskontrolle: Beseitigung absichtsgefährdender Ablenkungsquellen, z.B. Süßigkeiten erst gar nicht einkaufen, wenn man auf seine Figur achten möchte
- Sparsame Informationsverarbeitung: Unterbindung der Suche nach weiteren Handlungsmöglichkeiten bzw. Pros und Cons einer Handlung, was zu überlangen Entscheidungsprozessen führen kann.

Abb. 11: Handlungskontrollmechanismen nach Quirin & Kuhl (2009, S. 158)

Die optimale Handlungskontrolle wird in jenem Fall als ideal bezeichnet, in welchem die zur Handlungsrealisierung notwendigen vier „Absichtskomponenten" verfügbar sind (vgl. Kuhl 1983, S. 253; Quirin & Kuhl 2009, S. 158):

1. der erwünschte Zustand in der Zukunft
2. der aktuelle, zu verändernde Zustand
3. der Ausgleich der Diskrepanz zwischen dem Ist- und Soll-Zustand
4. die gewählte Handlung, durch die die Diskrepanz geschmälert werden soll.

Soll ein Plan ausgeführt werden, müssen der Ist- und Sollzustand permanent miteinander verglichen werden, um den Abgleich mit der Intention zu verfolgen. Verfügt eine Person über den ausgeglichenen, vollständigen Zugang zu diesen Absichtskomponenten, wird diese als „handlungsorientiert" beschrieben. Wird eine oder mehrere Komponenten nicht mehr wahrgenommen und somit die Umsetzung der Zielintentionen ausgeschaltet, befindet sich die Person in einem so genannten „lageorientierten" Zustand.

In der Forschung wurden zwei verschiedene Formen der Lageorientierung entwickelt: Die „bedrohungsbezogene" sowie die „prospektive" Lageorientierung. Die bedrohungsbezogene Lageorientierung verhindert die Umsetzung einer Absicht durch Gedanken an das Eintreten eines Misserfolgs oder durch Bedrohungen der Intention. Die prospektive Lageorientierung geht auf eine Beeinträchtigung bei der Entscheidungsfindung und der langfristigen Aufrechterhaltung der getroffenen Entscheidung zurück.

Individuen unterscheiden sich in ihren Persönlichkeitsmerkmalen und damit auch in ihrer Tendenz zur Handlungs- bzw. Lageorientierung. „Das Besondere am Konstrukt der Handlungs- vs. Lageorientierung als Persönlichkeitsmerkmal ist, dass es sich im Unterschied zu vielen anderen, oft faktorenanalytisch begründeten Persönlichkeitskonstrukten (z.B. Neurotizismus/ Ängstlichkeit oder Extraversion), nicht auf die Sensibilität bezieht, mit der eine Person zunächst auf positive oder negative Ablenkungsreize reagiert, sondern auf die Ablösung von diesen und damit einhergehenden Emotionen." (Quirin & Kuhl 2009, S. 159). Sie gehen davon aus, dass der handlungsorientierte Umgang mit Affekten erlernt und entwickelt werden kann.

Martens & Kuhl (2009, S. 20) erweitern die Begriffe der Lage- und Handlungsorientierung um die Opfer- und Gestaltergrundhaltung von Personen und meinen damit Menschen, die der Überzeugung sind, Opfer des Lebens zu sein und Menschen, die der Überzeugung sind, Gestalter ihrer Lebensbedingungen zu sein. Gestalterpersönlichkeiten haben nicht nur die Überzeugung, ihr Leben aktiv zu beeinflussen, sondern verfügen auch über die persönlichen Kompetenzen, um diese Überzeugung umsetzen zu können.

Menschen mit einer Gestaltergrundhaltung sind eher handlungsorientiert und konzentrieren sich in schwierigen Situationen darauf, wie sie mit dieser individuellen Lage am besten aktiv umgehen können, sie begeben sich auf die Suche nach Lösungswegen. Menschen, die eher lageorientiert sind, fällt es in diesen Situationen hingegen schwerer, sich damit auseinanderzusetzen, was sie tun können. Sie verharren oftmals im Grübeln, neigen zur Akzeptanz einer eingetreten misslichen Lage und verlieren eine positive Überzeugung rascher.

Erklärt werden diese Unterschiede damit, dass Handlungs- und Lageorientierte sich in ihren Regulationsvorgängen der negativen Affekte unterschieden. Handlungsorientierte Gestalter können sich nach negativen Gefühlen rascher erholen, indem sie sich schnell einen Überblick über persönliche Lebenserfahrungen und Bewältigungsstrategien verschaffen können. Lageorientierte hingegen sind nicht von Grund auf pessimistischer, sondern verfügen über einen anderen „Realismus", der die Schwierigkeit erhöht, nach einer schwierigen Situation unmittelbar das Handeln aufzunehmen: Lageorientierte Personen zeigten sich in Studien objektiver als handlungsorientierte Personen. Handlungsorientierte Personen tendieren dazu, eine erwählte Entscheidung oder Handlung als besonders attraktiv anzusehen, womit sie ihre Selbstmotivierung deutlich erhöhen können. Lageorientierte Personen hingegen verfügen in einem geringeren Ausmaß über diesen Prozess der Heraufregulierung der Selbstmotivierung. Diese größere Objektivität lageorientierter Personen kann nach dem Erleben eines Misserfolgs oder einer Bedrohung mit Nachteilen verbunden sein, da für sie in Situationen, die eine Leistung erfordern, ein geringeres Ausmaß an Leistung abrufbar ist.

Negative Überzeugungen werden in dieser Theorie als Folge und nicht als Ursache der nur eingeschränkt wirksamen Funktionsweise der psychischen Systeme gesehen. Das gleiche gilt umgekehrt für die positiven Überzeugungen der handlungsorientierten Gestalter, welche ebenfalls Folge und nicht Ursache ebendieser darstellen (vgl. Martens & Kuhl 2009, S. 20ff., 42ff.).

Typus:	Handlungsorientierter Gestalter	Lageorientierter Erdulder
Bei Schwierigkeiten:	erholt sich rasch	verbleibt in negativer Stimmung
Wirkung:	hat Zugang zu seinen Ressourcen	hat keinen Zugang zu seinen Ressourcen
Reaktion:	handelt erfolgreich	Leistungsdefizit
Folge:	glaubt an Erfolg	glaubt nicht an Erfolg

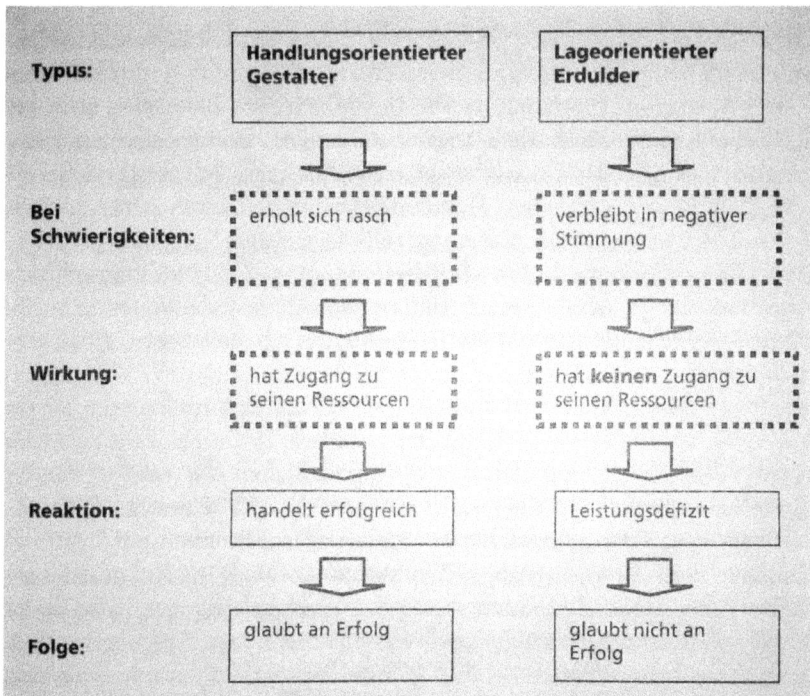

Abb. 12: Unterschied handlungsorientierter Gestalter und lageorientierter Erdulder (Martens & Kuhl 2009, S. 22).

Bevor nun eine weitere Ausdifferenzierung der Handlungs- und Lageorientierung vorgenommen wird, sei an der Stelle noch einmal darauf verwiesen, dass die handlungsorientierten Personen Ziele besser in die Tat umsetzen können, da sie ihre Affekte selbständig regulieren können, während lageorientierte Personen eine Ermutigung oder Beruhigung von außen benötigen, um aus der schwierigen Situation herauszufinden und wieder handlungsfähig zu werden. „Menschen mit Opfergrundhaltung verwalten ihre Gefühle, sie nehmen sie so hin wie sie sind, Menschen mit Gestaltergrundhaltung gestalten Gefühle, sie übernehmen die Verantwortung für ihre Gefühle, sind ihren Gefühlen nicht ausgeliefert. Erstere fühlen sich also deshalb immer wieder in der Opferrolle, weil sie in negativen Gefühlen verharren, statt sie zu verändern." (Martens & Kuhl 2009, S. 44).

Nachdem nun die ersten Grundsätze der Handlungskontrolltheorie dargestellt wurden, aus denen hervorging, wie Menschen durch ihre unterschiedlichen Fähigkeiten der Regulierung ihrer Affekte ihre grundlegende Lebenseinstellungen bestimmen, nämlich Gestalter oder Opfer des Lebens zu sein, wird nun eine intensivere Differenzierung der Handlungsorientierung nach Quirin und Kuhl vorgenommen, nämlich in die bedrohungsbezogene sowie die prospektive Handlungsorientierung.

Bedrohungsbezogene Handlungsorientierung

Die Umsetzung einer Zielintention kann durch die intensive Auseinandersetzung mit vergangenen, aktuellen und zukünftigen Möglichkeiten des Misserfolgs oder der Bedrohung gefährdet werden, da die Fokussierung und Konzentration auf die Absichtskomponenten verringert und damit die Realisierung erschwert wird. Als „bei Bedrohung lageorientiert" (LOM) werden nach Quirin und Kuhl (2009, S. 159f.) diejenigen Personen bezeichnet, die infolge von Bedrohungen in überhöhtes Grübeln verfallen und dadurch verursachte intrusive, misserfolgsbezogene Gedankengänge nicht kontrollieren können. Im Gegensatz dazu werden Personen, die sich nach Bedrohungen und Misserfolgen zeitnah von negativen Gefühlen und Gedanken lösen und ihre Zielintention weiter verfolgen können, als „bei Bedrohung handlungsorientiert" (HOM) eingestuft. Negative Affekte können somit volitional reguliert werden, wodurch eigene Präferenzen und Ziele auch in Zeiten des Stresses zugänglich bleiben können (Baumann & Quirin 2006, S. 48).

LOM verursacht eine Entfremdung von eigenen Bedürfnissen in Situationen negativen Affekts, da dessen Regulation für diese Personen besonders schwer zu steuern ist und somit der Zugriff auf das Selbst zusätzlich verringert wird (latente Alientation). In Situationen, die als absolut stressfrei angesehen werden, zeigen sich diese Auswirkungen nicht, da sich LOM auf die Beeinträchtigung der Handlungskontrollmechanismen bezieht, welche erst in Zeiten des Stresses hervorgerufen werden. Hingegen kann sich LOM in tatsächlich gefährlichen Situationen als sehr hilfreich erweisen, da eine besondere Sensibilität für bedrohliche Reize vorhanden ist (vgl. Quirin & Kuhl 2009, S. 59f. und Kuhl 1983, S. 260ff.).

Prospektive Handlungsorientierung

Entwickelt sich im Laufe einer Entscheidungsfindung eine Tendenz zu einer Handlungsalternative heraus, wird diese Absicht im Regelfall durch positiven Affekt gestärkt, so dass die Entscheidung verfestigt und die Bildung von Absichten gefördert wird. Dieser Zustand wird als prospektive Handlungsorientierung (HOP) bezeichnet. Kann eine Person hingegen diesen positiven Affekt und damit die Förderung der Entscheidungsfindung und - umsetzung nicht realisieren, wird der Begriff der prospektiven Lageorientierung (LOP) verwendet. Kennzeichnend für prospektiv Lageorientierte ist die Einbeziehung, das Schwanken und häufige Umbewerten der Handlungsalternativen, mit der Folge, dass sie häufig entgegen ihrer subjektiven Bedürfnissen und Vorlieben handeln (manifeste Alientation). Anstatt die konkrete Umsetzung der Handlungsabsichten einzuleiten, verweilen prospektiv lageorientierte Personen in der ständigen neuen Abwägung der Handlungsalternativen oder verstärken in ihrer Bewertung die Diskrepanz zwischen dem aktuellen und dem gewünschten Zustand, so dass die erwarteten Belastungen ansteigen und Entscheidungen verschoben werden. Wird diesen Personen hingegen eine Entscheidung abgenommen, sind sie unmittelbar in der Lage zu handeln (vgl. Quirin & Kuhl 2009, S. 160; Kuhl 1983, S. 260ff.).

In der Regel zeigen Menschen Anteile beider Gegenpole auf, sowohl der Lage- als auch der Handlungsorientierung. In vielen Lebenszusammenhängen erleben sich Personen als aktive Gestalter, in anderen fühlen sie sich zumindest zeitweise als Opfer der Umstände. Die meisten Menschen kennen Situationen, in denen sie sich im Angesicht unsagbar groß erscheinender Anforderungen als schwach fühlen, und wurde ein Ziel erreicht, wächst das Gefühl der Stärke und die Überzeugung, das Leben nach den persönlichen Vorstellungen gestalten zu können.

Es tut sich unter Betrachtung dieser beiden Gegenpole die Frage auf, wie nun diese positiven und negativen Affekte im menschlichen kognitiven System verarbeitet werden und wie diese die Steuerung des Handelns beeinflussen. Gibt es einen Einfluss dieser dargestellten positiven und negativen Affekte auf das Selbstkonzept des Individuums? Einen Erklärungsansatz zu diesen Fragen der Verarbeitung der Affekte, deren Einfluss auf das Selbstkonzept sowie die Notwendigkeit des Zugangs zum Selbst mit all seinen Gefühlen und Bedürfnissen und den Steuerungsmöglichkeiten dieser gibt die nun folgende Theorie, welche auf die Theorie der Handlungskontrolle aufbaut.

2.2.3 *Theorie der Persönlichkeits-System-Interaktionen (PSI)*

Die von Julius Kuhl und Markus Quirin entwickelte PSI-Theorie differenziert zwischen vier verschiedenen kognitiven Makrosystemen, welche für das psychische Gleichgewicht, für individuellen Erfolg und das Wohlbefinden eines Menschen verantwortlich sind: Das Intensionsgedächtnis, die Intuitive Verhaltenssteuerung, das Objekterkennungssystem sowie das Extensionsgedächtnis. Diese Theorie verdeutlicht, wie Motivation, Erleben und Verhalten durch die Interaktionen der kognitiven Systeme und der Affekte beeinflusst werden. „Ein zentraler Kern der PSI-Theorie besteht in der genauen Beschreibung der Art und Weise, wie positiver und negativer Affekt die Aktivierung und Verbindung der kognitiven „Makro"-Systeme modulieren." (Quirin & Kuhl 2009, S. 163). Diese Systemzusammenhänge gelten für alle Bereiche des Lebens eines Menschen, so bspw. für den schulischen, beruflichen oder familiären Bereich. Auch beinhaltet die Theorie verschiedene Bereiche der Persönlichkeit, so die Selbstentwicklung, Selbststeuerung und das Selbstkonzept.

Persönlichkeitsunterschiede werden nach dieser Theorie einerseits damit erklärt, dass Individuen unterschiedliche Aktivierungsniveaus dieser Systeme haben, also unterschiedlich schnell infolge einer Stimulation in Aktion treten. Daneben unterscheiden sich Personen in der Intensität der Verbindungen zwischen den einzelnen Systemen, was wiederum Einfluss auf die Effektivität des gegenseitigen Informationsaustauschs hat (vgl. Quirin & Kuhl 2009, S. 164). Zunächst werden die verschiedenen Makrosysteme der PSI-Theorie genauer dargestellt (Quirin & Kuhl 2009, S. 164ff., Martens & Kuhl 2009, S.75ff.):

Intentionsgedächtnis

Das Intentionsgedächtnis wird aktiviert, wenn eine schwierige Handlung nicht unmittelbar realisiert werden kann, und gleichzeitig nicht in Vergessenheit geraten darf. Es wird aktiviert, wenn Präferenzen oder Ziele nicht durch automatisierte Abläufe realisiert werden können und wirkt durch seine rationale Wirksamkeit unterstützend für das handlungseinleitende Denken. Entwickelt das Individuum eine Absicht, so wird im Intensionsgedächtnis der Handlungsplan für die Umsetzung dieses Ziels entwickelt und die Absicht so lange präsent gehalten, bis sich eine Situation der Realisierung ergibt. Das Intensionsgedächtnis ist somit bei der Entwicklung und Aufrechterhaltung von Absichten einbezogen, es ist eng mit dem Bewusstsein und der Sprache verknüpft und arbeitet sequenziell, was meint, dass das Abgleichen der Handlungen mit den Folgen nacheinander und nicht parallel ins Bewusstsein gerufen werden kann. Menschen, die vorrangig das Intensionsgedächtnis aktivieren, setzen sich ausgiebig mit Schwierigkeiten, nicht realisierbaren Zielen, individuellen Absichten und Idealen auseinander, unternehmen gleichzeitig jedoch wenig bezüglich deren Umsetzung.

Intuitives Verhaltenssteuerungssystem

Ist ein geeigneter Zeitpunkt für die Umsetzung eines Ziels gekommen und steht ein guter Handlungsplan zur Verfügung, kommt dieses Makrosystem zum Zuge, indem auf intuitive Handlungsmöglichkeiten zurückgegriffen werden kann. Die Intuitive Verhaltenssteuerung ist bei der Umsetzung von Absichten beteiligt, es ist jedoch eher durch das intuitive Verhalten als durch das Bewusstsein gesteuert. Somit werden in diesem Makrosystem Intentionen in tatsächliche Handlungen umgesetzt. Um die Entscheidung zu treffen, welche Handlung zur Zielerreichung in der aktuellen Situation sinnvoll ist, ist die Interaktion mit dem Intensionsgedächtnis notwendig. Um eine Handlungsabsicht zu konkretisieren, muss klar sein, in welchem realen oder abstrakten Raum die Handlung vorgenommen werden soll, womit eine Integration der Wahrnehmung räumlicher Aspekte wie Bewegung oder Orientierung in dieses System stattfindet. Diese Wahrnehmung erfolgt automatisch, also wiederum ohne die kontrollierte Steuerung des Bewusstseins und ist hilfreich zur raschen Aktivierung von intuitiven Assoziationen zur prompten Realisierung eines Ziels. Wurden Verhaltensroutinen einer Absicht automatisiert, ist die Einwirkung der Intuitiven Verhaltenssteuerung auf die Handlungsaktivierung im Vergleich zum Intentionsgedächtnis stärker und die Intuitive Verhaltenssteuerung kann relativ unabhängig vom anderen System agieren. Personen, die verstärkt das Intuitive Verhaltenssteuerungssystem aktivieren, können zwar sehr spontan handeln, sie wirken jedoch in ihrem sprachlichen Ausdruck und ihren Handlungsmustern eher stereotyp, da sie eine starke Neigung zur Aktivierung der Verhaltensroutinen zeigen.

Objekterkennungssystem

Das Objekterkennungssystem wird benötigt, wenn aus der Gesamtheit der Situation einzelne Fehler, Problemaspekte oder Gefahrenquellen ausfindig gemacht werden müssen. Dieses System filtert also aus der Wahrnehmung des Individuums einzelne Objekte heraus, um Gefahren erkennen zu können. Besonders sensibel reagiert das Objekterkennungssystem auf Informationen, die den individuellen Erwartungen oder Bedürfnissen entgegen stehen. Das verstärkte Wahrnehmen durch dieses System kann zu einer überhöhten Einordnung von Situationen in Kategorien führen, mit dem Risiko, dass intuitives Handeln bei zwischenmenschlichen Interaktionen kaum mehr möglich ist. Durch den permanenten Abgleich der Ist-Situation mit den Erfahrungen aus der Vergangenheit führt die Dominanz dieses Makrosystems tendenziell zu einem Vergangenheitsbezug. Dies impliziert wiederum die Gefahr des Grübelns über eingetretene Situationen und damit einen Hang zur Fixierung auf negative Objekte wie Misserfolg oder schmerzhafte Emotionen wie Trauer oder Schmerz. Verfolgt ein Individuum ein Ziel, erkennt das Objekterkennungssystem eine Entfernung vom Ziel und kann durch die Interaktion mit dem Intentionsgedächtnis die Generierung eines neuen Plans initiieren, um das Ziel dennoch weiter zu verfolgen. Personen, die das Objekterkennungssystem rasch aktivieren können, nehmen bereits kleinste Abweichungen vom Ziel sensibel wahr und können somit geringste Unstimmigkeiten und Gefahren früh erkennen.

Extensionsgedächtnis

Dieses System wird benötigt, wenn aus der Summe aller vorhandenen Lebenserfahrungen die Entscheidung für einen Lösungsweg getroffen wird, dabei die Integration persönlicher Bedürfnisse und Werte sowie gleichzeitig die Beachtung der Erwartungen und Wünsche anderer Menschen erfolgen soll. Das Extensionsgedächtnis wird in der PSI-Theorie als Synonym zum „Selbst" gesehen und erhält die Zuschreibung einer sehr zentralen Bedeutung, da ihm viele Fähigkeiten zugeordnet werden, die eine optimale Zielverfolgung ermöglichen. Auch bei der Lösung hochkomplexer Aufgabenstellungen ist der Zugang zum Extensionsgedächtnis erforderlich, da mittels des Gesamtüberblicks über verschiedene Informationen und Lösungsmöglichkeiten der Komplexität der Aufgabenstellung am ehesten gerecht geworden werden kann. Dieser Überblick an Informationen stellt ebenfalls eine wichtige Voraussetzung für kreative Problemlösefähigkeiten dar, da dieses System in der Lage ist, durch seine intensive Vernetzung mit den anderen Systemen entfernte Assoziationen und hochsensible Intuitionen zu integrieren.

Das Extensionsgedächtnis weist eine enge Interaktion mit den emotionsverarbeitenden Systemen auf. Neben der erwähnten Erzeugung eines Überblicks gelingt es einem Individuum mithilfe dieses Systems, bei der Realisierung einer Handlung sowohl eigene wie auch fremde Erwartungen und

Bedürfnisse in Abgleich zu bringen und dies auch in konfliktbesetzten Situationen. Die Erlangung einer ausdifferenzierten Lösung bei inter- und intrapersonellen Konflikten kann durch die Einbeziehung der verschiedenen Bedürfnisse, Emotionen und Werte sowie durch das Aushalten der dadurch entstehenden Widersprüche erzielt werden. Quirin & Kuhl sprechen in diesem Fall von einer integrativen Kompetenz des Individuums. Im Extensionsgedächtnis ist auch das Selbstkonzept eines Menschen gespeichert. Personen unterscheiden sich in ihrer Fähigkeit, auf das individuelle Selbstkonzept zugreifen zu können und somit auch in der Möglichkeit, die individuellen Eigenschaften, Gefühle und Bedürfnisse differenziert und authentisch beschreiben zu können. Dieser so genannte Selbstzugang kann gefördert werden, indem eine Selbstreflexion durch die Zuführung äußerer Reize aktiviert wird. Am wirkungsvollsten ist die Erweiterung des Selbstzugangs durch das ausbalancierte Schaffen positiver und negativer Affekte und Emotionen, bspw. in Lernumgebungen. Somit kann es dieses System ermöglichen, dass das Individuum auch negative Erfahrungen oder Misserfolge meistern kann.

Dieses Wissen über die eigenen Bedürfnisse und Gefühle sowie die Fähigkeit, sich einen Überblick zu verschaffen, sind auch im Kontext der Verfolgung und Ablösung von Zielen wichtige Indikatoren. Wird erkannt, dass ein Ziel nicht realisiert werden kann, trifft das Extensionsgedächtnis unter Einbeziehung der dafür notwendigen Informationen eine Einschätzung, wie hoch die Erfolgserwartungen weiterer Anstrengungen für die Zielerreichung sind. Es kommt zu einer Entscheidung, wie hinsichtlich der Zielerreichung weiter verfahren werden soll. Kann das Extensionsgedächtnis keine ausreichenden Erfolgschancen erkennen, kann durch dieses System die Distanzierung von nicht zielführenden Strategien oder auch vom gesamten Ziel verfügt werden und aufgrund seiner hohen Vernetzungskompetenz passendere Strategien und Ziele für das Individuum entwickeln. Durch diese Fähigkeiten ist das Extensionsgedächtnis von hoher Bedeutung für das individuelle Wohlbefinden. Nutzt es hingegen eine Person sehr einseitig, kann es im Rückgriff auf seine Lebenserfahrung gut handeln, doch kommt es zu keinem weiteren Wachstum, da keine neuen Erfahrungen (Objekte) im Gedächtnis verankert werden. Um wachsen zu können, ist die bereits angesprochene Selbstreflexion nötig, was beinhaltet, sich selbst immer wieder kritisch zu hinterfragen und ggf. daraus erwachsende negative Gefühle zeitweise aushalten zu können. Diese negativen Gefühle werden wieder herabgesetzt, indem sie in das Selbst integriert werden und daraus neues Wissen generiert wird. Dieses Sich-Selbst-in-Frage-Stellen wirkt vorübergehend hemmend, da die neuen, zu integrierenden Objekte vom Individuum detailliert betrachtet werden müssen. Wer in diesen Situationen unmittelbar das Objekterkennungssystem aktiviert und diese Selbstreflexion als Bedrohung wahrnimmt, tendiert dazu, in den negativen Affekten zu verharren und ins Grübeln zu verfallen.

Die Makrosysteme Intensionsgedächtnis und Objekterkennungssystem arbeiten eher bewusst, die Systeme Intuitive Verhaltenssteuerung und Extensionsgedächtnis arbeiten eher unbewusst. Zwischen diesen bewusst und unbewusst arbeitenden Systemen bestehen gewisse wechselseitige Hemmungen, welche aber abgebaut werden können. Menschen zeigen hinsichtlich der Stärke dieser Hemmungen große Unterschiede: „Personen mit hoher Selbstwahrnehmung, also der Fähigkeit, ihre Eigenschaften sowie aktuellen Bedürfnisse und Gefühle treffend und differenziert beschreiben zu können, haben vermutlich eine geringere Hemmung zwischen IG und EG. Solche *strukturellen* Hemmungen von Systemverbindungen können durch den *dynamischen* Wechsel zwischen Affektzuständen aufgehoben werden, was einen besseren Informationsaustausch zwischen den Systemen ermöglicht." (Quirin & Kuhl 2009, S. 168). Auf diese Systemverbindungen, die auch als „Systeminteraktionen" bezeichnet werden, wird im Folgenden eingegangen.

Systeminteraktionen durch Affekt

Erreicht eine Person ein Ziel vollständig oder annähernd, entsteht Freude, also positiver Affekt. Im Umkehrschluss wird der positive Affekt herabgesetzt, wenn sich die Zielerreichung als unerwartet schwierig oder gar unmöglich gestaltet, so dass die Entstehung negativen Affekts, bspw. in Form von Frustration oder Enttäuschung auftreten kann. Die Hemmung des positiven Affekts wird durch das Intentionsgedächtnis eingeleitet und gleichzeitig wird die Intuitive Verhaltenssteuerung herabgesetzt. Diese Hemmung hat den positiven Effekt, dass durch analytisches Denken ein Handlungsplan entworfen wird, der zur Lösung der aufgetretenen Schwierigkeiten genutzt werden kann. Reflektiert eine Person die einzelnen Handlungsabschnitte der Zielerreichung, so ist es sinnvoll, dass der eigene positive Affekt gemindert und das analytische Denken gefördert wird. Ist der Handlungsplan entworfen, kann der positive Affekt wieder gesteigert werden, so dass eine Übergabe der Informationen aus dem Intentionsgedächtnis an die Intuitive Verhaltenssteuerung erleichtert wird und damit die Handlungsanbahnung erfolgen kann. Dies kann in der Praxis so aussehen, dass Menschen, die vor einer komplexen Aufgabe stehen, sich abwechselnd die positiven Emotionen bei der Zielrealisierung und die zu überwindenden Herausforderungen auf dem Weg der Umsetzung vor Augen führen (Quirin & Kuhl 2009, S. 169).

Doch was sind die Folgen, wenn es einer Person nicht gelingt, den positiven Affekt bei der Gegenüberstellung mit Schwierigkeiten wieder herzustellen und damit den negativen Affekt zu hemmen? Baumann & Quirin (2006, S. 48) verweisen auf diverse Forschungsergebnisse, welche zeigen, dass sich negative Affekte, die nicht gehemmt werden können, aktivitätsmindernd auf das Extensionsgedächtnis auswirken, so dass der Zugang zum Selbst, zu den individuellen Bedürfnissen und Haltungen gemindert wird. Sie erklären, dass Menschen mit einem gut ausgeprägten Selbstzugang in Zeiten von Stress und Anspannung über ein verstärktes Wohlbefinden und eine bessere psychische Gesundheit verfügen als Menschen mit einem schlechten Selbstzugang und einem „fragmentierten Selbst". Die Tendenz zur Ausbildung einer Depression wird ebenfalls in diesem Zusammenhang gesehen, da es diesen Menschen infolge der Konfrontation mit schwierigen Ereignissen oftmals nicht mehr gelingt, den positiven Affekt wieder herzustellen. Depressive Personen setzen sich zwar mit Absichten auseinander, sie zeigen jedoch eine Hemmung bei der Umsetzung ebendieser und verweilen in Grübeleien.

Werden also negative Affekte wie Angst, Trauer oder Hilflosigkeit entwickelt, zeigt sich die Interaktion zwischen dem Objekterkennungssystem und dem

Extensionsgedächtnis als bestimmend für den Umgang mit diesen Bedrohungen. Können im Extensionsgedächtnis die integrierten Bedürfnisse und Werte, die auch als Selbstrepräsentationen bezeichnet werden, aktiviert werden, kann sich das Selbst beruhigen und negative Affekte herabregulieren. Durch die Aktivierung des Extensionsgedächtnisses wird ein Überblick über die Bewältigungsstrategien verschiedener Lebenserfahrungen gewährt, welche in einer schwierigen Situation die Öffnung des Blicks auf eine differenziertere Sicht auf das Problem ermöglicht und passende kreative Lösungsmöglichkeiten entwickeln hilft. Durch die Aktivierung des Überblicks über die Bewältigung vergangener Lebensereignisse können schmerzhafte Erfahrungen in das Extensionsgedächtnis integriert werden, wodurch sich das Selbst weiter ausdifferenziert und komplexer wird. Dieser Prozess wird auch als persönliches Wachstum bezeichnet (Quirin & Kuhl 2009, S. 170).

Nur ein guter Selbstzugang zu eigenen Bedürfnissen, Erfahrungen, Werten, Emotionen etc. führen zu einem sinnerfüllten, glücklichen Leben. Es werden nur Absichten verfolgt, welche zu den wirklichen, selbst bestimmten Motiven des Individuums passen. Menschen hingegen, die sich aufgrund den Erwartungen und Interessen anderer von ihren eigenen Präferenzen entfernen, verfügen über eine geringere psychische Gesundheit und ein niedrigeres Wohlbefinden (Quirin & Kuhl 2009, S. 170; Baumann & Quirin 2006, S. 48).

Martens und Kuhl (2009, S. 78f.) fassen diese beschriebenen Systeminteraktionen in zwei Modulationsannahmen zusammen (siehe Abb. 13):

1. Werden positive Gefühle durch das Eintreten einer unangenehmen Situation gehemmt, erfolgt eine Aktivierung des Intensionsgedächtnisses mit dem darin verankerten analytischen Denken. Diese Hemmung kann aufgehoben werden, indem sich das Individuum selbst motiviert oder von außen in der Herstellung einer Motivation unterstützt wird, mit der Folge, dass das Intentionsgedächtnis mit der Intuitiven Verhaltenssteuerung verbunden wird, so dass eine Handlung ausgeführt oder ein Ziel erreicht werden kann („Willensbahnung"). Sind also keine positiven Affekte vorhanden, wird das Intensionsgedächtnis mit dem analytischen Denken

aktiviert. Können nun wieder positive Affekte entstehen, kommt es zur Interaktion zwischen Intentionsgedächtnis und Intuitiver Verhaltenssteuerung, so dass das, was getan werden sollte, auch tatsächlich umgesetzt werden kann.

2. Werden negative Affekte, bspw. durch Gefühle von Unstimmigkeiten wahrgenommen, wird das Objekterkennungssystem aktiviert. Parallel dazu wird bei der Herabregulierung der negativen Affekte das Extensionsgedächtnis angeregt, damit die noch nicht integrierten Erfahrungen aus dem Objekterkennungssystem in das Selbst integriert werden können. So stehen sie dem Individuum bei späteren Entscheidungen als Erfahrungsschatz zur Verfügung.

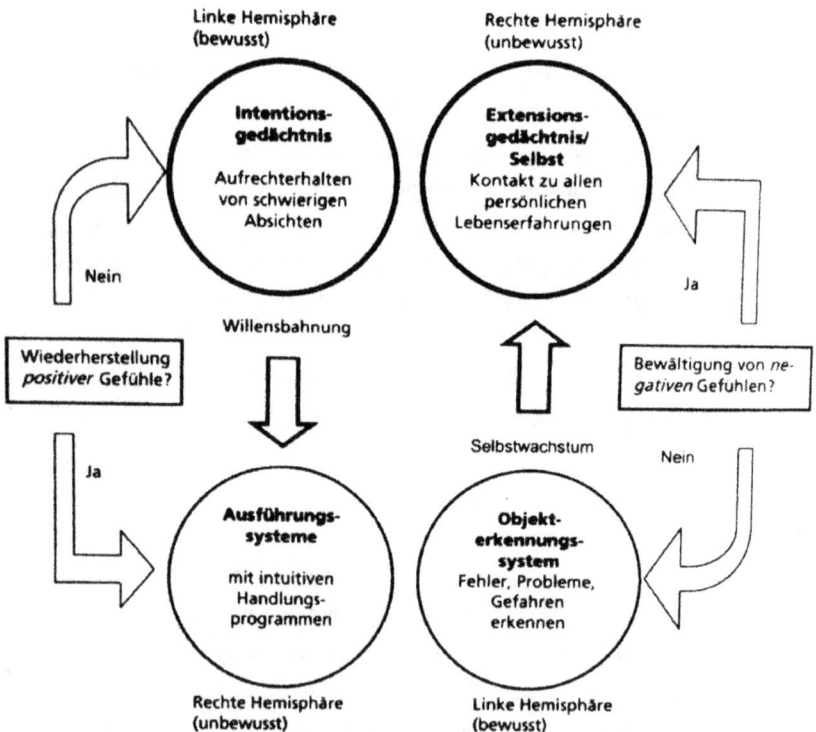

Abb. 13: Grafische Darstellung der PSI-Theorie (Martens & Kuhl 2009, S.78).

Diese Modulationsannahmen können jedoch auch von der anderen Seite her betrachtet werden, da reziproke Zusammenhänge vermutet werden:

Positiver Affekt fördert spontanes, intuitives Verhalten und gleichzeitig wirkt sich dieses intuitive Verhalten wirksam auf den positiven Affekt aus. Eine gedämpfte psychische Verfassung wirkt auf das Denken einer Person ein und gleichzeitig wirkt das Denken dämpfend auf die Stimmung ein. Eine starke negative Stimmung wirkt hemmend auf den Selbstzugang sowie die Selbstwahrnehmung ein und gleichzeitig fördert der Selbstzugang eine positivere Stimmung (vgl. Martens & Kuhl 2009, S. 78ff.).

Diese reziproken Zusammenhänge sind die Grundlagen für verschiedene Trainingsprogramme, da das Ansetzen an diesen Annahmen eine hohe Wirksamkeit erzeugen kann. Es können Probleme abgebaut werden, die im persönlichen, in beruflichen oder in anderem Zusammenhang stehen. So kann eine Person durch die Aktivierung des Intentionsgedächtnisses in Form des spontanen, intuitiven Handelns sich selbst wieder besser spüren lernen. Durch die Aktivierung des Extensionsgedächtnisses und der darin vorhandenen Sicht auf die Bedürfnisse des Selbst sowie der Mitmenschen können gute Gespräche entstehen, so dass ein wahrer Austausch und dadurch eine Annäherung an andere Menschen gelingen können, wodurch in der Folge positive Emotionen entstehen. Durch die Aktivierung des Selbst können kreative Leistungen und Gebilde gefördert werden, bspw. durch das kreative tätig sein. Wird eine Person unter Stress gesetzt, kann sie durch ein Training lernen, wieder Zugang zu ihrem Selbst zu erhalten, indem das Schaffen einer positiven Stimmung erzielt wird. Das Selbst wird für das Individuum besser erreichbar, umso besser es gelingt, negative Affekte in positive Affekte umzuwandeln, bspw. durch wertschätzende, ehrlich gemeinte Feedbacks (vgl. Martens & Kuhl 2009, S. 78ff.).

Durch diese Trainings und Programme können Personen aktiven Einfluss auf ihre Persönlichkeitsstrukturen nehmen, wenngleich diese vermutlich nicht völlig überwunden werden können. „Die Grundstimmung eines Menschen wird teilweise durch die Erbanlagen, zum Teil durch sehr frühe Kindheitserlebnisse festgelegt. Sie ist später zwar veränderbar, aber die frühe Prägung scheint nie völlig zu verschwinden. Daraus ergibt sich eine neue typologische Theorie: Auch viele kognitive Merkmale, die einen bestimmten Typus ausmachen, können durch frühe affektive Festlegungen verursacht sein." (Martens & Kuhl 2009, S. 81). Hat jemand in seiner Kindheit wenig Wärme erfahren dürfen, neigt dieser Person unter Annahme der 1. Modulationsannahme zur Ausbildung eines eher analytischen Typus. Erlebte eine Person in ihrer Kindheit hingegen eher positive Gefühle, ist die Neigung zur Entwicklung eines intuitiven, spontanen Typus erhöht.

Personen mit einem guten Zugriff auf ihr Extensionsgedächtnis, also auf ihr Selbst, können sich in der Konfrontation mit schwierigen Lebensereignissen einen Überblick über vergangene, wirksame Bewältigungssituationen verschaffen und sich somit relativ rasch wieder in einen Zustand positiven Affekts heraufregulieren. Diesen Personen gelingt es, kritische Ereignisse infolge von Selbstreflexion in ihr Selbst zu integrieren und somit an den Herausforderungen des Lebens persönlich zu wachsen. Anderen Menschen hingegen gelingt es nicht, einen Zugang zum Selbst zu erlangen, stattdessen orientieren sie sich an den Interessen und Erwartungen anderer Menschen. Da sie keinen Zugang zu den eigenen Präferenzen erhalten, verfügen sie über ein oftmals geringeres Maß an Zufriedenheit und psychischer Gesundheit. Diese Erkenntnisse aus der PSI-Theorie werden nun mit den Konstrukten der Handlungs- und Lageorientierung verknüpft.

2.2.4 *Die Verknüpfung der PSI-Theorie mit der Handlungskontrolltheorie*

Die Fähigkeit der Menschen, Zugriffe auf die verschiedenen Systeme erlangen zu können, kann mit dem Modell der Lage- und Handlungsorientierung verdeutlicht werden. Wie zuvor erarbeitet wurde, meint der Begriff der Handlungsorientierung die Fähigkeit eines Individuums, im Angesicht schwieriger, negativen Affekt auslösenden Situationen die individuelle

Handlungsfähigkeit zu bewahren und damit die Umsetzung der Ziele weiter verfolgen zu können. Die Lageorientierung von Menschen bezieht sich hingegen auf die Tendenz einer Person, in der negativen Affekt auslösenden Situation zu verbleiben. Wird die PSI-Theorie mit der Theorie der Handlungskontrolle in Verbindung gebracht, können die Zusammenhänge in den Worten von Quirin & Kuhl (2009, S. 171) folgendermaßen wiedergegeben werden: „Während *prospektive Handlungsorientierung* individuelle Differenzen in der Fähigkeit beschreibt, positiven Affekt für die Umsetzung von Intentionen bereitzustellen, beschreibt *bedrohungsbezogene Handlungsorientierung* die Fähigkeit zur Herabregulierung negativen Affekts und somit zur Integration negativer Erfahrungen ins Selbst." Somit gelingt es prospektiv handlungsorientierten Personen leichter als den prospektiv Lageorientierten, die durch eine Minderung der positiven Affekte verursachte Hemmung zwischen dem Intentionsgedächtnis und der Intuitiven Verhaltenssteuerung aufzuheben und die Aktivierung des Extensionsgedächtnisses einzuleiten, mit dem Effekt, sich aus eigenem Antrieb auch für die Überwindung ungewollter Handlungen zu motivieren. Nach Bedrohung handlungsorientierten Menschen gelingt es im Vergleich zu den nach Bedrohung lageorientierten Personen leichter, die zunächst entstandene Hemmung des Extensionsgedächtnis hinter sich zu lassen, die belastenden Emotionen zu verarbeiten und in das Selbst zu integrieren (vgl. Quirin & Kuhl 2009, S. 171f.).

Es wurde in der Darstellung der Theorien deutlich, dass diese kognitiven Prozesse sehr subjektiven Charakter aufweisen und davon abhängen, wie das Individuum sich selbst und die Welt um sich herum wahrnimmt. Gleichzeitig wird deutlich, mit welchem immensen Einfluss diese Konstruktion der Wirklichkeit auf die Gefühls- und Wesenszustände einer Person einwirken. Es wird somit im folgenden Kapitel zunächst auf diese Kraft der Wirklichkeitskonstruktion eingegangen und anschließend verdeutlicht, wie sich die verschiedenen Lebens- und Leistungsbereiche im so genannten Selbstkonzepts zusammen führen lassen und die Identität eines jeden Menschen prägen.

2.3 Konstruktion der Wirklichkeit, Selbstkonzept und Identität

Die Konstruktion der Wirklichkeit beschrieb Rogers (1977, S. 179) folgendermaßen: „Die einzige Wirklichkeit, die ich überhaupt kennen kann, sind die Welt und das Universum so, wie *ich* sie wahrnehme und in diesem Augenblick erlebe. Die einzige Wirklichkeit, die Sie überhaupt kennen können, sind die Welt und das Universum so, wie *Sie* sie in diesem Augenblick erleben. Und die einzige Gewissheit ist die, dass diese wahrgenommenen Wirklichkeiten verschieden sind. *Es gibt ebenso viele „wirkliche Welten" wie es Menschen gibt!"* Jeder Mensch konstruiert sich demnach seine ganz persönliche Realität anhand der Erfahrungen und Erlebnisse, die er Zeit seines Lebens mit sich selbst sowie in zwischenmenschlichen Beziehungen sammelt, verbunden mit dem Einfluss an individuellen Werten und Einstellungen, persönlichen Bedürfnissen und Zielen, die das Individuum verfolgt.

In der Konsequenz bedeutet das, dass jeder Mensch eine Situation auf seine ureigene Weise interpretiert und diese von der Interpretation eines anderen an der Situation Beteiligten abweicht. Menschen, die im gleichen Kulturkreis aufwachsen und ähnlich geprägt werden, bringen demnach oftmals ähnliche Interpretationsmuster mit, während diese bei Menschen mit unterschiedlicher Kulturprägung deutlich abweichen können. Diese Interpretationen werden dementsprechend als kulturelle Konstruktionen von Wirklichkeit bezeichnet (vgl. Zimbardo & Gerrig 2004, S. 211).

Die psychische Entwicklung eines Kindes und eines Jugendlichen stehen demnach im Zusammenhang mit den Entwicklungsbedingungen, welche sie sowohl in der Familie, in den Bildungsinstitutionen und in anderweitigen gesellschaftlichen Zusammenhängen erfahren. Entwicklungsbedingungen, welche ein förderliches, positives Selbstkonzept entstehen lassen, sieht Rogers insbesondere in der Grundhaltung der Bezugspersonen, die dem Kind oder dem Jugendlichen mit „einfühlendem Verstehen", „unbedingter Wertschätzung" und „Echtheit" begegnen. Das Bedürfnis nach unbedingter Wertschätzung ist insbesondere bei Heranwachsenden derart existentiell, dass sie sich in erster Linie in ihrem Verhalten danach ausrichten, was von der Bezugsperson als positiv eingestuft wird. Die im Lauf des Lebens gesammelten Erfahrungen werden in dem sich stets weiter aktualisierenden und entwickelnden Selbstkonzept integriert. Kann eine Person sowohl positive als auch negative Erfahrungen als zu sich zugehörig erkennen und integrieren, spricht Rogers von einer „fully functioning person". Werden hingegen organismische Erfahrungen durchlebt, welche nicht mit dem Selbstkonzept in Übereinstimmung gebracht werden, kann dies zu Inkongruenz führen: „Inkongruenz entsteht aus der Diskrepanz zwischen der Aktualisierungstendenz (Erleben wird mit dem gesamten Organismus gespürt und bewertet) und der Selbstaktualisierungstendenz. (Erleben wird mit den Augen der bedeutsamsten Bezugsperson bewertet).

„Aus dieser Unvereinbarkeit resultieren Spannungen, die das Individuum löst, indem es die Erfahrungen entweder verzerrt, d.h. verfälscht, wahrnimmt oder ganz verleugnet [...]." (Weinberger 2011, S. 27). Diese Inkongruenz kann wieder aufgelöst werden, indem das Individuum daran arbeitet, nach und nach eine ausgeweitete Integration von Erfahrungen in ihr Selbstkonzept zuzulassen und anzuerkennen, so dass es eine erhöhte Übereinstimmung zwischen dem Selbstkonzept und den organischen Erfahrungen erfolgt. Rogers Überzeugung zufolge gelingt dies durch das Erleben einer Beziehung, in der die Person Anerkennung, Wertschätzung und Akzeptanz erfährt und den Raum erhält, sich selbst mit seinen positiven wie negativen Gefühlen zu erkunden und diese nicht verbergen zu müssen. Umso stärker eine Diskrepanz zwischen dem Bild, das eine Person von sich hat (reales Selbstkonzept) und dem, wie die Person gerne wäre (ideales Selbstkonzept) ausgeprägt ist, umso höher kann die Gefahr sein, dass diese Person psychische Beeinträchtigungen entwickelt (vgl. Weinberger 2011, S. 27ff.).

Zimbardo und Gerrig (2004, S. 633) verstehen, ähnlich wie Rogers, unter dem Selbstkonzept „eine dynamische geistige Struktur, die intra- und interpersonale Verhaltensweisen und Prozesse motiviert, interpretiert, strukturiert, vermittelt und reguliert." Das Selbstkonzept umfasst verschiedene Teilbereiche, so die

Erinnerung an das eigene Leben, Werte und Fähigkeiten, aber auch das „ideale Selbst" mit der optimalen Vorstellung über sich selbst sowie die „möglichen Selbst" mit den persönlichen Entwicklungspotentialen. Ratschinski (2009, S. 53ff.) ordnet dem Selbstkonzept vergleichbare Ebenen zu, so das Wissen über sich selbst (z.B. Wünsche, Erwartungen, Ideale), das Wissen über die sozialen Bezüge (bspw. Familie, Peers, Schule) sowie subjektive Überzeugungen (bspw. zu Fähigkeiten und Eigenschaften). Er ergänzt diese Komponenten des Selbstkonzepts zudem um eine zeitliche Dimension, in Form des Bezugs auf die aktuelle Situation sowie auch in der Projektion in die Zukunft. Daneben enthält das Selbstkonzept Annahmen dazu, was andere Personen über einen denken.

Nach Shavelson (1979) besteht das allgemeine Selbstkonzept aus verschiedenen Teilsystemen: Dem akademischem, sozialem, emotionalem und physischem Selbstkonzept (vgl. Abb. 14). Laskowski (2000, S. 19) ergänzt, dass das Selbstkonzept hierarchisch angeordnet ist und sich mit den Lebensjahren weiter ausdifferenziert.

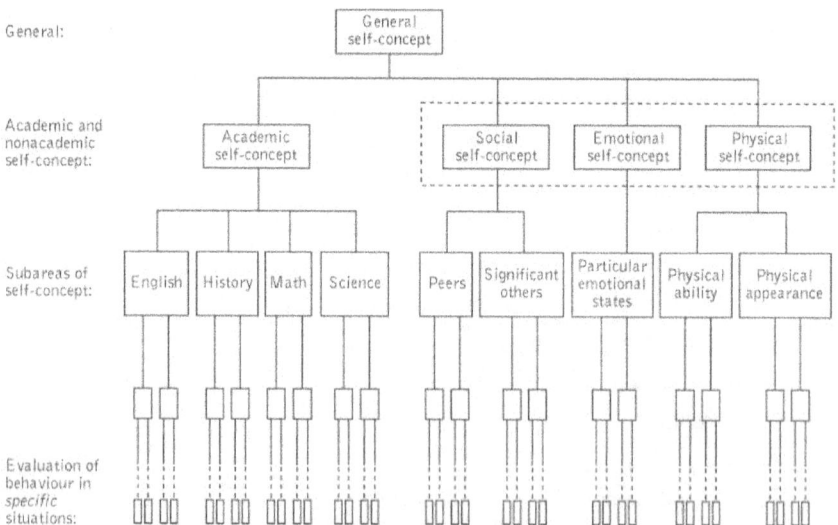

Abb. 14: Hierarchisches Selbstkonzept-Modell nach Shavelson et al. (1976).

Stadler-Altmann (2010, S. 32ff.) beschreibt hierzu, dass diese Teilsysteme nicht voneinander abgeschieden betrachtet werden können, da sie untereinander vielfach verknüpft sind und sich die einzelnen Aspekte gegenseitig beeinflussen. Das Selbstkonzept kann darüber hinaus in ein Real-Selbst, d.h. ein realitätsnahes Selbstbild zu persönlichen Fähigkeiten, Eigenschaften und Verhaltensweisen, sowie ein Ideal-Selbst, d.h. ein persönliches Bild darüber, wie eine Person gerne sein würde, unterschieden werden. Das Gegenüberstellen dieser beiden Aspekte wird allgemein als Selbstreflexion bezeichnet. Insbesondere im Jugendalter stehen das Ideal-Selbst und das Real-Selbst in einem oftmals konfliktreichen Spannungsverhältnis (vgl. Oerter & Montada 2008, S. 230ff., 404ff., 627ff.). In dieser Zeit wird die Anerkennung durch die Peergruppe besonders bedeutsam, da durch die Adoleszenz emotionale Verunsicherungen hinsichtlich der inneren Gefühle, Einstellungen etc. entstehen. Laskowski (2000, S. 15f.) weist in diesem Zusammenhang auch darauf hin, dass es eine Differenz zwischen einem *tatsächlichen* und einem *geschlussfolgerten* Selbstkonzept geben kann. So wird allgemein geschlussfolgert, dass ein Kind ein positives Selbstwertgefühl hat, wenn es schulischen Erfolg vorweisen kann, obgleich das tatsächliche Selbstwertgefühl davon abweichen kann. Ob das Selbstwertgefühl positiv, neutral oder negativ ausfällt, hängt eben davon ab, wie die Peergruppe die erbrachte Leistung bewertet. Wird schulischem Erfolg eine positive Bewertung zuteil, kann die gute Leistung beim Schüler zum positiven Selbstwertgefühl beitragen, während das Selbstwertgefühl des Schülers vermutlich eher negativ wäre, wenn die Peergruppe schulischen Erfolg negativ einstuft. Abhängig von der Bewertung des schulischen Erfolgs durch die Peergruppe wird ein Kind mehr oder weniger Motivation aufbringen und Energien investieren, um Erfolg zu erzielen.

In dieser Zeit der Adoleszenz werden infolge der altersgemäßen Entwicklungsaufgaben berufliche Interessen ausgelotet und Präferenzen unter Beachtung des Geschlechts, der sozialen Herkunft und der eigenen Fähigkeiten definiert. Fragen zur Berufswahl werden zu einem Thema und die mehr oder weniger spezifische Suche nach einem Beruf beginnt (vgl. Ratschinski 2009, S. 56). Dickhäuser (2009, S. 58 ff.) führt in diesem Kontext an, dass Personen ein realistisches Selbstkonzept der Begabung (Synonym:

Fähigkeitsselbstkonzept) benötigen, um Situationen und auch Aufgaben anzunehmen, die sie weder unter- noch überfordern. Die damit zusammen hängende Erfolgserwartung wird erhöht, wenn ein positives Selbstkonzept der Begabung vorhanden ist. Menschen mit positivem Fähigkeitsselbstkonzept nehmen Herausforderungen positiver an, trauen sich Aufgaben eher zu, nehmen die Umsetzung der Aufgaben zielstrebiger auf und setzen sich höhere Ziele. Menschen mit negativ besetztem Selbstkonzept neigen dazu, ihre Leistungsfähigkeit und ihre schulischen Kompetenzen zu unterschätzen, sie leiden vergleichsweise öfter an Versagensängsten und Selbstzweifel und verfügen über vermehrte Hemmungen und Unsicherheiten. Auch zeigen sie häufig eine geringere Durchhaltefähigkeit und beginnen aufgrund der Selbstzweifel oftmals erst gar nicht, ihren Zielen nachzugehen. Schüler mit geringem Selbstkonzept treten sich selbst gegenüber kritischer auf und erleben die Welt als gefahrvoller (vgl. Laskowski 2000, S. 25ff.).

Laskowski weist darauf hin, dass das Selbstkonzept maßgeblich von einer Komponente beeinflusst ist, welche von außen zunächst nicht einschätzbar ist: Der Haltung der jeweiligen Person zu den Komponenten ihres Selbstkonzepts. Somit steht das subjektive Selbstwertgefühl mit der persönlichen Bewertung der verschiedenen Selbstkonzeptbereiche und der Bewertung derselben durch die Peergruppe in Zusammenhang. „Das Vorhandensein subjektiver Gewichtungen der einzelnen Selbstkonzeptbereiche bedeutet, dass Menschen bestimmten Selbstkonzeptbereich ein stärkeres Gewicht und eine andere Bedeutung zuweisen als den anderen Selbstkonzeptbereichen. Dementsprechend wirkt sich die Ausprägung solcher Selbstkonzeptbereiche, denen der jeweilige Mensch subjektiv größere Wichtigkeit beimisst, stärker auf die Ausprägung seines Selbstwertgefühls aus als die Ausprägung der für ihn eher unwichtigen Selbstkonzeptbereiche. Die Ausprägung der wichtigen hat in der Summe mehr Gewicht." (Laskowski 2000, S. 19). Diese Annahme impliziert, dass ein Mensch kein identisches Selbstwertgefühl für alle Lebensbereiche aufweist, sondern dass durchaus Abstufungen vorzufinden sind. So hat bspw. insbesondere im Jugendalter bei einer großen Gruppe die Selbstkonzept-Komponente des Aussehens (physical appearance) eine bedeutendere Gewichtung als die mathematischen Fähigkeiten (akademisches Selbstkonzept).

Wie eben bereits kurz erwähnt gilt auch das Selbstwertgefühl als eine Komponente des Selbstkonzepts und meint „eine generalisierte wertende Einstellung gegenüber dem Selbst, die sowohl Stimmung als auch Verhaltensweisen beeinflusst und starken Einfluss auf eine Reihe von persönlichen und sozialen Verhaltensweisen ausübt."' (Zimbardo & Gerrig 2004, S. 634). Verfügt eine Person über ein geringes Selbstwertgefühl, bedeutet dies, dass eine geringe Sicherheit über das Selbst vorliegt. Auch trauen sich Menschen mit schwachem Selbstkonzept die Annahme verschiedener Herausforderungen weniger zu, da sie die defizitäre Vorstellung über sich selbst haben, dass sie diese nicht bewältigen können, wenngleich sie der Ressourcen faktisch verfügen. Diese Unfähigkeitsphantasien können ungünstige Auswirkungen auf den Menschen haben, bspw. indem sie lähmend auf das Verhalten wirken und zu Misserfolgen im Sinne einer „self fulfilling prophecy" führen (vgl. Laskowski 2000, S. 9). Zimbardo & Gerrig (2004, S. 634) weisen auf eine Untersuchung von Baumgardner aus dem Jahr 1990 hin, welche ergab, dass Personen mit geringem Selbstwertgefühl deutlich weniger Informationen über sich Selbst und ein unklares Bewusstsein über ihre Fähigkeiten besitzen, wodurch es für die Person schwer einschätzbar wird, inwiefern die eigenen Ziele im Leben erreichbar werden. „Man könnte sogar soweit gehen zu behaupten, dass die Selbstkonzepte eines Menschen für die Wahl und für den Erfolg seiner Handlungen tendenziell wichtiger sind als seine intellektuellen und physischen Fähigkeiten und zum Teil auch wichtiger als die situativen Gegebenheiten." (Laskowski 2000, S. 9). Diesen Erkenntnissen zufolge werden Menschen alle Anstrengung aufwenden, um ihr positives oder negatives Selbstwertgefühl aufrechtzuerhalten, so werden auch Erfahrungen selektiv wahrgenommen, um das Bild vom Selbst aufrecht erhalten zu können. Es werden bspw. schlechte Mathematiknoten besonders beachtet, wenn diese zur Aufrechterhaltung des Konzepts „Ich bin schlecht in Mathematik" beitragen. Gute Noten würden in dem Zusammenhang möglicherweise als Glück oder unwahr abgetan, so dass die Bestätigung der Unfähigkeit erfolgt und damit das Konzept erhalten werden kann. Im Vergleich dazu würde eine Person mit positivem Selbstkonzept diese guten Noten ihren Fähigkeiten zuschreiben und eine schlechte Note möglicherweise als Pech einstufen.

Ein andere Strategie, um das eigene Bild zum Selbstwert aufrecht erhalten zu können, ist die Aufwertung des Menschen in verschiedenen Kontexten. Bspw. bewältigt der Schüler bewusst eine Aufgabe unzulänglich, um eine Begründung für den eintretenden Misserfolg zu haben („Ich habe keine Lust gehabt..."), so dass die eigenen Fähigkeiten nicht in den Zusammenhang der Nichtbewältigung gebracht und damit nicht in Frage gestellt werden. Ein derartiges Verhalten, welches eigentlich auf den Schutz der Selbstachtung abzielt, wird als Selbstbeeinträchtigung bezeichnet. Diese Konstruktion der Selbstbeeinträchtigung weist darauf hin, dass die Selbstachtung einer Person mit deren Selbstdarstellung verknüpft ist. So tritt die Selbstbeeinträchtigung verstärkt auf, wenn Ergebnisse hinsichtlich der Leistung oder Fähigkeiten publik gemacht werden (vgl. Zimbardo & Gerrig 2004, S. 635f.). Versuche der Selbstdarstellung gegenüber anderen dienen dem Zweck, deren Bild vom Selbst positiv(er) zu beeinflussen (vgl. Oerter & Montada 2008, S. 230ff., 404 ff., 627ff.). Das Selbstkonzept umfasst zudem so genannte Selbstschemata, „die es Ihnen ermöglichen, Informationen über sich selbst zu strukturieren, so wie andere Schemata Ihnen ermöglichen, andere Aspekte Ihrer Erfahrung zu verwalten." (Zimbardo & Gerrig 2004, S. 634). Durch diese Selbstschemata können situationsspezifische Erfahrungen in das Selbstkonzept eingeordnet werden, wodurch die Kontinuität und Aufrechterhaltung der Identität erlebbar wird (vgl. Laskowski 2000, S. 17). Die persönlichen Selbstschemata beeinflussen dadurch auch die Interpretation von Handlungen anderer Menschen, mit dem Hintergrund, welche Annahmen die Person über ihr eigenes Denken und Handeln aufweist.

Des Öfteren fiel nun bereits der Begriff der Identität, auf den an der Stelle noch eingegangen werden soll. Der Begriff der Identität bezieht sich zunächst in einem allgemeinen Sinn auf die einzigartige Kombination von persönlichen, unverwechselbaren Daten des Individuums wie Name, Alter, Geschlecht und Beruf, durch die das Individuum gekennzeichnet ist und von allen anderen Personen unterschieden werden kann. „In einem engeren psychologischen Sinn ist Identität die einzigartige Persönlichkeitsstruktur, verbunden mit dem Bild, das andere von dieser Persönlichkeitsstruktur haben. Für das Verständnis von Entwicklung im Jugendalter ist aber noch eine dritte Komponente der

Identität wichtig, nämlich das eigene Verständnis für die Identität, die Selbsterkenntnis und der Sinn für das, was man ist bzw. sein will." (Oerter & Montada 2008, S. 303). Haußer hingegen (1983, S. 103 zit. n. Laskowski 2000, S. 11) definiert Identität „als Einheit aus Selbstkonzept, Selbstwertgefühl und Kontrollüberzeugung eines Menschen, die er aus subjektiv bedeutsamen und betroffen machenden Erfahrungen über Selbstwahrnehmung, Selbstbewertung und personale Kontrolle entwickelt und fortentwickelt und die ihn zur Verwirklichung von Selbstansprüchen, zur Realitätsprüfung und zur Selbstwertherstellung im Verhalten motivieren". Das Selbstkonzept wird in dieser Definition neben dem Selbstwertgefühl sowie den Kontrollüberzeugungen als Teilaspekte von Identität verstanden. Die Identität ist somit die Gesamtheit der Facetten und die Einzigartigkeit der Persönlichkeitsstruktur eines jeden Menschen. In der Identität sind das Wissen um die eigenen Erfahrungen, Fähigkeiten, Bedürfnisse, Wünsche, Ziele, Werte, Haltungen, das Selbstwertgefühl und die Vorstellung von dem, was andere über das Selbst denken, enthalten.

Zusammenfassend kann nun festgehalten werden, dass der Selbstzugang die Eigenschaft bezeichnet, durch welche dem Individuum das Zugreifen auf relevante, das Selbst betreffende Informationen wie subjektive Wünsche, Bedürfnisse und Erfahrungen ermöglicht. Durch einen hohen Selbstzugang, also durch die Möglichkeit, auf selbstrelevante Informationen zurückgreifen zu können, können Ziele und Handlungen auf Authentizität überprüft werden. Es wurde auch deutlich, dass Rückschlüsse auf den Selbstwert einer Person von außen nicht einfach zu treffen sind. Dieser Selbstwert ist nämlich einerseits davon abhängig, welchen Stellenwert das Individuum einem Selbstkonzept-bereich zusprach und zum anderen davon, welchen Stellenwert die Peergruppe dem Selbstkonzeptbereich zuspricht. Der Einfluss der Gleichaltrigengruppe hat im Jugendalter einen sehr großen Einfluss auf die Einzelnen.

2.4 Berufsorientierung und Berufswahl

Die Berufs- und Arbeitswelt nimmt einen großen Stellenwert in der Biografie eines jeden Menschen ein. Eine gelungene berufliche Integration wird von Jugendlichen mit der Sicherung ihrer materiellen Existenz, der Chance eines selbst bestimmten Lebens und der Teilhabe am gesellschaftlichen Leben verbunden. Die Berufsorientierung dient der Vorbereitung auf diesen wichtigen biographischen Abschnitt.

Für den gesamten Prozess des Übergangs in die Berufswelt geht man von zwei zu bewältigenden Schwellen aus. Der Übergang von der Schule in die Arbeitswelt wird auch als erste Schwelle bezeichnet. Die Erstberufswahl hat dabei eine ganz besondere Bedeutung, da der Jugendliche mit ihr die erste richtungweisende Entscheidung in seinem beruflichen Leben trifft. Diese, während der Adoleszenz stattfindende Wahl, bildet die Grundlage für spätere Berufs- und Bildungsoptionen (vgl. Dedering 2000, S. 303). Berufsorientierung dient unter anderem der Vorbereitung auf diesen Prozess des Übergangs und soll einen Beitrag zur besseren Bewältigung dieser ersten Schwelle leisten.

Nach der Beendigung der Schule stehen Jugendlichen in Abhängigkeit ihres erreichten Schulabschlusses verschiedene Wege der beruflichen Ausbildung offen, so zum Beispiel das duale Ausbildungssystem oder das sogenannte Übergangssystem. Wobei im erstgenannten System Jugendliche einen beruflichen Abschluss erlangen können. Die lange Zeit dominierende Funktion der dualen Berufsausbildung ist seit einigen Jahren etwas rückläufig. Im Jahr 2012 jedoch konnte durch Ausbildungsplatzüberhänge wieder steigende Zahlen innerhalb der dualen Ausbildung verbucht werden. Es mündeten etwa 28% der potentiellen Bewerber und Bewerberinnen in das Übergangssystem. Die bundesweite rechnerische Einmündungsquote in Ausbildungsverträge lag bei knapp 65 % (vgl. Berufsbildungsbericht 2012, S. 7ff). Nach abgeschlossener Ausbildung gilt es die zweite Schwelle der beruflichen Sozialisation zu bewältigen, die zu einer Integration in den Arbeitsmarkt führt (vgl. Georg & Sattel 2006, S. 139).

2.4.1 *Berufsorientierung*

Um die Berufswahlentscheidung benachteiligter Jugendlicher zielführend begleiten zu können, ist zunächst eine ganzheitliche Berufsorientierung von großer Bedeutung. Denn angesichts der steigenden Anforderungen der Arbeitswelt müssen Jugendliche Kompetenzen entwickeln, mit denen es ihnen gelingt, unterschiedliche berufliche Situationen zu bestehen und wechselnde Erwerbsbiographien zu bewältigen (vgl. Bildungsbericht 2010, S. 47).

Das Bundesinstitut für Berufliche Bildung (BIBB) hat eine Definition veröffentlicht, die den hohen Anspruch an eine gelingende Berufsorientierung verdeutlicht: Im Übergang Schule – Beruf bezeichnet das Handlungsfeld Berufsorientierung in der Regel Angebote bis zum Ende der allgemeinbildenden Schule. Die Orientierung bezieht sich dabei auf zwei Seiten: „Auf der einen stehen die Jugendlichen, die sich selbst orientieren und dazu zunächst ihre eigenen Interessen, Wünsche und Kompetenzen kennenlernen müssen. Auf der anderen Seite stehen die Bedarfe und Anforderungen der Arbeitswelt und der Gesellschaft, auf die hin junge Menschen orientiert werden" (Bundesinstitut für Berufliche Bildung 2007).

Berufsorientierung lässt sich somit als ein Prozess der Annäherung und Abstimmung zwischen diesen verschiedenen Polen beschreiben. Die einzelne Person muss diesen während ihres gesamten Erwerbslebens immer wieder durchlaufen und ihre persönlichen Voraussetzungen in Bezug zu den an sie gestellten Anforderungen der Umwelt setzten. Sowohl die persönlichen als auch die von der Umwelt einfließenden Aspekte sind geprägt von sich stets wandelnden gesellschaftlichen Werten, Normen und Ansprüchen und von den technologischen und sozialen Entwicklungen im Wirtschafts- und Beschäftigungssystem. Berufsorientierung ist somit fortwährendes Lernen, das sowohl in formell organisierten Lernumgebungen als auch informell im alltäglichen Lebensumfeld stattfindet (vgl. Bundesinstitut für Berufliche Bildung 2007). „Angebote der Berufsorientierung sollen junge Menschen unterstützen, ihre Persönlichkeit aktiv zu entwickeln und die Anforderungen moderner Arbeit-

und Lebenswelten zu bewältigen. Aus diesem Grund sind in den Prozess der Berufsorientierung viele Akteure und Institutionen einbezogen: die Jugendlichen selbst und ihre Eltern, Schulen, Betriebe und Verbände, die Berufsberatung, Fachkräfte für Kompetenzfeststellung und individuelle Förderung, ggf. Einrichtungen aus dem sozialen Umfeld und Fachstellen, die im Einzelfall einbezogen werden" (Bundesinstitut für Berufliche Bildung 2007). Demnach verhilft Berufsorientierung Schülern sowie deren Eltern, sich frühzeitig und prozessorientiert auf die Berufswahlentscheidung zum Ende der Schulzeit vorzubereiten, damit das Ziel, eine qualifizierte Berufswahl treffen zu können, erreichbar wird. Berufsorientierung ist einerseits ein Prozess der Annäherung und Abstimmung von Interessen, Wünschen, Wissen, Können und andererseits das Erkennen von Möglichkeiten, Bedarfen und Anforderungen der Arbeits- und Berufswelt. Schüler sollen dabei ihre Fähigkeiten und Kompetenzen erkunden und ihre Interessen an unterschiedlichen Tätigkeiten prüfen bzw. erfahren. Berufsorientierung, als Einstieg in den Übergang von der Schule in die Arbeitswelt, erweist sich somit als ein zentraler Baustein im Jugendalter.

Für den Begriff der Berufsorientierung existiert bisweilen kein einheitliches Verständnis. Zudem werden in diesem Handlungsfeld eine ganze Reihe von Begriffen wie „Berufswahlorientierung", „Berufsfrühorientierung", „Berufswahl-vorbereitung", „Berufsorientierung" teilweise synonym verwendet. Dieses Durcheinander an Begrifflichkeiten, die teilweise auch synonym verwendet werden, führt zu einer Vielzahl an unterschiedlichen Handlungsansätzen mit unterschiedlichen Zielsetzungen. In der Literatur wird der Begriff der Berufsorientierung teilweise auf die eigentliche Berufswahlvorbereitung und -entscheidung reduziert. Eine Erweiterung dieser eher traditionellen Vorstellung konnte sich in der Fachwelt bislang nicht durchsetzen (vgl. Butz 2008, S. 7).

Famulla und Butz erhoben den Anspruch einer ganzheitlichen Definition der Berufsorientierung, die folgendermaßen lautet: „Berufsorientierung ist ein lebenslanger Prozess der Annährung und Abstimmung zwischen Interessen, Wünschen, Wissen und Können des Individuums auf der einen und Möglichkeiten, Bedarfen und Anforderungen der Arbeits- und Berufswelt auf der anderen Seite. Beide Seiten, und damit auch der Prozess der

Berufsorientierung, sind sowohl von gesellschaftlichen Werten, Normen und Ansprüchen, die wiederum einem ständigen Wechsel unterliegen, als auch den technologischen und sozialen Entwicklungen im Wirtschafts- und Beschäftigungssystem geprägt" (Famulla & Butz 2005). In diesen gesellschaftlichen und sozialen, sowie technischen und wirtschaftlichen Bereichen besteht zunehmend die Notwendigkeit der Anpassung. Es ist nicht weiter ausreichend, lediglich eine Komponente in den Blick zu nehmen. Es braucht innerhalb dieser Entwicklungen auf dem Arbeitsmarkt eine Berufsorientierung die beide Parteien, sowohl Individuum als auch Arbeitswelt durch Abstimmung und Annäherung in Einklang bringt. Berufsorientierung entwickelt sich zu einem quasi unendlichen Prozess, der sich nicht auf bestimmte Lebensphasen beschränkt und als individuelle Lernleistung in sowohl formeller als auch informeller Lernumgebung des Einzelnen gesehen wird (vgl. Butz 2008, S. 50). Der Bremer Erziehungswissenschaftler Jörg Schudy hat derweil vier Bedeutungsvarianten von Berufsorientierung erarbeitet. Er unterscheidet (vgl. Schudy 2002, S. 9ff.):

- Berufsorientierung als individuelle Realisierung von beruflichen Zielen
- Berufsorientierung als formeller Lernprozess mit berufsrelevanten Inhalten
- Berufsorientierung als Vorbereitung und Förderung der Berufswahlentscheidung
- Berufsorientierung als Auseinandersetzung mit allgemeinem Wissen über die Vielfalt in der Arbeitswelt

Dabei sind nach Schudy „Angebotsebene" und „individuelle Verarbeitungsebene" von Berufsorientierung zu unterscheiden. Zum einen wird Berufsorientierung als „Lernarrangement" und als „unterstützendes Lernangebot" verstanden und umfasst unterschiedliche Bausteine, Module, Aktivitäten und Maßnahmen an verschiedenen Lern- und Praxisorten. Zum anderen ist Berufsorientierung als „individueller Lernprozess" aller Jugendlichen zu sehen, in dem sie sich ständig neu orientieren, zurechtfinden und neue persönliche Standortbestimmungen vornehmen müssen (vgl. Schudy 2002, S.9 ff.).

Unterstützungsangebote zur Berufsorientierung, die dem eigentlichen Auftrag der bildungswirksamen Hinführung zur Arbeitswelt gerecht werden sollen, müssen sich den aktuellen Änderungsprozessen und der Entwicklungsvielfalt, ebenso wie der dabei herrschenden Veränderungsdynamik in Arbeitswelt und Gesellschaft stellen. Statt der Vermittlung von konkreten beruflichen oder jobrelevanten Fertigkeiten und Fähigkeiten steht vielmehr zunächst die Herausbildung eines tragfähigen Fundaments von personalen und psychosozialen Kompetenzen im Vordergrund, ohne dabei die funktionalen, d.h. die fachlichen und methodischen Kompetenzen zu vernachlässigen. Es geht schlichtweg um eine zukunftsträchtige Perspektive in Verbindung mit einer Sinnfrage, indem das Individuum für sich Wertigkeiten festlegen muss. Es wird dabei mit den Fragen konfrontiert, wie es zukünftig leben und arbeiten will und was es erreichen will (vgl. Schudy 2002, S. 12).

Die Konfrontation und die daraus resultierende Entwicklung der Persönlichkeitsstruktur des Einzelnen verhelfen wiederum später, im Rahmen der Arbeitssuche selbstständige und den eigenen Fähigkeiten und Wünschen angemessene Schritte unternehmen zu können. Auch um in der Lage zu sein, sich am Arbeitsplatz angemessen zu verhalten und mit auftretenden beruflichen Schwierigkeiten ebenso wie mit Arbeitslosigkeit umgehen zu können. Als Folge für die Berufsorientierung entsteht nach Meier ein sogenannter „Paradigmenwechsel", indem die berufliche Beratung durch die Förderung des beruflichen Selbstkonzeptes abgelöst wird (vgl. Meier 2002, S. 149f.).

Das bisherige Verständnis von Beruf als Einheit von Ausbildung und anschließender Erwerbstätigkeit unter Anwendung des einmal Erlernten ist altmodisch geworden und nicht mehr zeitgemäß. Schober spricht von einer weitreichenden „Entberuflichung" der Arbeitsverhältnisse (vgl. Schober 2001, S. 20).

Aber nicht nur der Berufsbegriff bzw. die Funktion von Beruf haben sich geändert. Die bereits zuvor erwähnten wirtschaftlichen, technischen, gesellschaftspolitischen und sozialen Entwicklungen zeigen massive Auswirkungen auf die Rolle des Einzelnen sowohl in der Arbeitswelt als auch innerhalb der Gesellschaft. Dies ist im Wesentlichen vor allem die Gewichtung der Eigenverantwortung wie zum Beispiel die Notwendigkeit zum lebenslangen Lernen aufgrund der schnellen Weiterentwicklung von Anforderungen und den damit verbundenen Berufsbildern. Des Weiteren verbirgt sich hinter einem globalisierten Arbeitsmarkt die Auseinandersetzung mit anderen Kulturen. Aber auch die Individualisierung und zunehmende Privatisierung der sozialen Sicherung und die Auflösung geschlechtsspezifischer Rollenzuweisungen sowohl auf dem Arbeitsmarkt als auch in Familie und Gesellschaft verändern die Gewichtung der Berufsorientierung. So erfordern diese Aspekte die Auseinandersetzung mit Themen und Lernaufgaben, die über die Berufswahl hinaus auf das spätere Leben in Arbeitswelt und Gesellschaft zielen (vgl. Butz 2008, S. 48f.). Eine gelungene Berufsorientierung als solche wird demnach unaufhörlich komplexer und ist nach wie vor von höchster Wertigkeit, da der Ausbildungsberuf noch immer als persönliches Kompetenz- und Qualifikationsprofil eine überaus bedeutsame Grundlage des Einstiegs in den Arbeitsmarkt bildet und als Zugang zu existenzsichernder Arbeit erscheint. Bei Schober haben Beruf und Beruflichkeit „in der Gesellschaft und im Beschäftigungssystem [...] auch eine Sozialisations- und Integrationsfunktion sowie eine identitäts- und sinnstiftende Funktion für den Einzelnen. Letztere sind für die soziale Verortung der Individuen in der Gesellschaft und für das Berufswahlverhalten von Jugendlichen von nicht zu unterschätzender Bedeutung" (Schober 2001, S. 21 f.).

Im Bezug auf benachteiligte Jugendliche erscheinen dabei informelle Lernprozesse des sozialen Verhaltens eine besondere Herausforderung für berufsvorbereitende Maßnahmen, da sich innerhalb dieses Personenkreises Subgruppen täglich in einem sozialen Umfeld bewegen, in dem der Prozentanteil der Erwerbstätigen meist sehr gering ausfällt (vgl. Pfahl 2004, S. 1). Der Verlust sozial normierter, festgefügter Ausbildungs- und Berufswege erzwingt verstärktes eigenverantwortliches Handeln. Auf der einen Seite bedeutet dies mehr Freiheit für die Gestaltung des eigenen Lebensweges und damit auch mehr Chancen, eine befriedigende Arbeit zu finden, auf der anderen Seite aber bedarf es erhöhter Fähigkeiten, diese neu gewonnene Freiheit zu nutzen. Wenn diese Entscheidungsfreiheit jedoch nicht vorhanden ist, kann dies zu erheblichem Unmut führen. Die Wende zu flexibleren Lebens- und Arbeitsformen mit Risiken und Chancen stellt somit „auch neue Anforderungen an die Lebensgestaltung, die von großer Bedeutung für die Ausrichtung der Berufs- und Arbeitsorientierung" sind (Hurrelmann 2009, S. 14).

Zusammengefasst ergibt sich auf Basis der Ausführungen von Famulla und Butz, dass Berufsorientierung die Selbstständigkeit und Eigenverantwortung der Jugendlichen und die Persönlichkeitsentwicklung in den Mittelpunkt rückt. Der lebenslange Prozess beginnt nicht mit dem ersten Praktikum und endet ebenso wenig mit dem erfolgreichen Abschluss einer Schule oder einer beruflichen Ausbildung. Die Experten der Berufsorientierung sind demnach die Jugendlichen selbst, begleitende Personen, wie zum Beispiel Lehrkräfte, Pädagogen oder Ausbildende, haben dabei mehr die Funktion einer prozessbegleitenden Person. Um einen Berufsorientierungsprozess gelingend zu unterstützen ist es weiter erforderlich, dass alle systemzugehörigen Akteure, auch die Beteiligten außerhalb der Institution, kooperieren und sich vernetzen. Die größte Bedeutung erhält aber letztendlich die kontinuierliche Annäherung und Abstimmung zwischen den zwei Polen Individuum und Arbeitswelt. Dabei umfasst der pädagogische Auftrag die Unterstützung des Lernprozesses bei der Entwicklung von Selbstkompetenz und einer stets wiederkehrenden persönlichen Standortbestimmung.

Zu einem umfassenden Ansatz subjektbezogener Berufsorientierung gehören demnach der Entwurf eines individuellen Lebensplans, die Herstellung von Ausbildungsreife sowie die Persönlichkeitsentwicklung des Einzelnen (vgl. Famulla & Butz 2005).

2.5 Einflussfaktoren auf den Prozess der Berufsorientierung

Während dem Prozess der Berufsorientierung nehmen vor allem im Jugendalter verschieden Faktoren Einfluss auf die Person und bestimmen so indirekt Entscheidungen der beruflichen Entwicklung mit. Hierzu zählen unter anderem die eigene Familie und die daran eng gekoppelte persönliche Herkunft mit entsprechenden kulturellen Prägungen. Unweigerlich spielt dabei das Geschlecht eine nicht unerhebliche Rolle. Aber auch das soziale Netzwerk mit Freundschaften und Beziehungen und nicht zuletzt das jeweilige Bildungssystem bewirken bestimmte Veränderungen im Prozess vom Übergang der Schule in den Beruf. Um Berufsorientierung im speziellen die Berufswahl ganzheitlich erfassen zu können, ist es somit wichtig, sich mit diesen Bezugsgrößen auseinanderzusetzen. Vor allem aus institutioneller Sicht ist es zwingend erforderlich, diese Einflussfaktoren zu erfassen und miteinzubeziehen, um so eine gelingende Berufswahl begleiten zu können.

2.5.1 *Einfluss der Gleichaltrigengruppe*

Gruppen von Gleichaltrigen, auch peer groups genannt, verstehen sich als altershomogene Gruppen, die sich auf verschiedenen Ebenen bilden. Zum einen sind die Gleichaltrigen verbunden durch gleiche Interessen, Vorlieben und Wertvorstellungen und bieten einen Raum für Freundschaften. Man gehört bzw. man möchte zu dieser sozial attraktiven Gruppe dazugehören. Die Gleichaltrigengruppe erlangt ihre große Bedeutung als Übungs- und Trainingsfeld für die Bewältigung von spezifischen Entwicklungsaufgaben, in dem soziale Muster und Verhaltensweisen erprobt werden und damit die Herausbildung eigener Handlungsstrategien und eigener Standpunkte ermöglicht wird. Sie dient auch dazu, Werte und Normen der Herkunftsfamilie zu überprüfen und zu vergleichen (vgl. Deutscher Verein für öffentliche und private Fürsorge 2007, S. 696).

Jugendliche verbringen mit zunehmendem Alter verstärkt Zeit mit Gleichaltrigen, weshalb der peer group eine wichtige Sozialisationsfunktion zugeschrieben wird, die Auswirkungen auf die Berufswahl hat. Zwar reden nur wenige Jugendliche mit ihren Freunden über konkrete Berufsbilder, allerdings haben Gleichaltrige eine emotionale Stabilisierungsfunktion für Jugendliche, insbesondere da sie im gleichen sozialen Kontext aufwachsen. Dieser Sozialisationsraum bietet somit die Chance, gemeinsam anstehende Entwicklungsaufgaben, wie etwa die Herstellung von Beziehungen zu Gleichaltrigen beiderlei Geschlechts, Sexualität oder soziale Verantwortung in engem Austausch zu bewältigen (vgl. Kuhnke 2006, S. 103). Jugendliche finden in der peer group Orientierung und Rückhalt im Bezug auf gesellschaftliche Erwartungen (vgl. Beinke 2004, S. 15). Besonders wenn Jugendliche im Kontext von Familie und Schule in ihrer Handlungsfähigkeit wesentlich eingeschränkt werden, kann die Gleichaltrigengruppe einen Ausgleich herstellen.

Darüber hinaus ermöglicht sie im Rahmen der geschützten Gruppe einen sozialen Austausch in einer Art und Weise, den die Eltern so nicht leisten können (vgl. Engel & Hurrelmann 1989, S. 8). Beinke betont die Bedeutung der emotionalen Sicherheit innerhalb der peer group, die am Übergang der ersten Schwelle sehr bedeutsam ist (vgl. Beinke 2004, S. 12f.).

Aus der Vielfältigkeit der einzelnen Gruppenmitglieder generiert sich ein reicher Erfahrungsschatz, der im günstigsten Fall mit dem individuellen Kontext des Einzelnen verknüpft werden kann. Andererseits bergen peer groups aber auch potentielle Risiken für Jugendliche. Sind Jugendliche nicht in der Lage, ihre soziale Rolle innerhalb der Gruppe zu finden oder erfahren Stigmatisierungen, kann dieser Prozess weit reichende Folgen für die soziale Entwicklung haben. Durch Demütigungen anderer sowie die Erfahrung der eigenen Inkompetenz ziehen sich Jugendliche in der Regel zurück und schließen sich Gruppen an, die durch antisoziale Normen gekennzeichnet sind (vgl. Engel & Hurrelmann 1989, S. 107ff.).

Insgesamt kann festgehalten werden, dass peer groups eine wichtige Ressource für Jugendliche darstellen können. In Bezug auf die Berufsorientierung bzw. auf die Berufswahl ergänzt der Einfluss der peer group insbesondere dann, wenn diese die Phase des Übergangs in eine Ausbildung oder ein Studium bereits durchlaufen haben, den Einfluss der Eltern (vgl. Grob & Jaschinski 2003, S. 66ff.).

2.5.2 Einfluss des Geschlechts

In den Bildungsstatistiken ist zu erkennen, dass sich Frauen weitaus erfolgreicher im Bildungssystem präsentieren als Männer (vgl. Wenzel 2010, S. 62f.). Zudem scheint es, dass die Bildungsbenachteiligung von Frauen zurückgegangen ist (vgl. Helsper & Böhme 2010, S. 625). Doch die Tatsache, dass Mädchen bessere schulische Erfolge erzielen, kann letztendlich in der weiteren beruflichen Qualifizierung nicht umgesetzt werden. Junge Frauen tendieren noch immer eher zu frauentypischen Berufen. Sie sind charakterisiert durch schlechte Entlohnung, wenig Weiterbildungs- und Aufstiegsperspektiven und schlechte Vereinbarkeit mit dem Familienleben (vgl. Rahn 2005, S. 45).

Obwohl in jüngster Vergangenheit das Bewusstsein in Bezug auf Genderproblematiken innerhalb der Gesellschaft geschärft wurde, lassen sich immer noch zahlreiche geschlechtsspezifische Zuschreibungen konstatieren, die Jugendliche sowohl in ihrem Selbst- als auch in ihrem Fremdbild behindern (vgl. Helsper & Böhme 2010, S. 627). Geschlechtsstereotype Zuschreibungen wirken sich einengend auf die Identitätsentwicklung aus. Dies zeigt sich unter anderem darin, dass weibliche Jugendliche kaum technisch ausgerichtete Ausbildungen wählen, weil das nötige Zutrauen nicht vorhanden ist, obwohl sie entsprechende Schulleistungen aufweisen. Auch die von außen kommenden Vorstellungen über frauen- und männertypische Fähigkeiten beeinflussen Jugendliche in ihren Kompetenzwahrnehmungen ganz entscheidend. So unterschätzen zum Beispiel Mädchen noch immer ihre eigene

Leistungsfähigkeit und nehmen bei ihrer Selbsteinschätzung stärker Bezug auf schulische Leistungen. Eine Erklärung für diesen geschlechtsspezifischen Unterschied im Selbstwerterleben mag darin liegen, dass Jungen verstärkt außerschulische Möglichkeiten nutzen, um schulische Leistungsprobleme zu kompensieren und so ihr Selbstbewusstsein stabilisieren. Helsper und Böhme prognostizieren eine künftige Verschiebung von Benachteiligungen männlicher Jugendlicher auf Grund der Arbeitsmarktentwicklung, beispielsweise mit der Verschiebung der Anstellungen vom Handwerk hin zum Dienstleistungssektor (vgl. Helsper & Böhme 2010, S. 627).

In Bezug auf das Geschlecht als Einflussfaktor auf die Berufsorientierung kann festgehalten werden, dass eine geschlechterrollenspezifische Berufswahl weiterhin zu beobachten ist und die Entscheidung für ein bestimmtes Berufsfeld trotz aller gesellschaftlichen Entwicklungen noch immer durch traditionelle Rollenbilder geprägt wird. Aber die sich stetig wandelnde Entwicklung der Arbeits- und Berufswelt verlangt jungen Menschen eine veränderte Sicht auf das bisherige Rollenverständnis ab. Die Thematisierung und die kritische Auseinandersetzung von geschlechtsspezifischen Rollenzuschreibungen im Prozess der Berufsorientierung erhalten daher einen immer größer werdenden Stellenwert.

2.5.3 *Einfluss der sozialen Herkunft*

Die Rolle der Eltern bei der Berufswahl ihrer Kinder ist nach wie vor überaus gewichtig und die Vermutung, Elterneinfluss habe sich verringert, wurde in unterschiedlichen Studien widerlegt (vgl. Britten 2008, S. 32f.). Die Ergebnisse der 16. Shell Jugendstudie zeigen dies, indem die Berichterstatter vermerken, dass für den Großteil der Jugendlichen das System Familie auch weiterhin einen sehr großen Stellenwert besitzt. Eltern bleiben eine der wichtigsten Bildungs- und Sozialisationsinstanzen auch in Bezug auf den Prozess der beruflichen Orientierung (vgl. Shell Deutschland Holding 2010, S. 17f.).

Kinder erleben ihre Eltern nicht nur in der Elternrolle, sondern zugleich auch immer als Berufstätige, Arbeitssuchende, als Erwachsene, die z.b. weiterlernen oder sich zur Ruhe setzen und die eigenen Einstellungen und Werte zu Beruf und Arbeit pflegen. Was Eltern diesbezüglich ihren Kindern vermitteln, verbindet sich mit dem, wie diese ihre Eltern in Berufs- und Arbeitsrollen erleben. Befriedigende oder frustrierende elterliche Erfahrungen, deren Handlungs- und Gestaltungsmöglichkeiten beeinflussen die Haltungen, Einstellungen und Erwartungen der Kinder in Bezug auf ihre eigene Berufswahl nachhaltig. Diese Eindrücke manifestieren sich in der Folge als Einstellungen und Erwartungen in Bezug auf die Arbeits- und Berufswelt (vgl. Britten 2008, S. 33).

Doch nicht nur die berufliche Tätigkeit der Eltern beeinflusst Kinder, auch die Aufgabenverteilung innerhalb der Familie nimmt einen nicht zu unterschätzenden Stellenwert ein. Familientraditionen und die Erwartungen der Eltern an die Kinder spielen in der beruflichen Sozialisation von Kindern eine große Rolle. Eltern orientieren quasi Kinder indirekt durch ihre Vorbildfunktion. Neben den Eltern können auch andere Mitglieder des Familiensystems oder des weiteren Freundes- oder Bekanntenkreises der Eltern diese Position einnehmen. Je größer das Spektrum an Personen mit unterschiedlichen beruflichen Positionen ist, desto größer ist auch die Bandbreite von ersten beruflichen Erfahrungswerten.

Im Verlauf der Zeit wird die Tätigkeit der Eltern unter einem eigenen Blickwinkel und mit eigenen Maßstäben wahrgenommen und erlebt. Persönliche Gespräche mit den Eltern, aber auch mit anderen Bezugspersonen spielen weiterhin eine wesentliche Rolle. In diesem Bezugsrahmen werden individuelle Kontakte, Einblicke und Erfahrungen ermöglicht, die in der Regel einen sehr viel intensiveren Einfluss auf die Jugendlichen haben als Lernfelder in Institutionen, wie z.B. das der Berufsberatung (vgl. Prager & Wieland 2005, S. 9). Darüber hinaus nehmen Eltern zudem noch dort Einfluss, wo sie Wünsche, Interessen, Eignungen und Kompetenzen ihrer Kinder wahrnehmen. Mit welcher Selbstverständlichkeit Kinder bspw. ein Studium anstreben, hängt oft von der Haltung gegenüber akademischen Laufbahnen in der Familie ab. Geht es um Kenntnisse, Fertigkeiten, Fähigkeiten und Kompetenzen, die für die

Berufsorientierung bedeutsam sind, sind Eltern meist die Bezugspersonen, die Jugendliche besonders gut einschätzen können (vgl. Britten 2008, S. 34).

Nichtsdestotrotz darf in diesem Zusammenhang nicht darüber hinweggesehen werden, dass diese Aspekte der Eltern – Kind – Beziehung sich auch negativ auswirken können. Denn nach wie vor steht Bildung in Deutschland noch immer in Abhängigkeit des Bildungshintergrundes der Eltern und korrespondiert sehr stark mit dem erreichten bzw. angestrebten Bildungsabschluss der Jugendlichen (vgl. Shell Deutschland Holding 2010, S. 71ff.). Es kann nicht negiert werden, dass Kinder aus wohlsituierten und bildungsnahen Familien eine für ihre Berufswahl günstigere Sozialisation erfahren als Kinder, die eher aus Familien mit geringem Einkommen, geringer Bildung und gering ausgeprägtem kulturellen Kapital kommen. Grundsätzlich entscheidet die Qualifikation der sogenannten Herkunftsfamilie, insbesondere die der Eltern, ganz entscheidend darüber, inwieweit Unterstützung und Orientierung für die Entwicklung der Jugendlichen vorhanden sind (vgl. Kuhnke 2006, S. 93). Bei der Vermittlung von kognitiven und sozialen Fähigkeiten und Fertigkeiten zeigt sich, dass bildungsferne Familien auf Grund ihrer eigenen Sozialisation diese Kompetenzen nur sehr mangelhaft fördern, was wiederum als Indiz für die schlechte soziale Platzierung ihrer Kinder spricht (vgl. Hurrelmann 2002, S. 227).

In bildungsfernen Elternhäusern kommt es zur Ausbildung von Verhaltens- und Lernstrategien, welche tendenziell eher den leistungsorientierten Anforderungen der schulischen Erwartungen widersprechen. So erleben Kinder aus bildungsfernen Schichten eine Diskrepanz zwischen der eigenen Familienstruktur und der in der Schule gelebten Struktur, die eine Identifikation mit den schulischen Gegebenheiten zumeist verhindert (vgl. Hurrelmann 2002, S. 228). Auch in Bezug auf ihre berufliche Sozialisation ergeben sich für Kinder aus bildungsfernen Schichten erhebliche Nachteile. In ihren Familiensystemen gibt es nur wenige Berufstätige bzw. es werden nur sehr eingeschränkte berufliche Tätigkeitsfelder, die oftmals mit geringem sozialen Status verbunden sind, wahrgenommen. Häufig ist das Umfeld von Kindern aus bildungsfernen Schichten eher von der Arbeitslosigkeit der Eltern und der Familie geprägt. Die

Vielschichtigkeit der Arbeits- und Berufswelt kann nicht wahrgenommen werden und erfährt schon zu diesem frühen Zeitpunkt eine erhebliche Reduktion. Neben diesem Aspekt ist davon auszugehen, dass sich negative berufliche Erfahrungen und das Erleben von Hoffnungslosigkeit und Resignation der Eltern auf ihre Kinder auswirken. So kann die inspirierende und auch motivierende Wirkung der Sozialisationsinstanz Familie, bedingt durch diese misslungenen beruflichen Erfahrungen, zum Verlust eines angemessenen Selbstwertgefühls und zu einer Stigmatisierung der Jugendlichen durch die Außenwelt führen. Es besteht die Gefahr einer Implementierung negativer beruflicher Wirklichkeit.

Zusammengefasst üben Eltern somit als Bezugspersonen, die von Anfang an und die meiste Zeit mit dem Kind verbringen, eine ursächlich prägende Wirkung im Prozess der Berufsorientierung aus. Im Alltag werden im Familienleben Normen und Werte weitergegeben, die das Leben und die Entscheidungen des Kindes beeinflussen. Dazu gehören auch die Aufgaben- und Rollenverteilung in der Familie und die berufliche Tätigkeit. Bei der Berufswahl spielen nicht nur Familientraditionen, sondern auch Erwartungshaltungen der Eltern eine Rolle. Viele Eltern stellen somit eine unsagbar wichtige Ressource dar, indem sie als Berufstätige berufliches Wissens haben und als solche ihre Informationen über die eigenen Arbeitsplätze zur Erkundung bereitstellen, sowie als Experten zur Verfügung stehen oder Kontakte zu Betrieben herstellen können (vgl. Britten 2008, S. 34). Berücksichtigt man diese maßgeblichen Einflussfaktoren, so müssen Eltern sich ihrer aktiven und prägenden Rolle in diesem Prozess bewusst werden, um diese hilfreich ausfüllen zu können.

2.5.4 *Einfluss des Bildungssystems*

Auch die neuesten Ergebnisse der aktuellen PISA-Studie, obwohl diese etwas zufriedenstellender ausgefallen sind, attestieren dem deutschen Schulsystem weiteren Handlungsbedarf. Die Entwicklung eines veränderten Schulsystems wird von der Politik derweil vorangetrieben, denn nach wie vor ist das deutsche Schulsystem durch eine starke soziale Selektion gekennzeichnet (vgl. Maul & Lobermeier 2010, S. 299f.). So wird im Vergleich zu besser abschneidenden Schulsystemen bereits schon sehr früh über den weiteren Schulverlauf von Schülern entschieden, in dem sie vorwiegend unter Leistungsgesichtspunkten in verschiedene Schulformen mit jeweils unterschiedlichen Bildungsabschlüssen aufgeteilt werden. Diese Aufteilung, auf der Basis einer Auslese der Schüler, führt zur Bildung von leitungsmäßig homogenen Gruppen, die das Bildungsniveau insgesamt senkt und Chancenungleichheiten weiter verstärkt (vgl. Shell Deutschland Holding 2010, S. 71ff.). So wird gerade leistungsschwachen Kindern mit einem Lernumfeld von ebenfalls leistungsschwachen Kindern die Möglichkeit genommen, von Kindern mit ausgeprägteren Potentialen profitieren zu können. Leistungsschwache Kinder bleiben somit ohne einen fördernden Input von leistungsstärkeren Gleichaltrigen.

Da in Deutschland die Schulleistung eng mit der Schichtzugehörigkeit korreliert, ist mit der Bildung von homogenen Gruppen auch eine soziale Trennung der Schüler verbunden. Diese Auslese von Schüler in leistungsmäßig und sozial homogene Lerngruppen führt zur Bildung von speziellen Entwicklungsmilieus. Dadurch entsteht eine zum großen Teil auch institutionell erzeugte Leistungsstreuung, die sich in den PISA – Ergebnissen widerspiegelt (vgl. Wenzel 2010, S. 61).

Bereits zum Ende der Grundschulzeit weisen viele Kinder geringere Kompetenzen auf und zum Teil erhebliche Leistungsrückstände (vgl. Grgic et al. 2010, S. 4). Diese Defizite können in aller Regel nicht wieder aufgeholt werden, sondern manifestieren sich. Neben der vorherrschenden Lernkultur in Verbindung mit einem hohen Leistungsdruck sind für die Leistungsrückstände auch die unterschiedlichen Voraussetzungen der Kinder bei Schulantritt verantwortlich. Ursachen dafür sind in den schon beschriebenen Einflüssen einer bestimmten Schichtzugehörigkeit zu begründen. Dabei spielt die Ausstattung der Familien mit ökonomischem, sozialem und kulturellem Kapital eine große Rolle. In Abhängigkeit dieser Ausstattung werden Kinder im

Rahmen der gegebenen Möglichkeiten jeweils unterschiedlich gefördert. Ihnen stehen somit schon zu Beginn der Schulzeit unterschiedliche und oftmals begrenzte Kompetenzen, Lernstrategien, aber auch Einstellungen zum Lernen und zur Bildung zur Verfügung (vgl. Maaz et al. 2010, S. 70f).

Erschwerend für die Berufswahl von benachteiligten Jugendlichen wirkt sich weiterhin eine Abwertung der Schulabschlüsse im deutschen Schul- und Ausbildungssystem aus. So sind bereits die Berufswahlmöglichkeiten mit erreichtem Hauptschulabschluss wesentlich geringer geworden und Ausbildungsangebote für Schulabgänger ohne Hauptschulabschluss sind auf dem freien Ausbildungsmarkt kaum auffindbar. Die schulischen Bewertungsmechanismen bekommen so eine zentrale Orientierungsfunktion auf dem Weg in eine angestrebte Integration in die Arbeitswelt (vgl. http://alt.sowi-online.de/reader/berufsorientierung/niemeyer.htm). Die Institution Schule bewegt sich nach Rademacker in einem Spannungsfeld zwischen Qualifikation und Sozialisation und ihrem Beitrag zur sozialen Platzierung (Allokation) mit den Folgen einer Auslese. In diesem Sinne ist die Institution Schule in Bezug auf die Berufsorientierung durchaus vorbelastet: Zum einen soll Schule einen Beitrag zur Berufsorientierung mit dem Ziel der erfolgreichen beruflichen Integration leisten, zum anderen trägt sie aber selbst ganz erheblich zur Verstärkung von Benachteiligungen innerhalb dieses Prozesses bei (vgl. Rademacker 2002, S. 52f.).

So kann abschließend festgehalten werden, dass trotz zahlreicher Unternehmungen der Politik es noch immer nicht geschafft wurde, das Bildungswesen nachhaltig zu verändern, so dass die Beeinflussung der Bildungsbeteiligung weiterhin stark an sozialer Herkunft gekoppelt ist. Auch heute noch bleibt Bildung in starkem Maße schichtenabhängig (vgl. Hurrelmann 2002, S. 227ff.). Trotz der formalrechtlichen Gleichheit von Bildungschancen für Jugendliche zeigt sich eine Verstärkung von sozialen Unterschieden im deutschen Schulsystem, was durch die PISA-Studie eindeutig belegt wurde (vgl. Shell Deutschland Holding 2010, S. 71ff.). Die Institution Schule ist nicht in der Lage, soziale Ungleichheiten abzubauen, sondern erweist sich zu einem entscheidenden Risikofaktor für Kinder und Jugendliche aus bildungsfernen

Schichten. Soziale Ungleichheit wird so verfestigt und trägt dazu bei, sich als ungünstiger Einflussfaktor auch für die Berufswahl zu erweisen (vgl. http://alt.sowi-online.de/reader/berufsorientierung/niemeyer.htm)

2.5.5 *Die Aufgaben der Berufsorientierung für Institutionen*

Die Aufgaben einer umfassenden Berufsorientierung von Jugendlichen, die Einrichtungen und Institutionen verantwortungsbewusst erfüllen wollen, sind mehr als weitreichend. Diese beginnen darin, die Unübersichtlichkeit ihrer Umwelt für sie greifbar zu machen, ihnen Unterstützung bei der Aufstellung ihrer Berufs- und Lebenspläne zu geben und sie auf die unterschiedlichen Phasen von Lernen, Arbeiten, sozialer und gesellschaftlicher Tätigkeit, Unterhaltssicherung und Erwerbslosigkeit sowie die damit verbundenen Brüche, Chancen und Risiken vorzubereiten. Dies erfordert in Netzwerken mit unterschiedlichen Partnern die schwierigen Zugänge zu Bildung und Ausbildung zu erleichtern und allen Jugendlichen Chancen für alternative Lebens- und Erwerbsplanungen zu bieten. Das heißt, dass berufsorientierende Bildung als Stärkung der individuellen Kompetenzen zur Entwicklung der Persönlichkeit verstanden werden müsste. Kompetenzen müssen sich im individuellen Handeln entwickeln. Daraus folgt als pädagogischer Auftrag für die Berufsorientierung, Lernumgebungen bzw. Lernsituationen zu schaffen oder zu nutzen, in denen sich diese Kompetenzen auch entwickeln bzw. überhaupt erkannt werden können. Die Erfahrungen aus den praktischen Anwendungssituationen müssen dann reflektiert, ins Bewusstsein gerufen und möglichst so aufbereitet werden, dass sie als gewonnene oder gestärkte Kompetenzen auch in anderen Situationen genutzt werden können. Im andauernden und umfassenden Dialog und Austausch mit der Umwelt können Jugendliche ihre Kompetenzen entwickeln, etwa im Rahmen von Betriebspraktika, die mit einer intensiven Vor- und Nachbereitung in ein berufsorientierendes Konzept eingebunden sind. „Die praktischen Erfahrungen im realen Berufsalltag beeinflussen vor allem die eigene Selbstwirksamkeit, also die Überzeugung, eine Arbeit gut verrichten zu können, sozusagen die subjektive Spiegelung der Kompetenz. [...] Der Königsweg zum Erwerb von Selbstwirksamkeit ist die eigene Erfahrung" (Ratschinski 2006, S. 6).

Eine auf Bildungswirksamkeit angelegte subjektbezogene Berufsorientierung fügt die kognitive Auseinandersetzung mit der Arbeits- und Berufswelt in den allgemeinen lebensweltlichen Kontext der Jugendlichen ein. Sie dient dem Ziel, Informationen, Kenntnisse und Erfahrungen vor dem Hintergrund gesellschaftlicher, betrieblicher und persönlicher Interessen und Wertigkeiten zu interpretieren, zu bewerten und in eigenverantwortliches und zielgerichtetes Handeln übersetzen zu können. Berufsorientierung muss also einer doppelten Herausforderung gerecht werden. Zum einen soll sie pädagogischen Zielen folgen, in deren Mittelpunkt die Persönlichkeitsentwicklung des Individuums steht und dazu beitragen, Lebenschancen zu eröffnen und zu erweitern, Verständnis und Einsicht, auch im Zusammenleben mit anderen, zu fördern, Handlungsoptionen zu verdeutlichen, sowie Entscheidungs- und Handlungsfähigkeit zu steigern und Eigenverantwortung und Selbständigkeit zu stärken. Zum anderen soll Berufsorientierung die Berufswahl- und Ausbildungsfähigkeit der Jugendlichen stärken, um den Nachwuchs- bedürfnissen der Wirtschaft gerecht zu werden. Dazu gehört vor allem die Vorbereitung auf betriebliche Qualifikationsanforderungen und Arbeitsformen, sowie die aktive Unterstützung des Berufswahl- und Bewerbungsprozesses der Jugendlichen.

Die beiden zentralen Zieldimensionen, Persönlichkeitsentwicklung sowie Vorbereitung auf betriebliche, berufliche und arbeitsweltliche Anforderungen, gilt es im Prozess der Berufsorientierung auszutarieren, wobei der Schwerpunkt je nach Zeitpunkt und Ort des Lerngeschehens wechseln kann. So werden an allgemeinbildenden Schulen angesiedelte berufsorientierende Maßnahmen entsprechend des bildungspolitischen Auftrages das pädagogische Ziel stärker gewichten und im Unterschied dazu werden nachschulische Maßnahmen der vorberuflichen Bildung an berufsbildenden Schulen oder bei freien Trägern die Anforderungen der Arbeitswelt in den Vordergrund rücken. Um sowohl dem Auftrag der Gesellschaft, als auch den Jugendlichen gerecht zu werden, müssen also die Lebenswelterfahrungen dieser Jugendlichen einschließlich aller im Prozess der Berufsorientierung agierenden Akteure in die Angebote einbezogen und gemeinsam mit den Jugendlichen kritisch reflektiert werden (vgl. von Wensierski et al. 2005, S. 22).

2.6 Berufswahltheorien und Berufswahlentscheidung

Unterschiedliche Berufswahltheorien beschreiben den äußerst komplexen Prozess der Berufswahl bis hin zur Berufswahlentscheidung. Bezogen auf das Gebiet der Berufsorientierung wurden die ersten Berufswahltheorien bereits Mitte des letzten Jahrhunderts entworfen. Es zeigt sich, dass die Einbindung eines theoretischen Verständnisses in das Feld der Berufsorientierung eine hohe qualitative Fachlichkeit in Bezug auf ihre Inhalte und Zielsetzungen sichern kann (vgl. Nickel 2005, S. 83).

Als „Pioneer" der Berufswahlforschung und Grundstein vieler Berufswahltheorien kann Frank Parsons angesehen werden, der sich bereits in seinem 1909 veröffentlichten Werk „Choosing a vocation" mit den Elementen für eine gelungene Berufswahl auseinandersetzte (vgl. Ratschinski 2009, S. 29). Der von Parsons begründete differentialpsychologische Ansatz begreift die Berufswahl als einen Zuordnungsprozess der Berufswähler auf einen für sie geeigneten Beruf. Dabei wird angenommen, dass jeder Mensch gemäß seinen individuellen Persönlichkeits- und Fähigkeitsmerkmalen für einen Beruf besonders gut geeignet ist (vgl. Ratschinski 2009, S. 29). Frank Parsons entwickelte ein Drei-Stufen-Model zur Berufsberatung mit der Intention, dass die Berufswahl auf einer Persönlichkeitsanalyse, einer Arbeitsplatzanalyse und einer optimalen Zuordnung durch professionelle Beratung beruhen sollte. Im Einzelfall sollte dies dazu führen, dass Berufssuchende neben den genauen Kenntnissen über Erfolgsbedingungen, Entgelt- und Entwicklungsmöglichkeiten angestrebter Berufe ebenso ein umfassendes Verständnis ihrer persönlichen Eigenschaften, Stärken und Schwächen erlangen, damit sie eine Berufswahl treffen, die auf wohldurchdachten Argumenten und vernünftigen Überlegungen beruhe. Der berufliche Erfolg und die berufliche Zufriedenheit resultieren danach aus dem Grad der Übereinstimmung der Eignungsmerkmale eines Menschen und der Eignungsanforderungen des ausgeübten Berufes. Für Parsons erweist sich eine gelungene Berufswahl dann, wenn es gelingt, das Wissen um die eigene Person mit dem Wissen um die Anforderungen und Möglichkeiten von verschiedenen Berufen im Sinne der besten Passung zusammenzubringen (vgl. Ratschinski 2009, S. 29).

Im Bereich der Berufswahltheorien wurde bisher eine Vielzahl von sehr unterschiedlichen Erklärungsansätzen gefunden. Diese Vielzahl resultiert aus dem Bestreben, Berufswahl unter bestimmte Gesichtspunkte einer einzelnen Disziplin zu stellen. In keiner Theorie konnte bisher das gesamte Wissen über berufliche Entscheidungen und Entwicklungsprozesse so zusammengefasst werden (vgl. Ratschinski 2001, S. 166).

Bestandteile aller Berufswahltheorien sind zum einen das Individuum als Subjekt und zum anderen die gesellschaftliche Struktur. Der Unterschied zwischen den Theorien liegt in der unterschiedlichen Gewichtung dieser beiden Pole und als Minimalkonsens von Berufswahl kann somit nach Bußhoff gelten, dass es sich um einen Interaktionsprozess zwischen Individuum und Umwelt handelt, mit dem Ergebnis von unterschiedlich ausgeführten beruflichen Tätigkeiten (vgl. Bußhoff 1984, S. 12).

Daraus ableitend betonen einige Theorien primär den Einfluss der Umwelt auf die Berufswahl, andere fokussieren die Interaktion zwischen beiden oder stellen das Individuum mit seinem Verhalten in den Mittelpunkt ihrer Betrachtungen.

2.6.1 *Berufswahl als Zuordnungsprozess – Matchingtheorie nach Holland*

Nach wie vor ist der typologische Ansatz von Holland aus dem Jahre 1959 eine der bekanntesten und am häufigsten zitierten Theorien der Literatur und zählt zu den meist erforschten Berufswahltheorien. Auf der Basis seines Modells entstanden zahlreiche Fragebögen, Listen und mehrere computergestützte Beratungsprogramme (vgl. Ratschinski 2009, S. 33). Hollands Kongruenztheorie ist zwar in der Tradition des Trait – and – Factor – Ansatzes verwurzelt, jedoch in Richtung eines flexibleres Modells weiterentwickelt worden und von dieser reinen Orientierung weiter abgerückt. Holland entwickelte seine Berufswahltheorie mit dem Ziel der Anwendbarkeit für Praktiker (vgl. Ratschinski 2009, S. 33). Wie Parsons vertritt auch Holland die Annahme, dass die Berufswahl auf einer Persönlichkeitsanalyse und einer Arbeitsplatzanalyse basiert. Nach Holland ist die Berufswahl Ausdruck der Persönlichkeit. Grundsatz seiner Theorie und Basis für Leistung, berufliche Stabilität und berufliche Zufriedenheit ist die Kongruenz (Passung) zwischen Persönlichkeitstyp und Arbeitsumgebung. Für eine gelungene Berufswahl sollte der Beruf daher zu den Interessen, Werthaltungen und Einstellungen einer Person passen. Ratschinski fasste die Grundannahmen der Kongruenztheorie von Holland in vier Punkten zusammen (vgl. Ratschinski 2009, S. 33):

1. Die meisten Menschen unserer Kultur lassen sich einen von sechs verschiedenen Persönlichkeitstypen zuordnen:

Der *realistische Typ (Realistic)* bevorzugt praktische, technische und körperliche Arbeiten, bei denen er mit Hand und Werkzeug bauen, reparieren oder großziehen kann und bei denen er mit Tieren umgehen kann. Er arbeitet oft im Freien, ist erzieherischen und therapeutischen Tätigkeiten gegenüber abgeneigt und wird als ehrlich, praktisch und selbstbewusst beschrieben (vgl. Ratschinski 2009, S. 34).

Der *forschende Typ* (*Investigative*) bevorzugt es, abstrakte Probleme zu lösen und arbeitet gern allein. Sein Tätigkeitsfeld ist vorwiegend im wissenschaftlichen Umfeld. Er mag keine Routine. Seine Persönlichkeitsmerkmale sind: analytisch, unabhängig, neugierig und präzise (vgl. Ratschinski 2009, S. 34).

Der *künstlerische Typ* (*Artistic*) mag es, mit dem Kopf zu arbeiten und Ideen zu produzieren. Er mag keine strukturierten Situationen, Regeln und physische Arbeiten. Seine Persönlichkeitsmerkmale sind: ideenreich, idealistisch, originell, intuitiv und expressiv (vgl. Ratschinski 2009, S. 34).

Der *soziale Typ* (*Social*) mag es, mit anderen Menschen zusammenzuarbeiten und diese zu informieren, trainieren, fortzubilden, pflegen und zu helfen. Er mag es weniger, Maschinen oder physische Kraft einzusetzen. Er ist kooperativ, verständnisvoll, hilfsbereit und gesellig (vgl. Ratschinski 2009, S. 34).

Der *unternehmerische Typ* (*Enterprising*) mag es, mit anderen Menschen zusammenzuarbeiten, um diese zu beeinflussen, zu führen oder zu managen. Er mag keine Präzisionsarbeit, keine konzentrierte intellektuelle Arbeit, sowie systematische Aktivitäten. Seine Persönlichkeitsmerkmale sind: überzeugend, lebhaft und ehrgeizig (vgl. Ratschinski 2009, S. 34).

Der *konventionelle Typ* (*Conventional*) bevorzugt es, mit Wörtern und Zahlen zu arbeiten und führt gerne detaillierte Instruktionen aus. Er mag keine Unklarheiten, Strukturlosigkeit, sowie unsystematische Tätigkeiten. Seine Persönlichkeitsmerkmale sind: gewissenhaft, ordentlich und selbst beherrscht (vgl. Ratschinski 2009, S. 34 f).

Abb. 15: Persönlichkeitstypen nach Holland (http://www.uwestrass.de/to-persbewahl.html)

2. Auf die gleiche Weise werden den sechs Persönlichkeitstypisierungen entsprechend sechs berufliche Umwelten zugeschrieben. Jede Umwelt wird durch die darin befindlichen Personen, den gegebenen Aufgabenstellungen und Handlungsmöglichkeiten geprägt.

3. Personen suchen berufliche Umwelten, in denen sie ihre Fertigkeiten und Fähigkeiten einsetzen und ihre Einstellungen und Werte ausdrücken können. Ein Individuum wird daher eine seiner Persönlichkeit entsprechende berufliche Rolle übernehmen bzw. eine nicht entsprechende vermeiden.

4. Es tritt unweigerlich eine Interaktion zwischen Umwelt und Person auf, welche damit das berufliche Verhalten einer Person bestimmt.

Das Modell von Holland, so beschreibt Ratschinski weiter, wird durch die Vorhersagen und Erklärungen zu Berufswahl und Laufbahnentwicklung mit Hilfe von Modellindikatoren möglich (vgl. Ratschinski 2009, S. 34f.):

Kongruenz, Konsistenz, Differenziertheit und (berufliche) Identität. Diese werden aus den sechs Grunddimensionen (Person- bzw. Umwelttypen) bzw. ihrer Profilposition abgeleitet: Die sechs Dimensionen bilden abhängig von ihrer Ausprägung einen bestimmten Code („Holland-Code", z.B. RIASEC, AESIRC etc.). Dabei beschreibt *Kongruenz* die Übereinstimmung der Orientierungsmuster von Person und Umwelt. Die meisten Methoden zur Berechnung der Kongruenzhöhe beziehen sich auf die ersten drei dominierenden Buchstaben von Person und Umwelt. *Konsistenz* hingegen ist ein Maß der Ähnlichkeiten der Grunddimensionen im Profil einer Person oder Umwelt. Diese kann mit Hilfe des hexagonalen Modells von Holland auf einen Blick bestimmt werden:

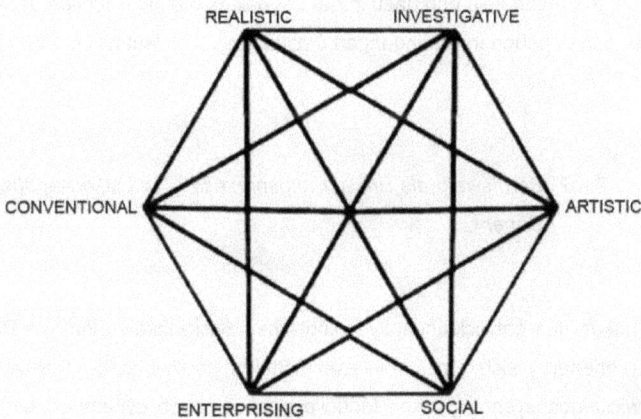

Abb. 16: Hexagonales Modell der Idealtypen nach Holland
(http://www.careerpatri.com/images/holland.jpg)

So sind beispielsweise nebeneinander liegende Orientierungen ähnlich oder konsistent (z.B. IA, AS, etc.), hingegen liegt eine mittlere Konsistenz dann vor, wenn die beiden dominierenden Orientierungen im Hexagonal weder nebeneinander, noch gegenüber, sondern dazwischen liegen (z.B. IS, ER etc.). Gegenüberliegende Orientierungen sind nahezu nicht konsistent, weil sie psychologisch unähnliche Merkmale und eher selten gemeinsam auftretende Verhaltensweisen beinhalten.

Differenziertheit ist ein Maß für die Klarheit eines Profils von Person oder Umwelt. Je differenzierter ein Profil ist, desto klarer lässt sich eine dominierende Orientierung erkennen. Für die Berufswahl erweist sich ein klar differenziertes Persönlichkeits- bzw. Interessensprofil von Vorteil.

Der abschließende Modellindikator stellt nach Ratschinski die berufliche Identität dar. Je höher die Übereinstimmung zwischen dem Berufsmuster und dem Persönlichkeitsmuster, desto höher ist auch die berufliche Zufriedenheit und die Verweildauer in diesem Beruf. Dazu muss die Person sich selbst in Bezug auf Persönlichkeitsmuster und Anspruchsniveau kennen, gut über Berufe informiert sein und dazu in der Lage sein, die individuellen Vorstellungen unter den gegebenen Bedingungen umzusetzen (vgl. Ratschinski 2009, S. 36).

2.6.2 *Berufswahl als Entwicklungsprozess – Selbstkonzepttheorie nach Super*

Im Fokus des entwicklungspsychologischen Blickwinkels steht die Berufswahl als offener, sich in mehreren Stufen vollziehender Prozess. Die entwicklungspsychologischen Modelle sind demnach dynamisch angelegt und wenden sich gegen die Annahme von Berufswahl als einmaligen Prozess (vgl. Ratschinski 2001, S. 172)

Das Prinzip des Stufenmodells beinhaltet, dass nicht alle Menschen alle Stufen und auch nicht in der gegebenen Reihenfolge durchlaufen und dass es durchaus zum mehrmaligen Belegen dieser Stufen kommen kann (vgl. Bußhoff 2009, S. 12). Die Fragestellungen dieses Ansatzes zielen insbesondere auf die Ausbildung beruflich relevanter Persönlichkeitsmerkmale in bestimmten Phasen und den Einfluss durch die soziale Umwelt darauf. Ein sehr umfangreiches und über einen sehr langen Zeitraum immer wieder mit der Praxis abgeglichenes Konzept hat Super entwickelt (vgl. Ratschinski 2001, S.173). Der Einfluss seiner Laufbahnentwicklungstheorie auf die Berufspsychologie ist enorm. In einer Zeitspanne von mehr als 60 Jahren entwickelt, gelten die Arbeiten Supers als umfassendste Konzeption zur Erklärung von Berufswahlverhalten. Die Theorie von Super gilt noch immer als Basis weiterentwickelter Modelle, bei denen Berufswahlforscher meist versuchten, einzelne Elemente etwas ausdifferenzierter darzustellen, wie zum Beispiel Gottfredson (vgl. Ratschinski 2009, S. 47ff.).

Super betonte die Notwendigkeit, interdisziplinäre Ansätze von soziologischer, politischer und ökonomischer Seite als Ergänzung zu verschiedenen psychologischen Perspektiven zu integrieren, um berufliche Entwicklung in ihrer Komplexität zu verstehen. Ihm gelang es durch Integration vieler Untersuchungsergebnisse, eine empirisch weitgehend abgestützte Theorie der Laufbahnentwicklung zu entwerfen (vgl. Seifert 1988, S. 194). Die berufliche Laufbahn ist dabei eine von mehreren Laufbahnen, die eine Person in im Rahmen ihrer Lebensspanne als Folge der individuellen Auseinandersetzung mit sozialen Normen und Entwicklungsaufgaben durchläuft. Nach Seifert bezieht sich Super in seinem Modell auf zwei Dimensionen (vgl. Seifert 1988, S. 194 f.): Die Lebenspanne („lifespan") und den Lebensraum („lifespace").

- Die *Lebensspanne* setzt sich aus fünf Stufen zusammen, die mit einem bestimmten Lebensalter assoziiert sind (Life Stages and Ages): Wachstum (Growth), Erkundung (Exploration), Etablierung (Establishment), Erhaltung (Maintenance) und Abnahme/Rückzug (Decline).

- Der Lebensraum beinhaltet sechs exemplarisch genannte Lebensrollen: Kindheit (Child), Schul- und Ausbildungszeit (Student), Freizeitrolle (Leisurite), Bürgerrolle (Citizen), Arbeits- und Berufsrolle (Worker) und Familienrolle (Homemaker).

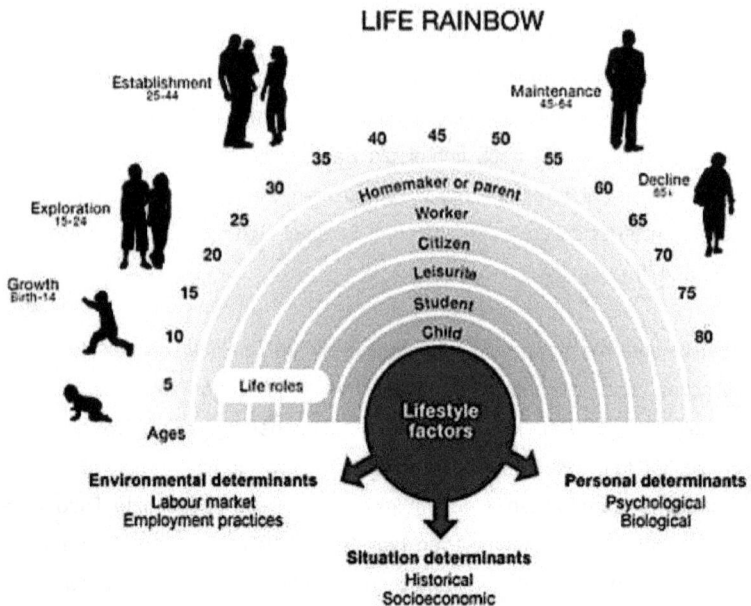

Abb. 17: Laufbahnen der Lebensspanne nach Super
(http://princediandra.files.wordpress.com/2010/07/super.jpg)

Die *Lebensspanne* umfasst die Sequenz der Lebensstadien (die fünf oben genannten Stufen), deren Übergänge als fließend und altersmäßig nicht genau begrenzt angenommen werden, sowie innerhalb dieser Sequenz ablaufende Zyklen. Diese werden durch Veränderungen der Lebenssituation hervorgerufen, in denen die Person mit neuen Aufgaben konfrontiert wird und gegebenenfalls vorherige Stufen neu durchlaufen muss, so zum Beispiel die erneute Etablierung nach einem Arbeitsplatzwechsel (vgl. Bußhoff 2001, S. 62). Mit dem *Lebensraum* ist die Konstellation von Rolleninhalten gemeint, welche die Person in den verschiedenen Lebensbereichen (z. B. Familie und Ausbildung, etc.) einnehmen kann. Welche Bedeutung die Person den verschiedenen Rollen beimisst und wie diese miteinander interagieren, ist für die Gestaltung des individuellen Lebensraumes ausschlaggebend.

Nach Ratschinski geht Super davon aus, dass das Individuum bestrebt ist, sich selbst zu verwirklichen. Das gilt auch bei beruflichen Entscheidungen, bei denen es versucht, sein Selbstkonzept mit den beruflichen Anforderungen in Übereinstimmung zu bringen, d.h. es wählt den Beruf, über dessen abverlangte Kompetenzen es vermeintlich verfügt. In der Konsequenz bedeutet das, dass die größte berufliche Zufriedenheit erreicht wird, je klarer und bewusster man sich seiner eigenen Persönlichkeit und der gestellten beruflichen Anforderungen ist (vgl. Ratschinski 2009, S. 47f.).

Das Selbstkonzept, in das unter anderem angeborene Begabungen und körperliche Merkmale fließen, entwickelt sich über das gesamte Leben, erreicht aber bereits in der Adoleszenz eine gewisse Stabilität. Dieses Selbstkonzept wird als wichtigster Bestandteil in den Kontext von Berufswahl und der Berufswahlentscheidung mit eingebracht. Zentrale Merkmale des beruflichen Selbstkonzepts sind hierbei Interessen, Fähigkeiten, Werte und Ziele einer Person. Bei der Wahl eines Berufes oder einer Ausbildung überprüft die Person die möglichen Alternativen. Betrachtet man den Prozess der beruflichen Laufbahn, so versucht eine Person ihr berufliches Selbstkonzept in einer beruflichen Entwicklung zu verwirklichen.

Besitzen Personen ein negatives Selbstkonzept, können auch weniger Berufsalternativen in Betracht gezogen werden. Darüber hinaus zeigen diese Personen allgemein eine gewisse Unsicherheit auch in Bezug auf die Realisierbarkeit von bestimmten beruflichen Zielen (vgl. Ratschinski 2009, S. 47).

Bei geringer Kongruenz kommt es somit entweder zu Anpassung des Selbstkonzeptes an die berufliche Realität (z.B. durch Interessensmodifikation) oder zu Versuchen, die berufliche Umwelt in Richtung des beruflichen Selbstkonzepts zu verändern. Gelingt beides nicht, wird die Person eventuell. einen Berufs- bzw. Ausbildungswechsel anstreben und sich ein neues Betätigungsfeld mit größerer Übereinstimmung zum eigenen Selbstkonzept suchen (vgl. Bergmann & Eder 1995, S. 3f.).

Hingegen führt hohe Kongruenz zwischen Person und (beruflicher) Umwelt zu beruflicher Zufriedenheit. Bei geringer Kongruenz kommt es entweder zur Anpassung des Selbstkonzeptes an die berufliche Realität (z.B. durch Interessensmodifikation) oder zu Versuchen, die berufliche Umwelt in Richtung des beruflichen Selbstkonzepts zu verändern. Durch die fortwährende Integration des Selbstkonzeptes in die berufliche Orientierung und den Prozess der Berufswahl kann die Identitätsentwicklung positiv gestärkt und daraus ein positives Selbstwertgefühl entwickelt werden, was im Umkehrschluss dazu führt, dass die Berufswahlentscheidung durch ein positiv gestärktes Selbstkonzept zufriedenstellender und passgenauer erfolgt (vgl. Ratschinski 2009, S. 47).

Hier lässt sich eine Verbindung der Laufbahnentwicklungstheorie von Super zur Kongruenztheorie Hollands erkennen. Die menschliche Entwicklung vollzieht sich auf dem Fundament biografischer und geografischer Grundlagen und wird von den Merkmalen der Person einerseits und den Umweltgegebenheiten andererseits getragen. Person und Umwelt stehen somit in dynamischer Wechselwirkung zueinander. Im Wesentlichen beinhaltet Supers Konzept, so Bußhoff, „die Lebensstufen-, die Lebensrollen- und die Selbstkonzept- Theorie und stellt in Aussicht, diese mit Hilfe der Theorie des sozialen Lernens zu einer Theorie höherer Ordnung zu verschmelzen." (Bußhoff 2001, S. 61).

2.7 Das SMS-Training

Das „Selbstreflexion, Motivation, Selbstdarstellung" (SMS) - Training ist ein Programm, welches Jugendliche bei dem Prozess der erfolgreichen Bewältigung des Übergangs von der Schule zum Beruf im Sinne der Unterstützung der beruflichen Entscheidungsfindung unterstützen soll. Das Ziel des Programms ist, „die Aufmerksamkeit der Jugendlichen für die Wahrnehmung ihrer eigenen Fähigkeiten und individuellen Möglichkeiten zu stärken sowie ihre Handlungskompetenz insbesondere für Berufswahl- und Bewerbungssituationen zu trainieren." (Monigl et al. 2011, S. 7).

Das vorliegende Trainingsprogramm ist in drei Ebenen aufgegliedert (vgl. Monigl et al. 2011, S. 14, 22f.): Die erste Trainingsstufe stellt das sogenannte Trainer-Training dar, welches die Lehrer über die reflexive Auseinandersetzung mit dem eigenen Berufswahlprozess, eigenen Kommunikationsmustern und eigenen Erfahrungen auf das inhaltliche und sachliche Training der Jugendlichen vorbereiten möchte. Die zweite Ebene umfasst das Training der Jugendlichen durch die Lehrer. Die Jugendlichen erhalten durch das Training einen Rahmen, in dem sie in einer geschützten Atmosphäre über ihre Stärken und Schwächen, über Interessen, Wertvorstellungen und Verhaltensweisen reflektieren können und erlangen daneben einen Übungsrahmen, in dem sie sich und ihre Fähigkeiten einschätzen und nach außen vertreten lernen. Darüber hinaus bietet das Training über die Erkundung von interessanten Berufen Orientierung, die die Berufswahlentscheidung unterstützen und durch die Simulation von Situationen auf dem Weg in die Ausbildung (bspw. zu Bewerbungsgesprächen) zu mehr Selbstsicherheit führen soll. Das Selbsttraining der Jugendlichen stellt schließlich die dritte Trainingsstufe dar. Hier erarbeiten die Jugendlichen in Gruppen Schwerpunkte, u.a. zu den Themen Berufsmotivation und persönlichen Fertigkeiten, und vermitteln sich diese gegenseitig. Dieses methodische Vorgehen zielt auf die Förderung der Selbständigkeit sowie die Einbringung eigener Vorstellungen und Kompetenzen.

Als eine weitere Besonderheit des Trainings wird postuliert, dass die Trainingsinhalte mit den Bildungsplänen der Bundesländer abgestimmt wurden, so dass das Programm im schulischen Kontext integriert werden kann (vgl. Monigl et al. 2011, S. 29). Themenschwerpunkte der Bildungspläne sind den Angaben des Landesinstituts für Schulentwicklung zufolge u.a. die Kompetenzbereiche berufsfachliche Kompetenz, lebensweltbezogene Kompetenz, Projekt- und Sozialkompetenz (vgl. http://www.ls-bw.de/bildungsplaene/beruflschulen/bs/bs_vab). Diesen wird im Training bspw. über die Auseinandersetzung mit Berufsbildern und der Analyse der jeweiligen

Bedingungen, über die Auseinandersetzungen mit den Anforderungen an den Wunschberuf, die Reflexion persönlicher Ziele und Fähigkeiten und dem Umgang mit der Ausbildungsvergütung Rechnung getragen.

Als zeitliche Richtlinie für die Durchführung des Trainingsprogramms werden im schulischen Kontext bei der Durchführung als Projekt ca. drei Wochen, bei der Integration in den laufenden Unterricht fünf bis acht Wochen veranschlagt, sofern wöchentlich mindestens ein bis zwei Doppelstunden investiert werden. Diese Zeit wurde als sinnvoll erachtet, da somit auch Pausen entstehen können, über die neuen Erkenntnisse und Informationen reflektieren zu können (vgl. Monigl et al. 2011, S. 29).

Um das für Haupt- und Realschüler konzipierte SMS – Training mit Sonderschülern durchführen zu können, wurden vermeintlich schwierige Aufgaben vereinzelnd angepasst. So wurden beispielsweise die im Training aufgeführten Berufsfelder durch mit dem angestrebten Schulabschluss realisierbare ausgetauscht. Der Vollständigkeit halber muss noch erwähnt werden, dass der für die Erhebung nicht relevante Themenblock der Realisierung von vornherein außen vor gelassen wurde und nicht innerhalb der Erhebungszeitpunkte absolviert wurde (siehe Anhang 10.1 Vorstellung des SMS – Trainingsprogramm bei den Lehrkräften).

2.8 Stand der Forschung

„Wenn wir uns eine forschungspolitische These erlauben, dann müssen wir dem obwaltenden Diskurs über die Benachteiligtenforschung entgegensetzen: In diesem Feld gibt es viel zu wenig gesichertes Wissen!" so die wörtliche Aussage von Bojanowski et. al. (2004, S. 18).

Dieser Eindruck bestätigt sich durchaus, denn es ist zwar eine Vielzahl an Studien und Forschungsarbeiten auffindbar, doch Struktur und Konzept sind außer Acht gelassen. Die sogenannte „Übergangsforschung" nach Bojanowski et al. erhält durchaus einen zentralen Wert (vgl. Bojanowski et al. 2004, S. 18). Als bedeutsam sind hier zahlreiche Studien des Deutschen Jugendinstituts (teilweise auch in Zusammenarbeit mit dem Institut für Arbeitsmarkt- und Berufsforschung), welches mit groß angelegten quantitativen Untersuchungen bundesweit versuchte, schwerpunktmäßig die Übergänge an den wichtigen Schwellen des Bildungswesens zu erforschen (1. Schwelle: von der allgemeinen Schule in die Berufsvorbereitung, 2 Schwelle: Übergang ins Erwerbsleben). Federführend ist hierbei eine Studie zu nennen: Lex befragte schriftlich 2.230 Personen zwischen 18 und 25, die zum Zeitpunkt der Untersuchung aktiv an einem Projekt der Jugendberufshilfe teilnahmen. Stationen der beruflichen Integration wurden durch Abbildung biographischer Zeitreihen erfasst.

Lex konnte unter anderem nachweisen, dass es unterschiedliche Verlaufstypen gibt. Dabei fiel auf, dass die Übergangschancen von benachteiligten Jugendlichen, hierzu zählen nicht nur Förderschüler, sondern auch eine Vielzahl von Hauptschülern, sehr prekär sein können (vgl. Bojanowski et al. 2004, S. 19f). Wiederum das Deutsche Jugendinstitut veröffentlichte hierzu eine qualitative Studie von Hofmann–Lun, die dieses Ergebnis untermauerte (vgl. Hofmann-Lun 2011, S. 112 ff).

Als Fazit halten Bojanowski et al. fest, dass unzählige Studien zum Ergebnis kamen, dass die Chancen zur beruflichen Integration von benachteiligten Jugendlichen äußerst begrenzt sind „und wir müssen angesichts der Anforderungen einer „europäisierten Wissensgesellschaft" nachdrücklich darauf verweisen, dass es sich die Benachteiligtenförderung zur „Forcierung des Humankapitals" nicht mehr leisten kann, in diesem disparaten Feld ohne Struktur und Konzept zu arbeiten" (Bojanowski et al. 2004, S. 19).

Mit dem Thema der Übergangsforschung lässt sich in den 90er Jahren empirisch erhärten, dass neben dem dualen System der Berufsausbildung mit der Kombination von Schule und Betrieb inzwischen nahezu bundesweit ein

„Parallelsystem" der Benachteiligtenförderung entstanden ist (vgl. Bojanowski et al. 2004, S. 19).

Das Ergebnis aus der Literatur- und Forschungsrecherche zu dieser Arbeit ergab, dass es nahezu keine Wirksamkeitsstudien zu in der Praxis eingesetzten Instrumenten und Programmen der beruflichen Integration von benachteiligten Jugendlichen gibt. Bereits die Suche nach umfassenden Trainingsprogrammen, die nicht nur darauf abzielen, eine Förderung von psycho-sozialen Fähigkeiten in den Fokus zu setzen („Training mit Jugendlichen" von Franz und Ulrike Petermann) oder eine Fülle an Informationen über Berufe oder Bewerbungsverfahren zu vermitteln, wie beispielsweise das „Curriculum für den Berufswahlunterricht" von Ilona Ebbers, brachte unzureichende Befunde (vgl. Monigl et al. 2008, S. 15). Lediglich Läge und Hirschi führten in der Schweiz entsprechende Wirksamkeitsstudien zu Coachingprozessen bei beruflichen Übergängen durch. Unter anderem mit dem Ergebnis, dass die persönliche Identität von Jugendlichen, bestehend aus den drei Dimensionen Kontrollüberzeugung, Selbstwertgefühl und Selbstkonzept, eine umfassende Bedeutung für die berufliche Integration hat. So wirkt sich ein positiver Selbstwert sowohl auf den Berufserfolg, auf die berufliche Flexibilität als auch auf die Berufswahlentscheidung aus (vgl. Läge & Hirschi 2008, S. 155ff.).

Für benachteiligte Jugendliche, speziell die Gruppe der Förderschüler bzw. der Schüler ohne Hauptschulabschluss, konnte kein Trainingsprogramm gefunden werden, welches einen ganzheitlichen Ansatz bis hin zur Berufswahlentscheidung beinhaltete. So hat zum Beispiel Monika Pieper ein Training zur beruflichen Orientierung von Förderschülern entwickelt, die Berufswahl und die Berufswahlentscheidung finden darin jedoch keine Berücksichtigung.

Im Gegensatz hierzu haben Monigl et al. das SMS - Trainingsprogramm zur Verbesserung der beruflichen Integration von Haupt- und Realschülern entwickelt. Wie in den vorangegangenen Ausführungen wurde es auf der Basis eines theoretischen Konstrukts entwickelt, das sowohl den Selbstzugang, die Handlungsfähigkeit, als auch die Verbesserung der Berufswahlreife gezielt fördert. Die Wirksamkeit des Trainingsprogramms wurde bereits an Haupt- und Realschülern empirisch überprüft.

2.9 Verknüpfung des theoretischen Konstrukts mit dem Forschungsvorhaben

In den vorangegangenen Kapiteln wurde der zugrundeliegende Prozess der Berufsorientierung, in dem sich die Zielgruppe dieser Studie derweil befindet, dargelegt. Es wurden die Modelle von Quirin und Kuhl zur Handlungskontrolle sowie das komplexe Wirken der Person-System-Interaktionen erarbeitet und diese mit dem Selbstkonzept und der Identität in Verbindung gesetzt. Holland und Super bildeten auf deren Grundlage ihre Theorien zur Berufswahl.

Diverse Studien, so bspw. die BIBB-Übergangsstudie zeigen, dass Absolventen der Übergangssysteme wie der Sonderberufsfachschule in ihrem beruflichen Einstieg oftmals eine deutliche Stigmatisierung aufgrund ihres Status durchlaufen und mit erhöhten Schwierigkeiten beim Berufseinstieg zu kämpfen haben. Die Chance, auf dem ersten Arbeitsmarkt Fuß zu fassen, sind im Vergleich zu höher qualifizierten Jugendlichen deutlich geschmälert. Zudem wird der Besuch des Übergangssystems von Institutionen wie der Schulen, von Betrieben und zukünftigen Ausbildern, der Gesellschaft und auch von vielen für die Jugendlichen bedeutsamen Bezugspersonen negativ bewertet. Diese kritische Bewertung der schulischen Laufbahn der Jugendlichen im Übergangssystem wirken sich beeinträchtigend auf die beruflichen Chancen aus und ziehen damit auch eine Schmälerung der sozialen Lebenschancen mit sich, indem bspw. verschiedenste Ziele nicht erreicht werden können. Diese verschiedenen im Laufe der Biografie erlebten Misserfolge wirken sich bei vielen Jugendlichen im Übergangssystem möglicherweise derart aus, dass sie die Selbstmotivation verlieren, sich weiter mit der anstehenden Aufgabe der Berufswahlentscheidung auseinanderzusetzen und können somit negative Affekte wie die Hilflosigkeit und Überforderung nicht herabregulieren. Dies hemmt sie, wieder in eine Handlungsfähigkeit kommen, mit Hilfe derer sie für sich ein berufliches Ziel und einen Handlungsplan entwerfen könnten, um eine Perspektive für den Berufseinstieg zu entwickeln. Durch andauernden Misserfolg bspw. in den schulischen Zusammenhängen oder bei der Suche nach einem Ausbildungsplatz können aufgrund der bereits durchlebten Misserfolge Gefühle von Unkontrollierbarkeit der Situation entstehen und bereits im Vorfeld die Erwartung entstehen lassen, dass auch zukünftige Handlungen von Misserfolg begleitet sein werden. Diese Erfahrungen können die Lageorientierung einer Person herbeiführen, sodass die Jugendlichen nicht mehr über die eigentliche Aufgabe nachdenken, sich mit der Berufswahl auseinanderzusetzen, sondern sind in dem Grübeln über die Unlösbarkeit der Anforderung und dem Misserfolg gefangen. Durch diese negativen Gefühle verlieren Jugendliche den Zugang zu den eigenen Bedürfnissen und können nicht beschreiben, was sie denn wirklich erreichen möchten. „Es ist klar, dass man ohne eine intakte Selbstwahrnehmung auch keine Ziele mehr bilden kann, mit denen man sich wirklich identifiziert." (Martens & Kuhl 2009, S. 52).

Um diese oftmals unzureichend entwickelten Kompetenzen der Motivation, der Handlungsorientierung sowie des Selbstzugangs zu stärken, benötigen insbesondere die Jugendlichen in Übergangssystemen eine Förderung, welche eine ganzheitliche Orientierung der Person mit der Einbeziehung verschiedener Persönlichkeitsebenen schafft, so beispielsweise das Kennenlernen der eigenen Fähigkeiten, Bedürfnisse, Wünsche und Ziele. Die Einbeziehung dieser persönlichen Aspekte ist jedoch nicht ausreichend, diese Phase muss vielmehr mit einer grundlegenden, der Zielgruppe gerecht werdenden Berufsorientierung im Sinne der Aufzeigung realistischer Möglichkeiten verknüpft werden.

Diese Bedarfsbeschreibung geht auf Fachkräfte der Übergangssysteme zurück, welche formulieren, dass Jugendliche im Bereich der Berufsorientierung lediglich über geringe Kenntnisse verfügen (vgl. Hofmann-Lun, S. 142ff.). Eine Studie der Deutschen Industrie- und Handelskammer unter Beteiligung von 14.533 Unternehmen aus dem Jahr 2012 kommt zu einem ähnlichen Ergebnis.

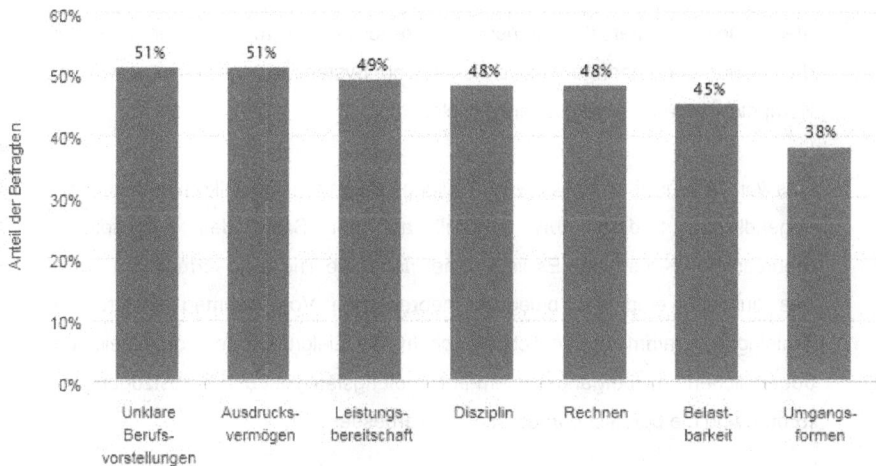

Abb. 18: *Mängel in der Ausbildungsreife heutiger Schulabgänger in* Deutschland
(*http://de.statista.com/statistik/daten/studie/5051/umfrage/maengel-bei-der-ausbildungsreife-der-schulabgaenger*)

Aus dieser Studie geht hervor, dass mit jeweils 51 % der Aussagen der Betriebe Jugendliche mit einem Mangel an klaren Berufsvorstellungen sowie einem unzulänglichen Ausdrucksvermögen auf den Arbeitsmarkt treffen. Die Ergebnisse der Studie treffen auf Schulabgänger aller Schularten zu und lassen unter Rückschluss auf die Ergebnisse der Schulleistungsstudien die Vermutung zu, dass bei benachteiligten Schülern diese Defizite noch deutlicher ausgeprägt vorzufinden sind. Die bereits erwähnten Komponenten der Klarheit zu den Berufsvorstellungen, das Ausdrucksvermögen und auch die Motivation zu Leistungsbereitschaft sind Inhalte, die durch das SMS-Training gefördert werden sollen. Voraussetzung für die Jugendlichen ist hierfür der Selbstzugang, welcher den Abgleich zwischen individuellen Interessen und Fähigkeiten mit der Berufswahlentscheidung schafft.

Martens und Kuhl (2009, S. 19) halten fest, dass „die Schere zwischen Fordern und Fördern von Persönlichkeit [noch nie] so weit geöffnet wie heute" war. Wird die erhöhte Wertzuschreibung der Ausbildung persönlicher Kompetenzen in Zusammenhang mit der geringen Unterstützung zur Entwicklung dieser Kompetenzen gesetzt, wird noch einmal deutlich, wie wichtig eine diesbezügliche Unterstützung insbesondere für die Zielgruppe dieser Arbeit ist, da sie nur über geringe Möglichkeiten und Systemzugänge verfügen, diese Kompetenzen anderweitig zu entwickeln.

Das von Monigl et al. entwickelte Trainingsprogramm „Selbstkompetenzen bei Jugendlichen fördern" fußt speziell auf der Basis des aufgezeigten theoretischen Konstrukts. Es liegt daher nahe, die These zu formulieren, dass das auf den empirisch belegten theoretischen Vorannahmen konstruierte Trainingsprogramm die Möglichkeit schafft, die Zielgruppe der benachteiligten Jugendlichen im Übergangssystem in Handlungsfähigkeit und Selbstzugang zu fördern und die berufliche Integration zu verbessern.

Unter Berücksichtigung dieser theoretischen Erkenntnisse sollen die Ergebnisse hinsichtlich der Wirksamkeit des „Selbstreflexion, Motivation, Selbstdarstellungs" – Trainingsprogramms bei der Zielgruppe der Jugendlichen im Übergangssystem der Sonderberufsfachschule untersucht werden.

3 Begründung des methodischen Vorgehens

Die methodische Vorgehensweise in dieser nach Böhm – Kasper et al. sogenannten Evaluationsforschung erfolgte in Anlehnung an die Methode der Triangulation. Es wurde eine Methodenkombination aus sowohl qualitativen als auch quantitativen Untersuchungsinstrumenten, die im folgenden Abschnitt vorgestellt werden, gewählt (vgl. Böhm-Kasper et al. 2009, S. 58).

Was im deutschen Sprachraum in wissenschaftlichen Kontexten als multimethodisches Vorgehen bezeichnet wird, wird im kommerziellen Bereich als Methodenmix tituliert und in der amerikanischen Forschungsebene unter dem Begriff der Triangulation diskutiert. „Methodisch gewendet und sehr allgemein könnte man also vermuten, dass die Genauigkeit der mit Hilfe mehrerer Methoden gewonnenen Erkenntnisse zunehmen sollte." (Lamnek 2010, S. 248).

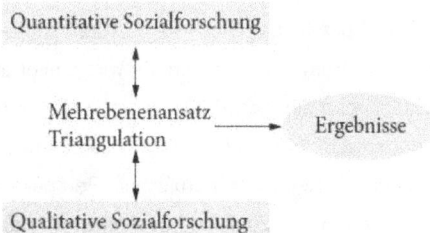

Abb. 19: Triangulationsmodell (Lamnek 2010, S.253 zit. n. Mayring, 2001).

Die Einbeziehung quantitativer und qualitativer Methoden kann die Forschungsergebnisse wechselseitig ergänzen, die beide Forschungsansätze eine begrenzte Aussagekraft hinsichtlich bestimmter Phänomene schaffen können. „Die Ergebnisse einer kombinierten Anwendung von qualitativer und quantitativer Forschung können ein adäquates bzw. umfassenderes Bild des Untersuchungsgegenstands ergeben, da Methoden der anderen Tradition Aspekte des Forschungsgegenstands beleuchten, die zunächst nicht oder ungenügend beschrieben werden konnten" (Lamnek 2010, S. 256).

Durch die Installation eines Vorher – Nachher – Designs kann die Operationalisierung der Entwicklungsveränderungen infolge eines Treatments, in hiesigem Fall die Wirksamkeit des SMS-Trainings in der Sonderberufsfachschule, vorgenommen werden (vgl. Oerter & Montada 2008, S. 963). Über die Installation einer Kontrollgruppe zur Überprüfung der Experimentalgruppe erfolgt eine Verbesserung der Validität der vorliegenden quasiexperimentellen Untersuchung.

Die quantitative Methodik ermöglicht hier die Überprüfung der Wirksamkeit des SMS – Trainings über die gesamte Stichprobe hinweg, um Aussagen zu den aufgestellten Forschungshypothesen zu treffen. Hierzu wurden die auf der jeweiligen Theorie basierenden standardisierten Fragebögen eingesetzt.

Die qualitativen Rückmeldungen haben unter anderem die Funktion einer weiteren Differenzierung der quantitativen Ergebnisse und liefern insofern einen möglichen Mehrwert. Es können Kategorien gebildet werden, die in standardisierten Fragebögen nicht ermittelbar sind, da sie auf subjektivem Wissen und den Einschätzungen der Befragten beruhen. So wird weiter erhofft, anhand der qualitativen Rückmeldungen der Experimentalgruppe Rückschlüsse auf persönliche Entwicklungen sowohl hinsichtlich des Wissens über sich selbst, als auch in Bezug auf das Wissen der beruflichen Perspektive der jeweiligen Probanden zu erhalten und zugleich eventuell erforderliche Veränderungen und Anpassungsmodalitäten des bisherigen Trainings an die bisweilen noch nicht berücksichtigte neue Zielgruppe zu gewinnen.

3.1 Quantitative Testverfahren

3.1.1 *Der Selbstzugangsfragebogen (SZF)*

Der insgesamt 30 Items umfassende Selbstzugangsfragenbogen von Quirin (2005) wurde auf der Grundlage seiner PSI-Theorie entwickelt und durch ihn wird, wie aus dem Namen bereits zu entnehmen ist, die Fähigkeit des Zugangs einer Person auf das Selbst erhoben.

Quirin geht in seiner PSI-Theorie davon aus, dass ein negativer Affekt den Zugriff auf das Extensionsgedächtnis hemmt, wodurch das Individuum auf persönliche Bedürfnisse weniger gut zugreifen kann. „Diese Annahme wird bestätigt durch unterschiedliche Befunde, z. B. dass Lageorientierte unter Stress instabile Präferenzurteile abgeben und sich nicht gemäß ihren Präferenzen verhalten (Guevara, 1994; Kuhl & Beckmann, 1994 a), die Ziele und Erwartungen anderer mit eigenen Zielen verwechseln (Baumann & Kuhl, 2003; Kuhl & Kazén, 1994) sowie Ziele verfolgen, die nicht zu ihren impliziten Motiven passen (Baumann et al., 2005; Brunstein, 2001)" (Baumann & Quirin 2006, S. 48).

Dieser Fragebogen wurde in das Forschungsdesign aufgenommen, da durch ihn die Fähigkeit des Selbstzugangs einer Person mit ihren Wünschen und Bedürfnissen für die Forscher messbar wird. Für die vorliegende Forschungsarbeit wurden 16 Items des Fragebogens verwendet und auf der vierstufigen Likert-Skala erfasst.

Beispielitem:
Es fällt mir leicht, Bedürfnisse und Gefühle zu beschreiben.
Likert-Skala: Trifft gar nicht zu - trifft eher nicht zu - trifft eher zu - trifft genau zu.

Für die Bearbeitung des Fragebogens werden 30 Minuten anberaumt.

3.1.2 Der Fragebogen zur Erfassung der Handlungskontrolle nach Erfolg, Misserfolg und prospektiv (HAKEMP 90)

Der von Kuhl im Jahr 1990 auf Grundlage seiner Theorie der Handlungskontrolle veröffentlichte Fragebogen HAKEMP 90 erhebt die Handlungskontrolle von Personen auf den zwei gegenpoligen Skalen Handlungs- sowie Lageorientierung.

Der HAKEMP 90 kann laut Kuhl als hinreichend reliables Instrument (Cronbachs α = > .70) mit angemessener Konstruktvalidität in der Forschung eingesetzt werden. „Bei der Konstruktion der Items wurde der Bandbreite des zu erfassenden Konstrukts ein höheres Gewicht als der Erzielung größtmöglicher Reliabilität eingeräumt (interne Konsistenz bewegt sich bei den Subskalen zwischen 0,70 und 0,80 und bei der Zusammenfassung der beiden Hauptskalen zwischen 0,80 und 0,90)" (Kuhl & Kazén 2003, S. 202). Im Testverfahren können für die Teilnehmer drei Testwerte errechnet werden:

Einerseits die so genannte Handlungs- vs. Lageorientierung nach Misserfolg (HOM-LOM), die die Handlungsbereitschaft bzw. die Tendenz zu Grübeln beschreibt, wenn eine Person mit Misserfolgen konfrontiert wird. Der zweite Testwert wird als die prospektive Handlungs- vs. Lageorientierung (HOP-LOP) bezeichnet und meint die Handlungsbereitschaft vs. das Zögern, wenn die Umsetzung einer Handlungsabsicht erfolgen soll. Der dritte Testwert bezieht sich auf die Handlungs- vs. Lageorientierung bei der Tätigkeitsausführung (HOT-LOT), welcher die Tätigkeitszentrierung auf eine interessante Tätigkeit vs. das Übergehen zu anderen Aktivitäten meint.

Zugehörig zu den Skalen sind jeweils 12 Situationsbeschreibungen mit dichotomen Antwortmöglichkeiten, wodurch der Teilnehmer aufgefordert wird, sich auf die Lage- bzw. Handlungsorientierung festzulegen. „Mit dem dichotomen Antwortformat wurde bewusst in Kauf genommen, dass Probanden

Unsicherheit empfinden (dies zuweilen auch in Form von Unmut äußern). Das Bedürfnis, diese Fragen „differenziert" zu beantworten, wird frustriert, um die logisch-analytische Verarbeitungsebene zu schwächen und implizite Selbstrepräsentationen zu aktivieren (Kuhl 1994)" (Kuhl & Kazén 2003, S. 202).

Ein Beispielitem hierfür lautet:

Wenn ich weiß, dass etwas bald erledigt werden muss, dann

1. muss ich mir oft einen Ruck geben, um den Anfang zu kriegen.
2. fällt es mir leicht, es schnell hinter mich zu bringen."

Option 1 beinhaltet die lageorientierte und Option 2 die handlungsorientierte Antwortalternative.

Die Bearbeitungszeit für den HAKEMP 90 liegt bei einigen Minuten. In der vorliegenden Studie wurde eine Kurzform des HAKEMP 90 verwendet, indem die Handlungs- und Lageorientierung mit 12 anstelle der 36 Items erhoben wird, wobei Items der Skalen Handlungsorientierung nach Misserfolg (HOM-LOM) sowie der Grad der Entscheidungs- und Handlungsplanung (HOP-LOP) einbezogen werden, da das Forschungsinteresse auf der Entscheidungs-kompetenz im Zusammenhang mit der Berufswahl steht. Die Auswertung des HAKEMP 90 erfolgt über die Aufsummierung der handlungsorientierten Antwortmöglichkeiten. Eine Person wird als lageorientiert bezeichnet, wenn ihr Summenwert unterhalb der Summe von 6 liegt. Erzielt eine Person einen Summenwert von 6 und mehr, wird sie als handlungsorientiert bezeichnet.

3.1.3 *Einstellung zur Berufswahl und beruflichen Arbeit (EBwA)*

Der von Stangl und Seifert (1986) konzipierte Fragebogen „Einstellung zur Berufswahl und beruflichen Arbeit" (EBwA) dient zur Erfassung berufswahlbezogener Einstellungen von Jugendlichen in den Klassen 8 und 9 von Hauptschulen bzw. Polytechnischen Schulen. Für Stangl & Seifert stehen „die Einschätzungen verschiedener Aspekte des beruflichen Selbstkonzepts, der Berufswahl sowie der beruflichen Wertorientierung bzw. der Arbeits- und Berufsbedeutsamkeit im Mittelpunkt der Testung. [...] Das Verfahren basiert auf dem von Crites im Rahmen der Laufbahnentwicklungstheorie von Super entwickelten Modell der Laufbahnreife (career maturity) im Jugendalter" (http://www.stangl-taller.at/PSYCHOLOGIE/EBwA.pdf).

Die berufswahlbezogenen Einstellungen sind demnach ein wichtiger Teilbereich der Berufswahl- und Laufbahnreife. Der EBwA ist eine Anpassung der CMI-Attidue Scale von Crites und unterscheidet sich vom amerikanischen Vorbild durch eine Reduktion von 50 auf 39 Items. Anstelle des dichotomen Antwortformats im CMI-AS liegen zur Beantwortung des Fragebogens vier Bewertungsstufen nach Likert vor (stimmt nicht - stimmt kaum - stimmt eher - stimmt genau). Der EBwA beinhaltet 39 Items in Form von Statements. Neben der Erfassung eines Gesamtwertes sind vier Subskalenwerte berechenbar (vgl. http://www.stangl-taller.at/STANGL/WERNER/BERUF/TESTS/EBWA/EBwA Kurzbeschreibung.html):

Skala 1:
Sicherheit/ Entschiedenheit bei der Berufswahlvorbereitung und der Berufswahlentscheidung (12 Items)
Beispielitem: „Ich schwanke oft, welchen Beruf ich später einmal ergreifen soll"

Skala 2:
Berufswahlengagement und berufliche Orientierung (15 Items)
Beispielitem: „Was meine Berufswahl angeht, wird sich früher oder später von selbst ergeben"

Skala 3:
Information und Flexibilität bei der Berufswahlentscheidung (5 Items)
Beispielitem: „Es ist besser, sich für mehrere Berufe zu interessieren, da man oft nicht weiß, ob man in seinem Wunschberuf einen Ausbildungsplatz bekommt"

Skala 4:

Eigenaktivität und Selbständigkeit bei der Berufswahlentscheidung (7 Items) Beispielitem: „Meine Eltern werden schon den richtigen Beruf für mich aussuchen"

Die inhaltliche Validität des EBwA – Fragebogens kann nach Seifert und Stangl aufgrund der theoretischen und empirischen Fundiertheit der Iteminhalte als gegeben angesehen werden. Die durch die vier Subskalen repräsentierten Einstellungsvariablen korrelieren untereinander positiv, was für die Konstruktvalidität des EBwA spricht (vgl. http://www.stangl-taller.at/PSYCHOLOGIE/EBwA.pdf). „Da die Berufswahlreife per definitionem ein entwicklungsabhängiges Konstrukt darstellt, kommt dem Nachweis von Veränderungen in Abhängigkeit vom Lebensalter bzw. der Schulstufe besondere Bedeutung zu" (http://www.stangl-taller.at/PSYCHOLOGIE /EBwA.pdf). Der EBwA – Fragebogen unterscheidet zwischen Jugendlichen mit und ohne konkreter Laufbahnintention, sowie zwischen Jugendlichen mit unterschiedlichem Bildungsniveau.

Stangl und Seifert behaupten: „In Erhebungen über die Beschäftigungschancen von Jugendlichen konnte bekanntlich wiederholt nachgewiesen werden, dass Jugendliche mit niederen Bildungsabschlüssen (z. B. Sonderschule und Hauptschüler ohne Abschluss) größere Schwierigkeiten bei der Berufsfindung und der beruflichen Eingliederung haben, als Jugendliche mit mindestens durchschnittlichem Bildungsabschluss" (http://www.stangl-taller.at/ PSYCHOLOGIE/EBwA.pdf). Für die Stichprobe der Sonderschüler im Vergleich zu anderen weiterführenden Schulabgängern kann daher davon ausgegangen werden, dass deren EBwA – Testwerte im Allgemeinen niedriger und die Veränderungen geringfügiger ausfallen.

Empfohlen wird der Einsatz des EBwA – Fragebogens lediglich für Forschungszwecke und Gruppenuntersuchungen, z.B. zur Entwicklung und Evaluation von Maßnahmen zur Berufswahlvorbereitung. Für individuelle Beratungszwecke sollte er allenfalls versuchsweise eingesetzt werden. Die Vorgabedauer zur Testdurchführung beträgt etwa 15 Minuten, die Dauer der

Auswertung hingegen etwa 30 Minuten pro Test (vgl. http://www.stangl-taller.at/PSYCHOLOGIE/EBwA.pdf).

Da für die Ergebnisse der vorliegenden Wirksamkeitsstudie lediglich die beiden Subskalen „Sicherheit/ Entschiedenheit bei der Berufswahlvorbereitung und der Berufswahlentscheidung" sowie „Berufswahlengagement und berufliche Orientierung" benötigt wurden, ist auf die vollständige Erhebung des EBwA – Fragebogens verzichtet worden. Es wurde die Auswahl der Items auf die oben genannten beiden Subskalen reduziert.

3.1.4 Fragebogen „Erfahrungen der Jugendlichen mit dem Trainingsprogramm"

Als weitere quantitative Forschungsmethode wurde ein Fragebogen nach Monigl et al. (2011, S. 28) in die Erhebung integriert, welcher speziell für dieses Trainingsprogramm entwickelt wurde. Dieser Fragebogen umfasst neun Items, welche als Deklarativsätze formuliert sind. Den Items wurde die vierstufige Likert-Skala mit folgender Einteilung zu Grunde gelegt: Stimmt nicht - stimmt kaum - stimmt eher - stimmt genau. Die Items beziehen sich inhaltlich auf zwei Schwerpunkte: Den Kenntnisstand zu den eigenen Stärken, Schwächen, Wünschen und Haltungen des Selbst, sowie über die Einstellungen zur Trainingsdurchführung.

Die Items hinsichtlich des ersten Schwerpunkts lauten: „Ich kenne meine Stärken und Schwächen.", „Mit ist klar, was ich will und was ich nicht will.", „Mir ist oft unklar, wie ich über mich denken soll.", „Ich kann genau beschreiben, wie ich bin." und „Ich weiß genau, was ich kann und was ich nicht kann."

Hinsichtlich des zweiten Schwerpunktes zur Erwartung und Haltung zum Training wurden folgende Items verwendet: „Ich freue mich darauf mehr über mich selbst zu erfahren, „Ich glaube, dass die Aufgaben interessant werden.",

„Ich glaube, dass ich von dem Training profitieren werde." und „Ich freue mich, an dem Training teilnehmen zu können."

Aus den vorangegangenen Ergebnissen der Testungen bei Haupt- und Realschülern wurde die Reliabilität des Fragebogens „Erfahrungen der Jugendlichen mit dem Trainingsprogramm" mit Cronbachs α = 0,62 ermittelt.

3.2 Qualitative Testverfahren

3.2.1 Qualitative Fragen zur Auswertung des SMS-Trainings

Um differenziertes Datenmaterial zu erhalten, wurde in der Studie die Gewinnung schriftlichen qualitativen Datenmaterials mittels eines eigens entworfenen Fragebogens integriert. Ziel dieses Fragebogens war, Auskünfte über die positiven und negativen Erfahrungen der Schülergruppe während des Trainings bezugnehmend auf die inhaltlichen und kognitiven Anforderungen, der Entwicklung ihrer Persönlichkeit sowie dem Voranschreiten ihrer Berufswahlentscheidung zu erhalten. Die Fragen wurden bewusst offen gestellt und daneben wurde auf eine einfache, klare Formulierung geachtet.

Die Fragen lauteten folgendermaßen:

- Was fanden Sie am Training gut (welche Themen, welche Aufgaben,…)?
- Was fanden Sie am Training schlecht (welche Themen, welche Aufgaben…)
- Was würden Sie anders machen (Verbesserungsvorschläge benennen)?
- Was wissen Sie nun darüber, was Sie gut und was Sie weniger gut können (schreiben Sie bitte auf)?
- Was haben Sie gelernt, wie Sie einen passenden Beruf auswählen?" sowie „Welche beruflichen Ziele und Pläne haben Sie?".

3.2.2 Lehrertagebuch

Eine weitere qualitative Forschungsmethode war die Bereitstellung des so genannten Lehrertagebuchs. Fischer (1997, S. 693) weist darauf hin, dass das Schreiben von Tagebüchern in der Pädagogik eine lange Tradition besitzt und verschiedene Bedeutungen inne hat: Neben der Nutzung des Tagebuchs als Instrument zur Selbstreflexion der eigenen Rolle verweist sie auf die Möglichkeit zur Nutzung der Methode in der Forschung.

Der Einsatz der Forschungsmethode bietet den Vorteil, dass die pädagogischen Erfahrungen über einen längeren Zeitraum detailliert festgehalten werden können, so dass Erfahrungen nicht verloren gehen. In diese Studie wurde das Lehrertagebuch als Instrument für die Pädagogen eingesetzt, um ihnen von Beginn des Trainings an die Möglichkeit zu geben, ihre unmittelbaren Beobachtungen, Einschätzungen und Erfahrungen während der Durchführung des Trainings festzuhalten. Auch wurden sie aufgefordert, Kritisches und Verbesserungswürdiges zu verschriftlichen, evtl. auftretende Fragen festzuhalten und das Engagement und die Reaktion der Schülergruppe auf die Übungen einzutragen.

Darüber hinaus wurden sie gebeten, zu notieren, bei welchen Aufgabenstellungen die Schüler profitieren konnten und in welchen Bereichen sie an ihre Grenzen kamen. Somit wurde das Lehrertagebuch in der vorliegenden Studie mit der Intuition eingesetzt, welche Fischer bereits 1997 formulierte, nämlich „die „Passung" zwischen Anforderungen und den Lern- und Arbeitsmöglichkeiten der Individuen zu ermöglichen. Im Mittelpunkt steht das Beobachten, Dokumentieren und Reflektieren als Tätigkeiten der Lehrenden, wofür das Tagebuchschreiben ein notwendiges Handwerkszeug ist. Die Lehrenden notieren sowohl ihre Beobachtungen [...] als auch ihre pädagogischen Impulse und eigenen Befindlichkeiten [...]. Das Interesse an den Lernprozessen der einzelnen Kinder steht im Mittelpunkt" (Fischer 1997, S. 697).

Das Tagebuch wurde seitens der Studiendurchführenden zur Gestaltung und Strukturierung durch die Lehrerkräfte offen gelassen, um mit dieser Erhebungsmethode den Lehrern alle Freiheiten in der Verschriftlichung zu lassen.

4 Darstellung des Untersuchungsdesigns

Ziel dieser Arbeit und damit die zentrale Forschungsfrage lautet, zu untersuchen, wie sich das vorab beschriebene SMS – Training auf die Berufswahl und das Selbstkonzept der Treatmentgruppe auswirkt. Die Fragestellungen beziehen sich auf die Veränderungen zwischen der ersten und zweiten Fragebogenerhebung (vor und nach der Durchführung des SMS – Trainings) der jeweiligen Treatmentgruppe im Vergleich zur Kontrollgruppe. Wenn das Treatment also wirksam ist, sollten die Jugendlichen aus der Experimentalgruppe vom Pre – Test zum Post – Test positive Veränderungen hinsichtlich der Kontrollgruppe zeigen.

Im folgenden Kapitel werden die zu untersuchenden Fragestellungen ausgeführt und die dazugehörigen ungerichteten Hypothesen formuliert.

4.1 Darstellung der Fragenbereiche

4.1.1 *Fragestellung 1 – Berufswahlsicherheit*

Zeigt die Treatmentgruppe gegenüber der Kontrollgruppe nach dem SMS – Training Veränderungen hinsichtlich der Sicherheit bei der Berufswahl?

Nullhypothese:

Die Treatmentgruppe zeigt gegenüber der Kontrollgruppe nach dem SMS – Training keine Veränderung hinsichtlich der Sicherheit bei der Berufswahl.

Alternativhypothese:

Die Treatmentgruppe zeigt gegenüber der Kontrollgruppe nach dem SMS – Training eine Veränderung hinsichtlich der Sicherheit bei der Berufswahl.

4.1.2 Fragestellung 2 – Selbstzugang

Zeigt die Treatmentgruppe gegenüber der Kontrollgruppe nach dem SMS – Training Veränderungen hinsichtlich des Selbstzugangs?

Nullhypothese:

Die Treatmentgruppe zeigt gegenüber der Kontrollgruppe nach dem SMS – Training keine Veränderung hinsichtlich des Selbstzugangs.

Alternativhypothese:

Die Treatmentgruppe zeigt gegenüber der Kontrollgruppe nach dem SMS – Training eine Veränderung hinsichtlich des Selbstzugangs.

4.1.3 Fragestellung 3 – Handlungsorientierung

Zeigt die Treatmentgruppe gegenüber der Kontrollgruppe nach dem SMS – Training Veränderungen hinsichtlich der Handlungsorientierung?

Nullhypothese:

Die Treatmentgruppe zeigt gegenüber der Kontrollgruppe nach dem SMS – Training keine Veränderung hinsichtlich der Handlungsorientierung.

Alternativhypothese:

Die Treatmentgruppe zeigt gegenüber der Kontrollgruppe nach dem SMS – Training eine Veränderung hinsichtlich der Handlungsorientierung.

4.1.4 *Fragestellung 4 – Selbstzugang und Handlungsorientierung*

Zeigt die Treatmentgruppe gegenüber der Kontrollgruppe, dass ein veränderter Selbstzugang Einfluss auf die Handlungsorientierung ausübt?

Nullhypothese:

Die Treatmentgruppe zeigt gegenüber der Kontrollgruppe nach dem SMS – Training, dass ein veränderter Selbstzugang keinen Einfluss auf die Handlungsorientierung ausübt.

Alternativhypothese:

Die Treatmentgruppe zeigt gegenüber der Kontrollgruppe nach dem SMS – Training, dass ein veränderter Selbstzugang Einfluss auf die Handlungsorientierung ausübt.

4.1.5 *Fragestellung 5 – Selbstzugang und Berufswahlsicherheit*

Zeigt die Treatmentgruppe gegenüber der Kontrollgruppe, dass ein veränderter Selbstzugang die Sicherheit in der Berufswahlentscheidung beeinflusst?

Nullhypothese:

Die Treatmentgruppe zeigt gegenüber der Kontrollgruppe nach dem SMS – Training, dass ein veränderter Selbstzugang die Sicherheit in der Berufswahlentscheidung nicht beeinflusst.

Alternativhypothese:

Die Treatmentgruppe zeigt gegenüber der Kontrollgruppe nach dem SMS – Training, dass ein veränderter Selbstzugang die Sicherheit in der Berufswahlentscheidung beeinflusst.

4.1.6 *Fragestellung* 6 – *Handlungsorientierung und Berufswahlsicherheit*

Zeigt die Treatmentgruppe gegenüber der Kontrollgruppe, dass eine veränderte Handlungsorientierung Einfluss auf die Berufswahlsicherheit ausübt?

Nullhypothese:

Die Treatmentgruppe zeigt gegenüber der Kontrollgruppe nach dem SMS – Training, dass eine veränderte Handlungsorientierung keinen Einfluss auf die Berufswahlsicherheit ausübt.

Alternativhypothese:

Die Treatmentgruppe zeigt gegenüber der Kontrollgruppe nach dem SMS – Training, dass eine veränderte Handlungsorientierung Einfluss auf die Berufswahlsicherheit ausübt.

4.2 Stichprobe

Um eine aussagekräftige Teilnehmerzahl zu erhalten, wurde die Studie über zwei Jahrgänge hinweg durchgeführt und die zu verschiedenen Messzeitpunkten erhobenen Daten zu einer Stichprobe zusammengefasst. An der Studie nahmen somit insgesamt 140 Schülerinnen und Schüler des Vorbereitungsjahrs Arbeit/ Beruf einer Sonderberufsfachschule an zwei verschiedenen Standorten teil. Die Experimentalgruppe umfasste insgesamt 74 Schüler (52,9 %), und die Kontrollgruppe 66 (47,1 %). Hinsichtlich des Geschlechts gliederte sich die Experimentalgruppe in 30 weibliche und 44 männliche Teilnehmer auf. Damit waren 40,54 Prozent der Teilnehmer weiblichen Geschlechts, männlichen Geschlechts waren hingegen 59,46 Prozent der Teilnehmer.

Die Aufteilung der Kontrollgruppe zeigte 30 weibliche Teilnehmer und 36 Teilnehmer männlichen Geschlechts. Der Anteil der weiblichen Teilnehmer verzeichnete somit insgesamt 45,45 Prozent, der Anteil der männlichen Teilnehmer 54,54 Prozent. Insgesamt umfassten die Probanden 60 weibliche Jugendliche, was einer Prozentzahl von 42,86 % entspricht, und 80 männlichen Jugendlichen, was 57,14 % umfasst.

		Gruppe		Gesamt
		Experimentalgruppe	Kontrollgruppe	
Geschlecht	weiblich	30	30	60
	männlich	44	36	80
Gesamt		74	66	140

Abb. 20: Geschlechterverteilung in der Experimental- und Kontrollgruppe

Das Alter der Teilnehmer lag zwischen 15 und 19 Jahren, das Durchschnittsalter lag somit insgesamt betrachtet bei 16,55 Jahren (SD = 0,949), wobei das Durchschnittsalter der Experimentalgruppe bei 16,34 Jahren (SD = 0,853) und das der Kontrollgruppe bei 16,79 Jahren (SD = 1.00) lag. Wird die Experimentalgruppe hinsichtlich des Alters und des Geschlechts aufgeteilt, zeigt sich bei den weiblichen Probanden ein Mittelwert von 16,30 Jahren und bei den männlichen Probanden ein Mittelwert von 16,37 Jahren. Bei der Kontrollgruppe erreicht die weibliche Gruppe einen Mittelwert von 16,83 Jahren und die männliche Gruppe einen Mittelwert von 16,75 Jahren.

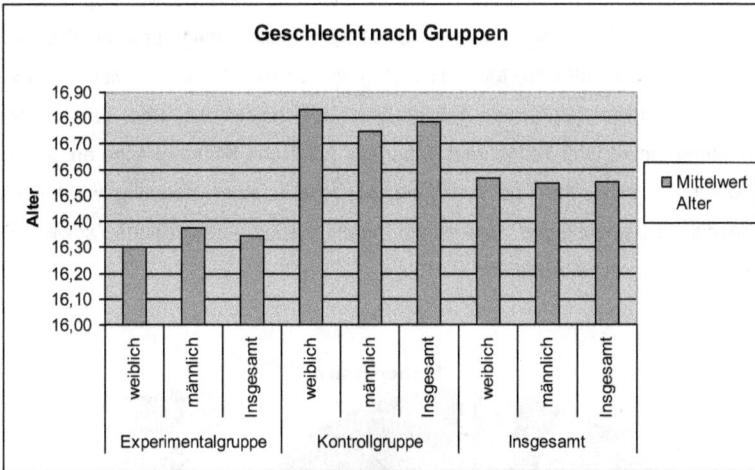

Abb. 21: Überblick Geschlechter- und Altersverteilung nach Gruppen

Hinsichtlich der Anzahl der Muttersprachen konnten auf Seiten der Teilnehmer 16 Muttersprachen erhoben werden.

Gruppe * Muttersprache Kreuztabelle

Anzahl

		Muttersprache							
		deut.	türk.	russ.	Ital.	bosn.	kurd.	griech.	span.
Gruppe	Experimentalgr.	42	10	6	3	1	2	1	1
	Kontrollgruppe	43	9	2	3	0	0	0	0
Gesamt		85	19	8	6	1	2	1	1

		Muttersprache						Gesamt
		alban.	poln.	rumän.	franz.	chines.	engl.	
Gruppe	Experimentalgr.	5	1	2	0	0	0	74
	Kontrollgruppe	4	2	0	1	1	1	66
Gesamt		9	3	2	1	1	1	140

Abb. 22: Übersicht der Muttersprachen nach Gruppen

Insgesamt nahmen 85 Schüler mit deutscher Muttersprache teil, sie verteilten sich mit 42 zu 43 Personen auf die Experimental- und Kontrollgruppe. An zweiter Stelle hinsichtlich der Häufigkeit folgte die türkische Muttersprache mit insgesamt 19 Nennungen, wovon 10 auf die Experimentalgruppe und 9 auf die Kontrollgruppe entfallen. Mit 9 Teilnehmern war die albanische Muttersprache die drittstärkste Sprache, gefolgt von der russischen und italienischen Muttersprache. Drei Teilnehmer gaben die polnische Muttersprache an, jeweils zwei die rumänische und kurdische. Mit jeweils einer Nennung wurden die bosnische, griechische, spanische, französische, chinesische sowie die englische Sprache aufgeführt.

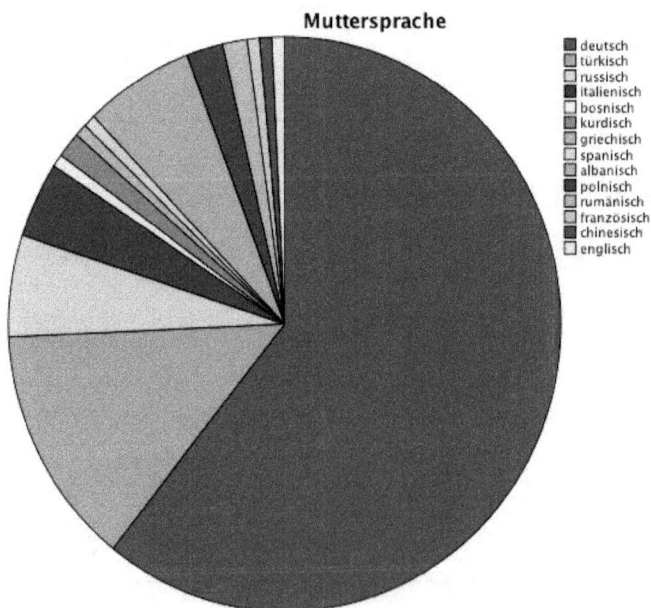

Muttersprache

- deutsch
- türkisch
- russisch
- italienisch
- bosnisch
- kurdisch
- griechisch
- spanisch
- albanisch
- polnisch
- rumänisch
- französisch
- chinesisch
- englisch

Abb. 23: Gesamtübersicht – Muttersprachen der Studienteilnehmer

In der Summe waren 85 Teilnehmer mit deutscher Muttersprache beteiligt, wovon 53 männlich und 32 weiblichen Geschlechts waren. Bei den 55 Teilnehmern mit nichtdeutscher Muttersprache war die Gruppe in 28 weibliche und 27 männliche Personen aufgeteilt. Der Anteil der Schüler mit nichtdeutscher Muttersprache lag im Verhältnis zu den Jugendlichen mit deutscher Muttersprache betrachtet bei 39,29 %. Dies bedeutet, dass 46,67 % der weiblichen Teilnehmer nichtdeutscher Herkunft waren, während der Anteil der nichtdeutschen Muttersprachler unter der männlichen Gruppe bei 33,75 % lag. Der Anteil der Schüler mit deutscher Muttersprache lag somit bei den weiblichen Probanden bei 53,33 % und bei den männlichen Probanden bei 66,25 %.

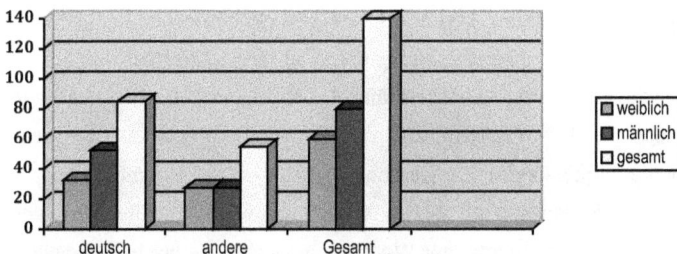

Abb. 24: Studienteilnehmer nach Muttersprache

Wird die Stichprobe mit dem Bildungsbericht des Ostalbkreises verglichen, zeigt sich, dass an der Gesamtschülerzahl der Sonderberufsfachschule der Anteil der Jugendlichen bei 39,29 % liegt. Es wurde im Bildungsbericht darauf verwiesen, dass der Anteil der Menschen unter 20 Jahren bei 22 % lag. Somit lässt sich festhalten, dass an der Sonderberufsfachschule noch immer eine deutliche Überrepräsentation der Schüler mit Migrationshintergrund vorzufinden ist.

Im Bildungsbericht von 2011 wurde von einem Frauenanteil in den Übergangssystemen von 48 % gesprochen (vgl. Gehrmann et al. 2011, S. 109ff.). In dieser Studie waren 42,86 % der Teilnehmer weiblichen Geschlechts, somit hat sich deren Anteil verringert, so dass in der Konsequenz ein Überhang der männlichen Teilnehmer mit 57,14 % festzuhalten ist.

4.3 Beschreibung der Durchführung

Die Durchführung der Studie begann im Mai 2013 mit einer ersten Kontaktaufnahme zum Schulleiter. Dessen Zusage ermöglichte ein Zusammentreffen mit den unterrichtenden Lehrkräften. In einem ersten Treffen wurde das SMS – Training und das damit verbundene Forschungsvorhaben kurz präsentiert. Wichtig in diesem Zusammenhang war es, die Motivation zur Durchführung des Trainings zu erreichen. Nach der positiven Zustimmung durch die zuständigen Lehrer wurde ein so genanntes Lehrertraining über etwa vier Zeitstunden durchgeführt mit dem Ziel, den Inhalt des SMS – Trainings so aufzubereiten, dass die Lehrkräfte im Anschluss daran in der Lage waren, dieses im Unterricht durchzuführen (siehe Anhang 10.1). Auf diese Weise konnte gewährleistet werden, dass die Durchführung in den Experimentalklassen in ähnlichem Umfang und mit ähnlichen Bedingungen erfolgte. Ebenso wurde, zur Wahrung möglichst identischer Bedingungen, die gesamte Erhebung aller Fragebögen jeweils durch ein und dieselbe Person durchgeführt.

Die Schüler der Experimental- sowie der Kontrollgruppe durchliefen einen Pretest, bestehend aus dem Selbstzugangsfragebogen (SZF), dem Fragebogen „zur Erfassung der Handlungskontrolle nach Erfolg, Misserfolg und prospektiv" (HAKEMP – 90) und dem Fragebogen „Einstellungen zur Berufswahl und beruflichen Arbeit" (EBwA). Die Experimentalgruppe bearbeitete zudem einen Fragebogen zu den „Erfahrungen der Jugendlichen mit dem Trainingsprogramm". Nach den Pretests durchliefen die Schüler der Experimentalgruppe unter der Durchführung der Lehrer das SMS-Trainingsprogramm. Das Training wurde zeitlich parallel in allen Klassen der Experimentalgruppe absolviert, um wiederum möglichst ähnliche Bedingungen geschaffen zu haben. Hierdurch konnte verhindert werden, dass sich die Schüler gegenseitig über die Inhalte des Trainings informieren oder sich gar gegenseitig beeinflussen konnten. Nach Beendigung des Treatments erfolgte der Abschluss der Untersuchung durch Posttests in allen Klassen. Sowohl die

Experimental- als auch die Kontrollgruppe bearbeiteten erneut den Selbstzugangsfragebogen (SZF), den „Fragebogen zur Erfassung der Handlungskontrolle nach Erfolg, Misserfolg und prospektiv" (HAKEMP 90) und den „Fragebogen zur Einstellung der Berufswahl und der beruflichen Arbeit" (EBwA). Die Experimentalgruppe füllte zudem wiederum den Fragebogen zu den „Erfahrungen der Jugendlichen mit dem Trainingsprogramm" aus und beantwortete zusätzlich noch in schriftlicher Form einige qualitative Fragen zur Auswertung des SMS - Trainings. Um zusätzliche Besonderheiten und weitere Informationen zur Anwendbarkeit auf diese Zielgruppe der Sonderberufsfachschüler zu erhalten, wurde eine Art Trainings – Tagebuch für die durchführenden Lehrkräfte installiert. Es sollten Auffälligkeiten und Reaktionen der Schüler der Experimentalgruppen notiert werden.

Das beschriebene Vorgehen war in beiden Testungsdurchläufen, sowohl im Durchlauf der Experimental- und Kontrollgruppe im Frühsommer als auch im Herbst, identisch. Zur Veranschaulichung der einzelnen Schritte der Durchführung wird nun ein Zeitplan in tabellarischer Form dargestellt.

Mai 2013	Messzeitpunkt 1 (Pre)
	Fragebogenerhebung - Experimentalgruppe 1
	Fragebogenerhebung - Kontrollgruppe 1
Mai – Juli 2013	Treatment - Experimentalgruppe 1
	Juli 2013 Messzeitpunkt 2 (Post)
	Fragebogenerhebung - Experimentalgruppe 1
	Fragebogenerhebung - Kontrollgruppe 1
Sept. 2013	Messzeitpunkt 3 (Pre)
	Fragebogenerhebung - Experimentalgruppe 2
	Fragebogenerhebung - Kontrollgruppe 2
Sept. – Nov. 2013	Treatment - Experimentalgruppe 2
Nov. 2013	Messzeitpunkt 4 (Post)
	Fragebogenerhebung Experimentalgruppe 2
	Fragebogenerhebung Kontrollgruppe 2

4.4 Darstellung des Auswertungsverfahrens

Vor dem Einstieg in die Berechnungen wurden zunächst bei allen Fragebögen mit vorgegebenem Antwortformat, also dem Selbstzugangsfragebogen, dem HAKEMP 90, dem EBwA sowie dem Fragebogen „Erfahrungen der Jugendlichen mit dem Trainingsprogramm" alle notwendigen Items umkodiert, so dass alle Merkmalsausprägungen innerhalb der Skalen dieselbe Richtung vorwiesen.

4.4.1 *Fragebereiche 1, 2 und 3: Veränderungshypothesen*

Nachdem die grundsätzlichen Vorgehensweisen zur Auswertung der Fragebögen dargelegt wurden, sollen hier die konkreten Auswertungsschritte zur Berechnung der Fragenbereiche 1, 2 und 3 dargestellt werden, da sie bzgl. des Vorgehens weitgehend identisch sind.

Da im vorliegenden Fall der „natürlichen" Gruppe der Schulklassen auf eine Randomisierung verzichtet wurde, wurden Vortests durchgeführt. „Pretests sind erforderlich, wenn [...] die Stichproben zu klein sind, um den zufälligen Ausgleich personenbedingter Störvariablen in Experimental- und Kontrollgruppe trauen zu können" (Bortz & Döring 2006, S. 548). Diese Vortests wurden vor der Hypothesenüberprüfung mit dem Statistikprogramm SPSS durchgeführt, indem ein Levene-Test zur Varianzgleichheit sowie ein T-Test für unabhängige Stichproben berechnet wurde, in welchem die Niveaus der Experimental- mit der Kontrollgruppe verglichen wurden.

Nach diesen Vortests wurde mit der Hypothesenüberprüfung begonnen. Da die ersten drei Hypothesen sich auf Mittelwertveränderungen der jeweiligen Skalen bezogen, wurden jeweils die Mittelwerte der Experimental- und Kontrollgruppe zu beiden Messzeiträumen in Beziehung zueinander gesetzt - bei Hypothese 1 hinsichtlich des EBwAs, bei Hypothese 2 hinsichtlich des Selbstzugangsfragebogens und bei Hypothese 3 hinsichtlich des HAKEMP 90.

Bezüglich des EBwA würde eine Verringerung des Mittelwerts ein positiver Effekt bedeuten, da die Werte umgekehrt sind. Beim Selbstzugangsfragebogen sowie beim HAKEMP 90 werden ansteigende Werte als positive Effekte gewertet.

Der HAKEMP 90 weicht in seinem Auswertungsschema von den beiden anderen Fragebögen insofern ab, als dass eine Umkodierung seiner Antwortmöglichkeiten durchgeführt werden musste. Im ersten Schritt wurde bestimmt, welche Antwortmöglichkeit im dichotomen Antwortformat jeweils die handlungs- und welche die lageorientierte Alternative darstellte. Der lageorientierten Antwort wurde der Wert 0 zugeordnet, der handlungsorientierten Option der Wert 1. Im nächsten Auswertungsschritt wurden die 12 Antworten aufsummiert. Bei einem Summenwert zwischen 0 und 5 wird eine Person als lageorientiert, bei einem Summenwert von 6 bis 12 wird eine Person als handlungsorientiert bezeichnet. Es wurde nun anhand der Mittelwertberechnung der Experimental- und der Kontrollgruppe zu beiden Messzeitpunkten die Veränderungen hinsichtlich der Lage- bzw. Handlungsorientierung der Schüler berechnet.

Bei allen drei Fragestellungen wurde untersucht, inwiefern ein signifikantes Ergebnis vorliegt. Die Berechnung der Signifikanz erfolgte ebenfalls mittels des Statistikprogramms SPSS.

Ein weiteres Interesse war die Berechnung des so genannten „Nettoeffekts" des Treatments hinsichtlich der genannten Fragebögen. Hierzu verweisen Bortz und Döring (2006, S. 559) auf die Berechnung der „Differenz der Veränderung der Experimental- und der Kontrollgruppe" nach Rossi und Freeman (1985). Das dazugehörige „Schema zur Ermittlung des Treatmenteffekts" wird in folgender Tabelle dargestellt:

	Pretest	Posttest	Differenz
Experimentalgruppe	E1	E2	E = E1 – E2
Kontrollgruppe	K1	K2	K = K1 – K2
			Nettoeffekt = E – K

Abb. 25: Darstellung der Ermittlung des Treatmenteffekts

Der Nettoeffekt kann als statistisch signifikant bezeichnet werden, wenn die Veränderung der Werte der Experimentalgruppe als signifikant anzusehen ist (vgl. Bortz & Döring 2006, S. 559f.). Potentielle Einflüsse wie die Zeit, Reifungsprozesse oder die Bewusstwerdung des Themas durch den Pretest werden durch die Installation der Kontrollgruppe berücksichtigt. Falls diesen Aspekten geschuldete Veränderungen wirksam wären, würde die gleiche Veränderung in der Kontrollgruppe registriert.

Der von Monigl et al. (2011) speziell für das Training entwickelte Fragebogen „Erfahrungen der Jugendlichen mit dem Trainingsprogramm" wurde lediglich von der Experimentalgruppe ausgefüllt, da er sich auf die Inhalte des Programms bezog. Die 9 Items des Fragebogens wurden derart ausgewertet, dass zu jedem einzelnen Item der Mittelwert zu beiden Messzeitpunkten gebildet wurde. Für die Items 1 - 5 wurde ein gemeinsamer Mittelwert gebildet, da diese Items sich allesamt auf Veränderungen einzelner Komponenten des Selbstkonzepts beziehen. Die Mittelwerte der Experimentalgruppe wurden dazu zu beiden Messzeitpunkten verglichen. Die Darstellung der Ergebnisse der Items 1-5 wurde aufgrund der thematischen Verknüpfung bei der Fragestellung 2 bzgl. der Veränderungen der Selbsteinschätzung aufgenommen.

4.4.2 Fragenbereiche 4, 5 und 6: Korrelationen

Untersuchungen zur Überprüfung von Zusammenhangshypothesen werden als Interdependenzanalysen bezeichnet. Korrelationen werden berechnet, um die Stärke des Zusammenhangs zweier unabhängiger Variablen zu bestimmen. Mittels SPSS können verschiedene Korrelationskoeffizienten berechnet werden. Grundvoraussetzungen für den Pearson-Korrelationskoeffizient ist einerseits das Intervallskalenniveau der beiden Variablen, welches bei den vorliegenden Fragebögen EBwA und SZF gegeben ist. Eine weitere Voraussetzung für die Berechnung des Pearson-Korrelationskoeffizienten ist die Normalverteilung der Variablen, welche somit vor der Berechnung überprüft werden muss. Bezüglich der Korrelation wird zudem ein Signifikanztest durchgeführt, welcher ermittelt, inwiefern die errechnete Korrelation eine Signifikanz vorweisen kann. Nach Sedlmeier und Renkewitz (2008, S. 221) werden in Anlehnung an Cohen zur Interpretation der Stärke des Zusammenhangs zwischen den Variablen folgende Werte vorgeschlagen:

$r = .10$ schwache Korrelation
$r = .30$ mittlere Korrelation
$r = .50$ starke Korrelation.

Da der Korrelationskoeffizient lediglich lineare Zusammenhänge ermitteln kann, werden in der Hypothesenüberprüfung mittels SPSS Streudiagramme erstellt, um den Zusammenhang zwischen den Variablen grafisch darzustellen. Es wird davon ausgegangen, dass der lineare Zusammenhang zwischen den Variablen umso höher ist, je deutlicher sich die Annäherung der Messpunkte an die Gerade vollzieht.

4.4.3 *Qualitative Daten*

Erhoben wurden die qualitativen Daten der Experimentalgruppe durch den eigens für den Posttest entwickelten Fragebogen. Die qualitativen Daten der Lehrer wurden durch das Lehrertagebuch gewonnen.

Im ersten Schritt wurden die Antworten der Schüler und Lehrer transkribiert. Der Lesbarkeit halber wurden die Rechtschreibfehler der Schüler verbessert und einzelne Worte ins Hochdeutsche übertragen. Auch wurde die Zeichensetzung überarbeitet. Die Daten der Lehrer wurden außerdem in einer Tabelle, welche im Anhang ersichtlich ist, paraphrasiert (siehe Anhang 10.2.3 & 10.2.4).

Tagebücher werden in der Forschung häufig anhand der Dokumentenanalyse bearbeitet, indem sie „mit einem festen, standardisierten Kategorienschema untersucht" werden (Lamnek 2010, S. 456). „Bei der Analyse und Interpretation von Dokumenten (i.w.S.) handelt es sich um eine überaus intensive, kleinste Details miteinbeziehende Exploration und Inspektion von sinnhaltigen Materialien unterschiedlichster Natur, wobei dieses Material bereits vorliegt, d.h. *nicht durch bestimmte Forschungsaktivitäten erst erzeugt werden musste* - sieht man einmal davon ab, dass die Entscheidung für ein bestimmtes Thema bzw. ein bestimmtes Dokument in gewisser Weise bereits ein konstruktiver, ‚erzeugender Akt' ist" (Terhart 1997, S. 34). Anhand dieser Definition wird das Lehrertagebuch nicht in die Kategorie fallen, für die eine Dokumentenanalyse erforderlich ist, da diese Tagebücher explizit für die Beobachtungen für das SMS-Training erzeugt wurden. Somit erfolgte die Auswertung der Lehrertagebücher ebenso wie die qualitativen Daten der Schüler mit Hilfe inhaltsanalytischer, computergestützter Verfahren und in Anlehnung an die Schritte von Mayring (2010, S. 113ff.) folgendermaßen:

1. Zusammenfassung:

Der Schritt der Zusammenfassung des qualitativen Textmaterials konnte bei den Daten der Schüler modifiziert werden, da ihre Antworten zu den Fragestellungen sehr kurz und prägnant waren. Das Datenmaterial wurde unter der Suche nach ähnlichen Begrifflichkeiten, Schlüsselwörtern oder Begriffskombinationen analysiert und darauf überprüft, inwiefern inhaltliche Kategorien gebildet werden konnten. Diese „zusammenfassende Inhaltsanalyse" beinhaltete, dass das Datenmaterial auf eine überblickbare Kurzversion reduziert wurde, welche lediglich die bedeutsamsten Inhalte umfasste. Arbeitsmethoden waren Paraphrasieren, Reduktion und Generalisierung (vgl. Lamnek 2010, S. 473.). So wurden alle Schülerantworten zu den sechs verschiedenen Fragen nacheinander in einer Word-Datei erfasst, um die Antworten in einer Übersicht zu haben und die nächsten Auswertungsschritte umsetzen zu können. Bei den Lehrertagebüchern wurden mit Hilfe einer Tabelle die Passagen der Transkription mit den zugehörigen Paraphrasen sowie den Reduktionsschritten deutlich gemacht.

2. Induktive Kategorienbildung:

In diesem Schritt wurden dem Text unmittelbar neue Kategorien zugeordnet. Die Kategorienbezeichnungen wurden im Prozess immer wieder aktualisiert und präzisiert. Die induktiv gebildeten Kategorien wurden zu Hauptkategorien zusammengenommen, sodass die jeweiligen Hauptkategorien auch unter dem Gesichtspunkt der Häufigkeit der Nennungen analysiert werden konnten. Konkret wurden aus den Schüler- wie Lehrerdaten induktive Kategorien in einer Excel-Datei gebildet und zu Hauptkategorien zusammengeführt.

3. Inhaltliche Strukturierung:

Aus dem vorliegenden Textmaterial wurden zu Beginn der Strukturierung diejenigen Inhalte und Themen herausgefiltert, mit denen eine Weiterverarbeitung hinsichtlich der oben ausgeführten Fragestellung

(Anwendbarkeit des Trainings auf die Zielgruppe, Adaptionsnotwendigkeiten etc.) sinnvoll erschien. Das Material konnte an dieser Stelle auf die zentralen Inhalte komprimiert werden. In der vorliegenden Studie wurden somit die bedeutsamsten Nennungen herausgefiltert, um Aussagen über die Wirksamkeit und Anpassungsnotwendigkeiten für die Zielgruppe treffen zu können.

4. *Typisierende Strukturierung:*

Dieser Schritt umfasste die Aufgabe, häufig besetzte Nennungen im Material herauszufiltern. Für alle Typisierungsdimensionen wurden die häufig benannten Ausprägungen identifiziert, dies erfolgte in der vorliegenden Studie ganz praktisch durch die Summierung der empirischen Häufigkeiten bei den verschiedenen Kategorien der Schülerdaten. Zu diesen Kategorien wurden „prototypische Textstellen" herausgesucht und für die Endauswertung bestimmt.

5 Vergleichende Analyse – Hypothesenüberprüfung

Im Anschluss an die zuvor aufgezeigte Darstellung der Messinstrumente sollen im folgenden Kapitel die Überprüfungen der Hypothesen und ihre Ergebnisse präsentiert werden. Dazu werden zunächst die verwendeten Daten charakterisiert und mit Hilfe von Graphiken veranschaulicht.

In einem zweiten Schritt werden die Berechnungen, die mit dem Statistikprogramm „Statistical Package for the Social Sciences" (SPSS) durchgeführt wurden, präsentiert und visualisiert dargestellt. Zur statistischen Überprüfung werden dabei für die Auswertung der Fragestellungen die Null- und die Alternativhypothesen herangezogen. Wie bereits erwähnt wurde in der vorliegenden Studie auf eine Randomisierung verzichtet, da „natürliche Gruppen" in Form von Schulklassen als Testteilnehmer herangezogen wurden. Dies erfordert jedoch Vortests zur Erfassung der Ausgangssituationen sowohl der Experimental- als auch Kontrollgruppe. So kann überprüft werden, ob ein gleiches Niveau der Gruppen hinsichtlich ihres Kenntnisstandes gegeben ist.

Bevor jedoch die Hypothesenauswertung erfolgt, ist es zunächst erforderlich, die jeweiligen gemessen Werte der Stichproben auf Normalverteilungen bezüglich der Population, für die das Untersuchungsergebnis gelten soll, zu überprüfen. Dies wurde mittels des Kolmogorov – Smirnov – Tests und des Chi – Quadrat – Tests durchgeführt.

Die Ergebnisse in nachfolgender Tabelle zeigen, dass von normalverteilten Werten der Stichproben ausgegangen werden kann (siehe Anhang 10.3.7):

Übersicht über Hypothesentest

	Nullhypothese	Test	Sig.	Entscheidung
3	Die Verteilung von Vor_Mittelwert ist normal mit Mittelwert 3,10 und Standardabweichung 0,37.	Kolmogorov-Smirnov-Test einer Stichprobe	,435	Nullhypothese behalten.
7	Die Verteilung von vor_6_9_Mittelwert ist normal mit Mittelwert 3,17 und Standardabweichung 0,58.	Kolmogorov-Smirnov-Test einer Stichprobe	,239	Nullhypothese behalten.
5	Die Verteilung von Vor_1_5_Mittelwert ist normal mit Mittelwert 3,04 und Standardabweichung 0,42.	Kolmogorov-Smirnov-Test einer Stichprobe	,280	Nullhypothese behalten.
4	Die Verteilung von Nach_Mittelwert ist normal mit Mittelwert 2,80 und Standardabweichung 0,54.	Kolmogorov-Smirnov-Test einer Stichprobe	,867	Nullhypothese behalten.
8	Die Verteilung von nach_6_9_Mittelwert ist normal mit Mittelwert 2,68 und Standardabweichung 0,78.	Kolmogorov-Smirnov-Test einer Stichprobe	,086	Nullhypothese behalten.
6	Die Verteilung von Nach_1_5_Mittelwert ist normal mit Mittelwert 2,89 und Standardabweichung 0,63.	Kolmogorov-Smirnov-Test einer Stichprobe	,522	Nullhypothese behalten.
11	Die Verteilung von Ind_Mittelwert_SEZU_Pre ist normal mit Mittelwert 2,62 und Standardabweichung 0,30.	Kolmogorov-Smirnov-Test einer Stichprobe	,167	Nullhypothese behalten.
12	Die Verteilung von Ind_Mittelwert_SEZU_Post ist normal mit Mittelwert 2,64 und Standardabweichung 0,31.	Kolmogorov-Smirnov-Test einer Stichprobe	,834	Nullhypothese behalten.
9	Die Verteilung von Ind_Mittelwert_EbwA_Pre ist normal mit Mittelwert 2,26 und Standardabweichung 0,39.	Kolmogorov-Smirnov-Test einer Stichprobe	,935	Nullhypothese behalten.
10	Die Verteilung von Ind_Mittelwert_EbwA_Post ist normal mit Mittelwert 2,22 und Standardabweichung 0,42.	Kolmogorov-Smirnov-Test einer Stichprobe	,983	Nullhypothese behalten.
13	Die Verteilung von Ind_Gesamt_SEZU_Pre ist normal mit Mittelwert 41,95 und Standardabweichung 4,87.	Kolmogorov-Smirnov-Test einer Stichprobe	,167	Nullhypothese behalten.
14	Die Verteilung von Ind__Gesamt_SEZU_Post ist normal mit Mittelwert 42,31 und Standardabweichung 5,04.	Kolmogorov-Smirnov-Test einer Stichprobe	,834	Nullhypothese behalten.
2	Die Kategorien von H_Pre_Summe treten mit gleichen Wahrscheinlichkeiten auf.	Chi-Quadrat-Test einer Stichprobe	,638	Nullhypothese behalten.
1	Die Kategorien von H_Post_Summe treten mit gleichen Wahrscheinlichkeiten auf.	Chi-Quadrat-Test einer Stichprobe	,369	Nullhypothese behalten.

Asymptotische Signifikanzen werden angezeigt. Das Signifikanzniveau ist ,05.

Abb. 26: Übersicht: Hypothesentests zur Normalverteilung

5.1.1 *Hypothesenüberprüfung 1 – Berufswahlsicherheit*

Zeigt die Treatmentgruppe gegenüber der Kontrollgruppe nach dem SMS – Training Veränderungen hinsichtlich der Sicherheit bei der Berufswahl?

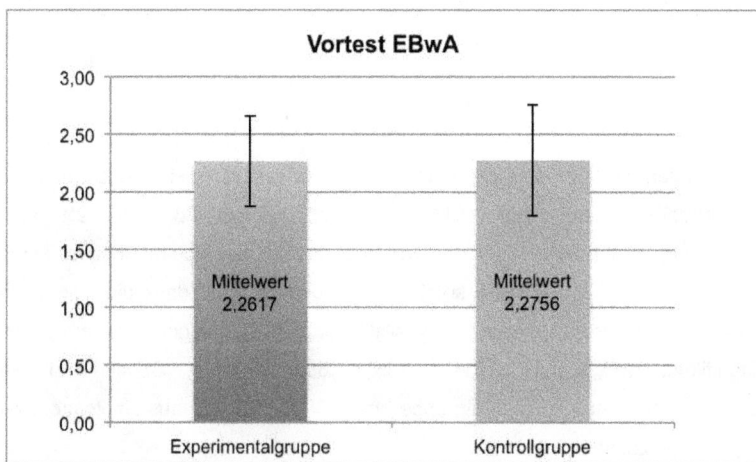

Abb. 27: Vortest EBwA

Der Vortest ergab beim Levene-Test der Varianzgleichheit, dass keine Signifikanz gegeben ist (p=.135). Somit sind die Varianzen als gleich einzustufen. Der T-Test für die Mittelwertgleichheit ergab ebenfalls keine Signifikanz ($t(136)$=-.189, p=.851). Somit sind die Experimental- und die Kontrollgruppe hinsichtlich ihres Niveaus als gleich anzusehen. Nach dieser Feststellung kann nun die eigentliche Fragestellung empirisch überprüft werden, indem die Veränderung der Mittelwerte für beide Gruppen über die beiden Messzeitpunkte errechnet wird.

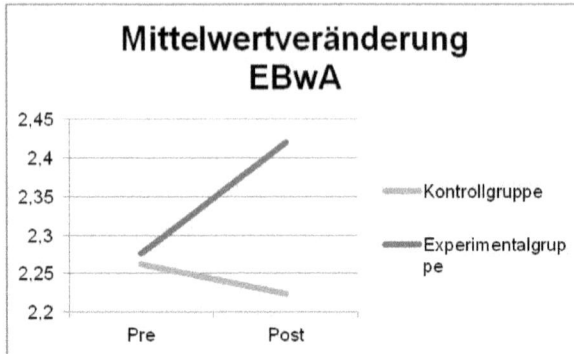

Abb. 28: Mittelwertveränderung EBwA

Es konnten bei der Berechnungen zum 1. Messzeitpunkt 138 Datensätze verwendet werden, zum 2. Messzeitpunkt standen 88 Datensätze zur Verfügung. Der Levene-Test der Varianzgleichheit zeigt beim Posttest keine Signifikanz ($p=.277$), es wird somit davon ausgegangen, dass die Varianzen gleich sind. Über den T-Test für die Mittelwertgleichheit konnte eine marginale Signifikanz aufgezeigt werden ($t(86)=-1,887$, $p=.062$). Somit sind die Experimental- und die Kontrollgruppe hinsichtlich ihres Niveaus im Posttest als ungleich anzusehen.

		Pre	Post	Differenz
Experimentalgruppe	Mittelwert	2,2617	2,2236	-0,0381
Kontrollgruppe	Mittelwert	2,2756	2,4205	0,1449
	Nettoeffekt			**-0,183**

Abb. 29: Nettoeffekt des EBwA infolge des Treatments

Hinsichtlich des Nettoeffekts konnte eine Veränderung der Experimentalgruppe zur Kontrollgruppe von -0,183 ermittelt werden. Da die Veränderung der Werte der Experimentalgruppe als marginal signifikant anzusehen sind, kann der Nettoeffekt ebenfalls als statistisch marginal signifikant bezeichnet werden. Aufgrund der marginal signifikanten Veränderungen der Experimentalgruppe im Vergleich zur Kontrollgruppe kann die Nullhypothese verworfen und die Alternativhypothese angenommen werden:

Die Treatmentgruppe zeigt gegenüber der Kontrollgruppe nach dem SMS –
Training eine Veränderung hinsichtlich der Sicherheit bei der Berufswahl.

5.1.2 Hypothesenüberprüfung 2 – Selbstzugang

Zeigt die Treatmentgruppe gegenüber der Kontrollgruppe nach dem SMS-
Training Veränderungen hinsichtlich des Selbstzugangs?

Im ersten Schritt wird ein Vortest durchgeführt, um Klarheit über die
Vergleichbarkeit der Gruppen hinsichtlich ihres Niveaus zu erhalten.

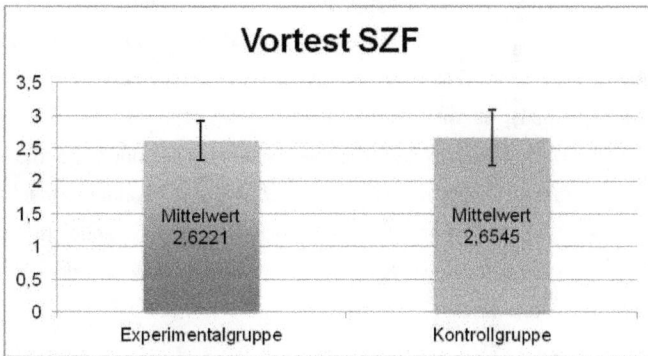

Abb. 30: Mittelwertveränderung SZF

Der Vortest ergab beim Levene-Test der Varianzgleichheit, dass eine
Signifikanz gegeben ist (p=.008). Somit sind die Varianzen als ungleich
einzustufen. Der T-Test für die Mittelwertgleichheit ergab keine Signifikanz
($t(95,970)=0,473$, p=.637). Somit sind die Experimental- und die Kontrollgruppe
hinsichtlich ihres Niveaus als gleich anzusehen. Nach dieser Feststellung kann
nun die eigentliche Fragestellung empirisch überprüft werden, indem die
Veränderung der Mittelwerte für beide Gruppen über die beiden Messzeitpunkte
errechnet wird.

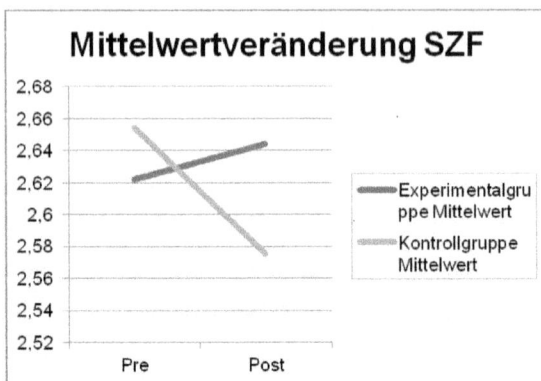

Abb. 31: Mittelwertveränderung SZF

Es konnten bei der Berechnungen zum 1. Messzeitpunkt 120 Datensätze verwendet werden, zum 2. Messzeitpunkt standen 77 Datensätze zur Verfügung. Der Levene-Test der Varianzgleichheit zeigt beim Posttest keine Signifikanz (p=.681), es wird somit davon ausgegangen, dass die Varianzen gleich sind. Über den T-Test für die Mittelwertgleichheit konnte keine Signifikanz aufgezeigt werden ($t(75)$=.910 p=.366). Somit konnten zwischen der Experimental- und der Kontrollgruppe hinsichtlich ihres Niveaus im Posttest Veränderungen in den Mittelwerten festgestellt werden, welche jedoch als nicht signifikant eingestuft werden können.

		Pre	Post	Differenz
Experimentalgruppe	Mittelwert	2,6221	2,6443	0,0222
Kontrollgruppe	Mittelwert	2,6545	2,575	-0,0795
	Nettoeffekt			**0,1017**

Abb. 32: Nettoeffekt des SZF infolge des Treatments

Hinsichtlich des Nettoeffekts konnte eine Veränderung der Experimentalgruppe zur Kontrollgruppe von 0,1017 ermittelt werden. Da die Veränderung der Werte der Experimentalgruppe jedoch als nicht signifikant anzusehen sind, kann der Nettoeffekt ebenfalls als statistisch nicht signifikant bezeichnet werden.

Aufgrund der nicht signifikanten Veränderungen der Experimentalgruppe im Vergleich zur Kontrollgruppe muss die Alternativhypothese verworfen und die Nullhypothese angenommen werden: Die Treatmentgruppe zeigt gegenüber der Kontrollgruppe nach dem SMS – Training keine Veränderung hinsichtlich des Selbstzugangs.

Eine weitere Untersuchung der Veränderungen des Selbstzugangs innerhalb der Experimentalgruppe durch den Fragebogen „Erfahrungen der Jugendlichen mit dem Trainingsprogramm" von Monigl et al. (2011) wurde an dieser Stelle zur Hypothesenüberprüfung integriert. Zunächst wurde die Experimentalgruppe in zwei Gruppen eingeteilt: Die Gruppe der Jugendlichen mit positiver Selbsteinschätzung (Mittelwert $\geq$ 3) sowie die Gruppe der Jugendlichen mit weniger positiver Selbsteinschätzung (Mittelwert < 3).

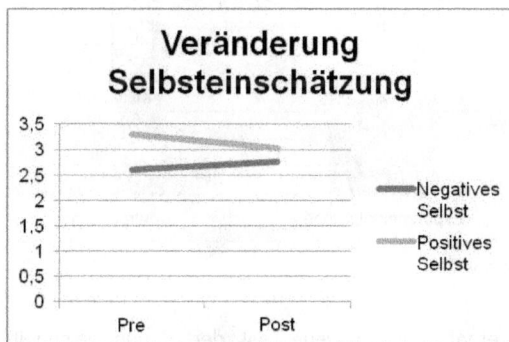

Abb. 33: Veränderung der Selbsteinschätzung der Treatmentgruppe

Die Gruppe der Jugendlichen mit einer positiven Selbsteinschätzung wies vor dem Training einen Mittelwert von 3,2925 auf und nach dem Treatment von 3,0194. Die Gruppe der Jugendlichen mit weniger positiver Selbsteinschätzung zeigte vor dem Training einen Mittelwert von 2,5978 und nach dem Training einen Mittelwert von 2,76. Somit glichen sich die Jugendlichen mit positiver und weniger positiver Selbsteinschätzung im Verlauf des Treatments hinsichtlich des Mittelwerts aneinander an.

5.1.3 *Hypothesenüberprüfung 3 – Handlungsorientierung*

Zeigt die Treatmentgruppe gegenüber der Kontrollgruppe nach dem SMS-Training Veränderungen hinsichtlich der Handlungsorientierung?

Auch hier wird zunächst ein Vortest durchgeführt, um Aussagen über die Vergleichbarkeit der Gruppen hinsichtlich ihres Niveaus zu erhalten.

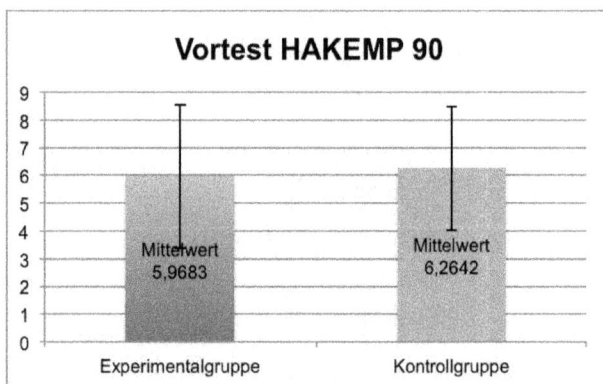

Abb. 34: Vortest HAKEMP 90

Der Vortest ergab beim Levene-Test der Varianzgleichheit, dass keine Signifikanz gegeben ist (*p*=.254). Somit sind die Varianzen als gleich zu betrachten. Der T-Test für die Mittelwertgleichheit ergab keine Signifikanz (*t(114)=-0,655, p*=.514). Somit sind die Experimental- und die Kontrollgruppe hinsichtlich ihres Niveaus als gleich anzusehen. Infolge dieser Feststellung kann nun zur Überprüfung der Fragestellung übergegangen werden, indem die Veränderung der Mittelwerte zur Lage- bzw. Handlungsorientierung für beide Gruppen über die beiden Messzeitpunkte überprüft wird.

Mittelwertvergleich HAKEMP 90

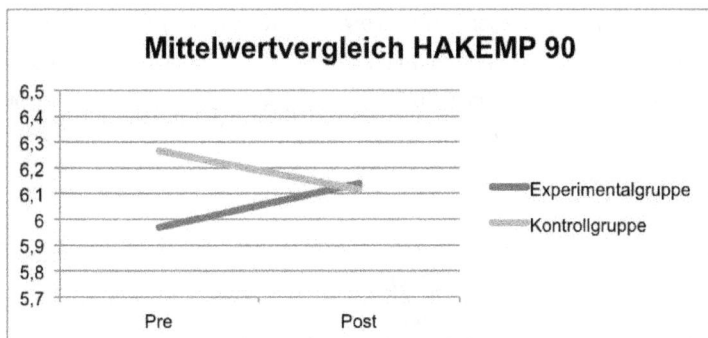

Abb. 35: Mittelwertveränderung HAKEMP 90

Es konnten bei der Berechnungen zum 1. Messzeitpunkt 116 Datensätze verwendet werden, zum 2. Messzeitraum standen 78 Datensätze zur Verfügung. Der Levene-Test der Varianzgleichheit zeigt beim Posttest keine Signifikanz (p=.531), somit wird angenommen, dass die Varianzen gleich sind. Über den T-Test für die Mittelwertgleichheit konnte ebenfalls keine Signifikanz aufgezeigt werden ($t(76)$=.039, p=.969). Somit konnten zwischen der Experimental- und der Kontrollgruppe hinsichtlich ihres Niveaus im Posttest Veränderungen in den Mittelwerten festgestellt werden, ihnen kann jedoch keine Signifikanz zugesprochen werden.

		Pre	Post	Differenz
Experimentalgruppe	Mittelwert	5,9683	6,1395	0,1712
Kontrollgruppe	Mittelwert	6,2642	6,1143	-0,1499
	Nettoeffekt			**0,3211**

Abb. 36: Nettoeffekt des HAKEMP 90 infolge des Treatments

Hinsichtlich des Nettoeffekts konnte eine Veränderung der Experimentalgruppe zur Kontrollgruppe von 0,3211 ermittelt werden. Der Nettoeffekt kann jedoch nicht als statistisch signifikant eingestuft werden, da die Veränderung der Werte der Experimentalgruppe im Mittelwertvergleich als nicht signifikant anzusehen sind.

Da die Veränderungen der Experimentalgruppe im Vergleich zur Kontrollgruppe keine Signifikanz vorweisen, muss die Alternativhypothese verworfen und die Nullhypothese angenommen werden: Die Treatmentgruppe zeigt gegenüber der Kontrollgruppe nach dem SMS – Training keine Veränderung hinsichtlich der Handlungsorientierung.

5.1.4 Hypothesenüberprüfung 4 – Selbstzugang und Handlungsorientierung

Zeigt die Treatmentgruppe gegenüber der Kontrollgruppe, dass ein veränderter Selbstzugang Einfluss auf die Handlungsorientierung ausübt?

Da im vorliegenden Fall eine normalverteilte Gruppe zugrunde liegt, kann zunächst mit Hilfe von SPSS eine bivariate Korrelation nach Pearson berechnet und ein Signifikanztest durchgeführt werden.

Korrelationen

		HAKEMP 90	SZF
HAKEMP 90	Korrelation nach Pearson	1	,299*
	Signifikanz (2-seitig)		,013
	N	78	69
SZF	Korrelation nach Pearson	,299*	1
	Signifikanz (2-seitig)	,013	
	N	69	77

*. Die Korrelation ist auf dem Niveau von 0,05 (2-seitig) signifikant.

Abb. 37: Korrelation HAKEMP 90 - SZF

Die Korrelation zeigt einen mittleren Zusammenhang (.299), das heißt dass ein erhöhter Selbstzugang positiv mit einer erhöhten Handlungsorientierung in Verbindung steht. Die Koeffizienten können bei einer Irrtumswahrscheinlichkeit von kleiner als 5 % (p=.013) als signifikant bezeichnet werden.

Um weitere Auskünfte über die Stärke und Form des Zusammenhangs zu erhalten, werden die Variablen nun in einem einfachen Streudiagramm abgebildet. Zudem wurde der Regressionskoeffizient als Gerade eingezeichnet.

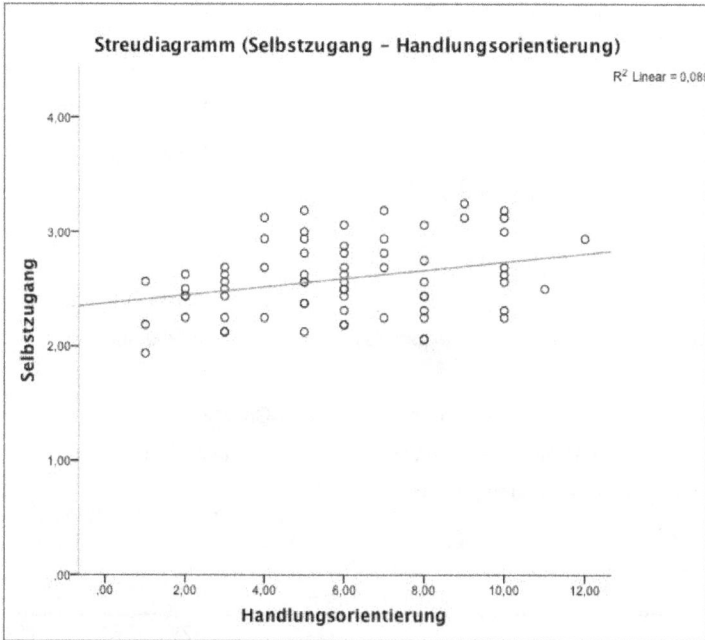

Abb. 38: Streudiagramm HAKEMP 90 - SZF

Jeder Punkt in dem vorliegenden Diagramm steht für ein Wertepaar der beiden Variablen. In der Betrachtung der allgemeinen Verteilung der Variablen lässt sich ein Muster entdecken, welches zeigt, dass mit einem ansteigenden Selbstzugang die Handlungsorientierung zunimmt. Umso näher die Wertepaare an der Geraden angegliedert sind, umso deutlicher kann der Zusammenhang der beiden Variablen im Streudiagramm gewertet werden. Im vorliegenden Diagramm liegt eine deutliche Streuung der Werte vor und auch der Regressionskoeffizient ist mit einer Größe von 0,089 hinsichtlich der Summe seiner Vorhersagefehler als hoch einzuschätzen. Es kann in den Wertepaaren dennoch ein Trend erkannt werden kann.

Anhand der Ergebnisse zum Zusammenhang der Variablen kann die Nullhypothese verworfen und die Alternativhypothese angenommen werden: Die Treatmentgruppe zeigt gegenüber der Kontrollgruppe nach dem SMS – Training, dass ein veränderter Selbstzugang Einfluss auf die Handlungsorientierung ausübt.

5.1.5 Hypothesenüberprüfung 5 – Selbstzugang und Berufswahlsicherheit

Zeigt die Treatmentgruppe gegenüber der Kontrollgruppe, dass ein veränderter Selbstzugang die Sicherheit in der Berufswahlentscheidung beeinflusst?

Da auch im vorliegenden Fall eine normalverteilte Gruppe zugrunde liegt, kann wieder mit Hilfe von SPSS eine bivariate Korrelation nach Pearson berechnet und der Signifikanztest durchgeführt werden.

Korrelationen

		SZF	EBwA
SZF	Korrelation nach Pearson	1	-,212
	Signifikanz (2-seitig)		,066
	N	77	76
EBwA	Korrelation nach Pearson	-,212	1
	Signifikanz (2-seitig)	,066	
	N	76	88

Abb. 39: Korrelation EBwA - SZF

Die gemessene Korrelation (r = -.0212) zwischen den Werten des Fragebogens „Einstellungen zur Berufswahl und beruflichen Arbeit" (EBwA) und des Selbstzugangsfragebogens (SZF) zeigt einen schwachen negativen Zusammenhang. Die Koeffizienten können als marginal signifikant (p=.066) bezeichnet werden.

Um genauere Auskünfte über die Stärke und Form des Zusammenhangs zu erhalten, erfolgt im nächsten Schritt die Abbildung der Variablen in einem einfachen Streudiagramm. Zudem erfolgt die Einzeichnung des Regressionskoeffizienten als Gerade.

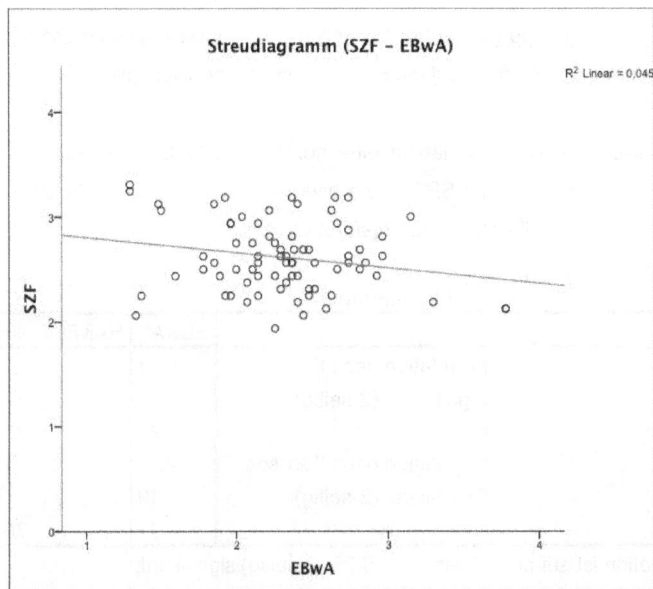

Abb. 40: Streudiagramm EBwA – SZF

Wird die allgemeine Verteilung der Variablen betrachtet, wird sichtbar, dass ein negativer linearer Zusammenhang zwischen dem Selbstzugang und der Berufswahlentscheidung vorhanden ist. Im vorliegenden Fall ist eine Streuung der Wertepaare festzustellen. Der Regressionskoeffizient wird im Streudiagramm mit 0,045 angegeben, wodurch die Summe der Vorhersagefehler als hoch eingeschätzt wird. Anhand der Ergebnisse zum Zusammenhang der Variablen kann die Nullhypothese verworfen und die Alternativhypothese angenommen werden: Die Treatmentgruppe zeigt gegenüber der Kontrollgruppe nach dem SMS – Training, dass ein veränderter Selbstzugang die Sicherheit in der Berufswahlentscheidung beeinflusst.

5.1.6 *Hypothesenüberprüfung 6 – Handlungsorientierung und Berufswahlsicherheit*

Zeigt die Treatmentgruppe gegenüber der Kontrollgruppe, dass eine veränderte Handlungsorientierung Einfluss auf die Berufswahlsicherheit ausübt?

Da auch hinsichtlich dieser Variablen eine normalverteilte Gruppe zugrunde liegt, kann erneut mit Hilfe von SPSS eine bivariate Korrelation nach Pearson berechnet und der Signifikanztest durchgeführt werden.

Korrelationen

		EBwA	HAKEMP 90
EBwA	Korrelation nach Pearson	1	-,267[*]
	Signifikanz (2-seitig)		,019
	N	88	77
HAKEMP 90	Korrelation nach Pearson	-,267[*]	1
	Signifikanz (2-seitig)	,019	
	N	77	78

*. Die Korrelation ist auf dem Niveau von 0,05 (2-seitig) signifikant.

Abb. 41: Korrelation EBwA – HAKEMP 90

Die gemessene Korrelation (r= -.267) zwischen den Werten des Fragebogens „Einstellungen zur Berufswahl und beruflichen Arbeit" (EBwA) und des HAKEMP 90 zeigen einen tendenziell mittleren negativen Zusammenhang. Hinsichtlich der Signifikanz können die Koeffizienten bei einer Irrtumswahrscheinlichkeit von kleiner als 5 % (p=.019) als signifikant bezeichnet werden.

Um nähere Auskünfte über die Stärke und Form des Zusammenhangs der beiden Variablen Berufswahlsicherheit und Handlungsorientierung zu erhalten, werden diese in einem einfachen Streudiagramm abgebildet und der Regressionskoeffizient als Gerade eingezeichnet.

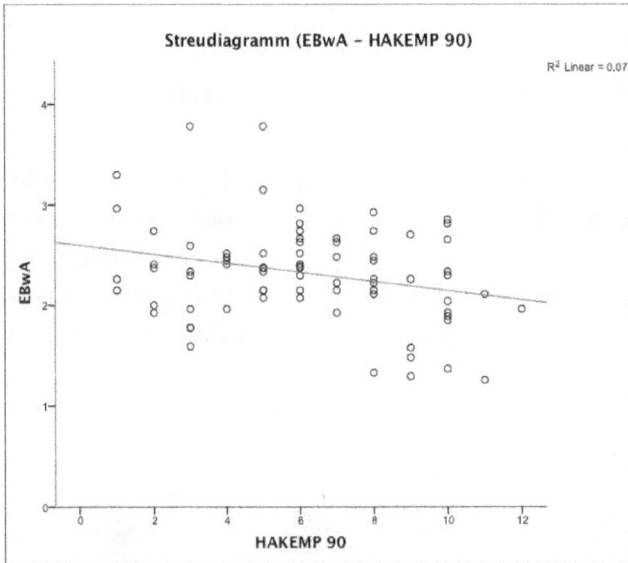

Abb. 42: Streudiagramm EBwA – HAKEMP 90

In diesem Fall kann ein negativer linearer Zusammenhang zwischen den beiden Variablen abgelesen werden. Jeder Punkt in dem vorliegenden Diagramm steht für ein Wertepaar der beiden Variablen. In der Betrachtung der allgemeinen Verteilung der Variablen lassen sich zunächst einige Ausreiser in beide Richtungen feststellen. Gleichzeitig kann ein Muster erkannt werden, welches zeigt, dass mit einem ansteigenden Wert aus dem HAKEMP 90 der Wert aus dem EBwA sinkt. Im vorliegenden Diagramm liegt eine Streuung der Wertepaare vor und auch der Regressionskoeffizient ist mit einer Größe von 0,071 hinsichtlich der Summe seiner Vorhersagefehler als hoch einzuschätzen.

Anhand der Ergebnisse zum Zusammenhang der Variablen kann die Nullhypothese verworfen und die Alternativhypothese angenommen werden: Die Treatmentgruppe zeigt nach dem SMS – Training, dass eine veränderte Handlungsorientierung Einfluss auf die Berufswahlsicherheit ausübt.

6 Beschreibung der Ergebnisse und Interpretation

Im Posttest wurden von der Experimentalgruppe durch den eigens erstellten Fragebogen qualitative Daten von den Schülern erhoben. Der Fragebogen umfasste 6 offen formulierte Fragen, deren in Kategorien aufgearbeitete Ergebnisse werden im Folgenden dargestellt und interpretiert. Auch werden in diesem Kapitel die durch die Lehrertagebücher gewonnenen qualitativen Daten ausgewertet und interpretiert.

6.1 Qualitative Daten der Schüler

Aus unten aufgeführter Tabelle ist zu entnehmen, dass die Experimentalgruppe insgesamt 62 Rückmeldebögen zu den qualitativen Fragen zur Auswertung des SMS – Trainings ausgefüllt hat. Somit haben rund 84% der Teilnehmer der Experimentalgruppe Stellung bezogen.

		Testphase		Gesamt
		Pretest	Posttest	
Gruppe	Experimentalgruppe	64	62	126
	Kontrollgruppe	59	48	107
Gesamt		123	110	233

Abb. 43: Verhältnistabelle der abgegebenen Tests

Im Folgenden werden nun die einzelnen Fragen ausgewertet.

6.1.1 *Was fanden Sie am Training gut (welche Themen, welche Aufgaben...)?*

Zur ersten Frage gab es insgesamt 47 Antworten seitens der Teilnehmer des Trainings, was einer Quote von 75,81 Prozent entspricht. Hinsichtlich der Antworten wurden vier Kategorien gebildet: „Im Allgemeinen war das Training gut.", „Es war abwechslungsreich. Was anderes als normaler Unterricht, viele Gruppenarbeiten.", „Dass ich weiß, wie ich bin." sowie „Keine Ahnung. Nichts fand ich gut.". Bezüglich der Kategorie „Im Allgemeinen war das Training gut." konnten 12 Nennungen gezählt werden, was einer Prozentzahl von 19,35 entspricht. Die Kategorie „Es war abwechslungsreich. Was anderes als normaler Unterricht, viele Gruppenarbeiten." konnte 13 Nennungen verzeichnen und umfasste damit 20,97 Prozent. „Dass ich weiß, wie ich bin." Als dritte Kategorie umfasste mit 17 Nennungen 27,42 Prozent. Die Kategorie „Keine Ahnung. Nichts fand ich gut." mit 5 Nennungen und einem Prozentwert von 8,06 konnte als vierte Kategorie gebildet werden. 15 Befragte und somit 24,19 Prozent haben diese Frage nicht beantwortet.

Abb. 44: Kreisdiagramm – qualitative Frage 1

6.1.2 Was fanden Sie am Training schlecht (welche Themen, welche Aufgaben...)?

Zur zweiten Frage gab es 41 schriftliche Anmerkungen seitens der Teilnehmer des Trainings, was einer Quote von 66,12 Prozent entspricht. Bezüglich der Antworten wurden wiederum vier Kategorien gebildet: „Dass es so viele Fragen waren und komplizierte Wörter.", „Ich fand eigentlich keine Frage oder Thema oder Aufgaben schlecht. Ich fand die Fragen gut und nützlich.", „Dass es so lang ist", „Ich finde es allgemein nicht gut.". Hinsichtlich der ersten Kategorie „Dass es so viele Fragen waren und komplizierte Wörter." konnten 18 Nennungen gezählt werden, was einer Prozentzahl von 29,03 entspricht. Die Kategorie „Ich fand eigentlich keine Frage oder Thema oder Aufgaben schlecht. Ich fand die Fragen gut und nützlich." konnte 12 Nennungen verzeichnen und umfasste damit 19,35 Prozent. „Dass es so lang ist." als dritte Kategorie umfasste mit 7 Nennungen 11,29 Prozent. Die Kategorie „Ich finde es allgemein nicht gut." mit 4 Nennungen und einem Prozentwert von 6,45 konnte als vierte Kategorie gebildet werden. 33,87 Prozent und somit 21 Personen der Experimentalgruppe haben keine Angaben zu dieser Frage gemacht.

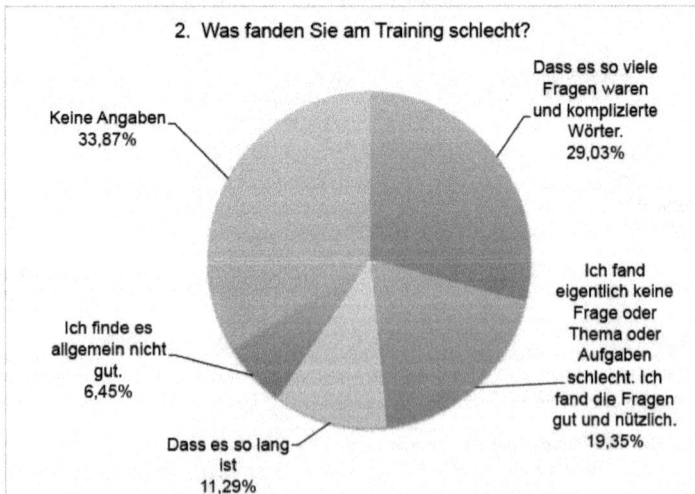

2. Was fanden Sie am Training schlecht?

Keine Angaben 33,87%

Dass es so viele Fragen waren und komplizierte Wörter. 29,03%

Ich fand eigentlich keine Frage oder Thema oder Aufgaben schlecht. Ich fand die Fragen gut und nützlich. 19,35%

Ich finde es allgemein nicht gut. 6,45%

Dass es so lang ist 11,29%

Kreisdiagramm – qualitative Frage 2

6.1.3 *Was würden Sie anders machen (Verbesserungsvorschläge benennen)?*

Zur dritten Frage gab es 39 schriftliche Rückmeldungen seitens der Teilnehmer des Trainings, was einer Quote von 62,90 Prozent entspricht. Folgende vier Antwortkategorien wurden diesmal gebildet: „Mehr über die Zukunft der einzelnen Person sprechen und über die Ausbildung.", „Eigentlich nichts weil der Test gut ist und Spaß macht.", „Die Fragen anders und besser formulieren und einfacher machen.", „Weiß nicht.". Hinsichtlich der ersten Kategorie „Mehr über die Zukunft der einzelnen Person sprechen und über die Ausbildung." konnten 10 Nennungen gezählt werden, was einer Prozentzahl von 16,13 entspricht. Die Kategorie „Eigentlich nichts weil der Test gut ist und Spaß macht" konnte 13 Nennungen verzeichnen und umfasste somit 20,97 Prozent. „Die Fragen anders und besser formulieren und einfacher machen." als dritte Kategorie umfasste mit 14 Nennungen 22,58 Prozent. Die Kategorie „Weiß nicht." mit 2 Nennungen und einem Prozentwert von 3,23 konnte als vierte Kategorie gebildet werden. 37,10 Prozent und somit 23 Personen der Experimentalgruppe haben keine Angaben zu dieser Frage gemacht.

3. Was würden Sie anders machen?

Mehr über die Zukunft der einzelnen Person sprechen und über die Ausbildung 16,13%

Keine Angaben 37,10%

Eigentlich nichts weil der Test gut ist und Spaß macht 20,97%

Weiß nicht 3,23%

Die Fragen anders und besser formulieren und einfacher machen 22,58%

Kreisdiagramm – qualitative Frage 3

6.1.4 *Was wissen Sie nun darüber, was Sie gut und was Sie weniger gut können (schreiben Sie bitte auf)?*

Zur vierten Frage gab es 40 schriftliche Rückmeldungen seitens der Teilnehmer des Trainings, was einer Quote von 64,52 Prozent entspricht. Hierbei wurden diese vier Antwortkategorien gebildet: „Eigentlich nicht viel.", „Ich kann ein Bild über mich beschreiben.", „Ich weiß jetzt, welche Richtung ich einschlagen möchte.", „Viel Neues.". 12 Nennungen konnten in der ersten Kategorie „Eigentlich nicht viel." gezählt werden, was einer Prozentzahl von 19,35 entspricht. Innerhalb der Kategorie „Ich kann ein Bild über mich beschreiben" konnten 22 Nennungen und somit 35,48 Prozent verzeichnet werden. „Ich weiß jetzt, welche Richtung ich einschlagen möchte." als dritte Kategorie umfasste mit 4 Nennungen 6,45 Prozent. Die abschließende Kategorie „Viel Neues." zählte 2 Nennungen und umfasst demnach einen Prozentwert von 3,23. Keine Angaben zu dieser Frage machten 22 Personen, also 35,48 Prozent der Experimentalgruppe.

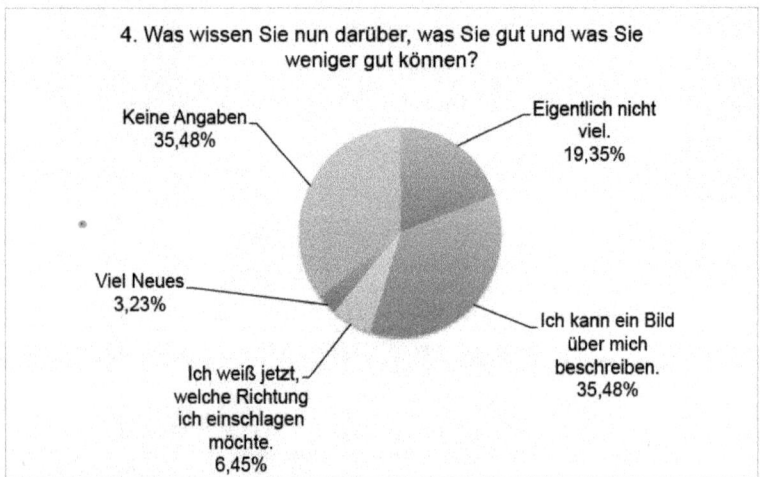

Kreisdiagramm – qualitative Frage 4

6.1.5 *Was haben Sie gelernt, wie Sie einen passenden Beruf auswählen?*

Zur fünften Frage gab es 37 schriftliche Rückmeldungen seitens der Teilnehmer des Trainings, was einer Quote von 59,68 Prozent entspricht. Folgende vier Antwortkategorien wurden gebildet: „Praktikum, probieren, mich selbst wahrnehmen.", „Weil ich mich jetzt so gut einschätzen kann und was für Beruf für mich geeignet ist.", „Hilfe durch Eltern.", „Weiß ich nicht.". Bezüglich der ersten Kategorie „Praktikum, probieren, mich selbst wahrnehmen." wurden 13 Nennungen gezählt, was einer Prozentzahl von 20,97 entspricht. Die Kategorie „Weil ich mich jetzt so gut einschätzen kann und was für Beruf für mich geeignet ist" konnte 14 Nennungen verzeichnen und umfasste damit 22,58 Prozent. „Hilfe durch Eltern" als dritte Kategorie umfasste mit 1 Nennung 1,61 Prozent. Die Kategorie „Weiß ich nicht." mit 9 Nennungen und einem Prozentwert von 14,52 konnte als vierte Kategorie gebildet werden. 40,32 Prozent und somit 25 Personen der Experimentalgruppe haben keine Angaben zu dieser Frage gemacht.

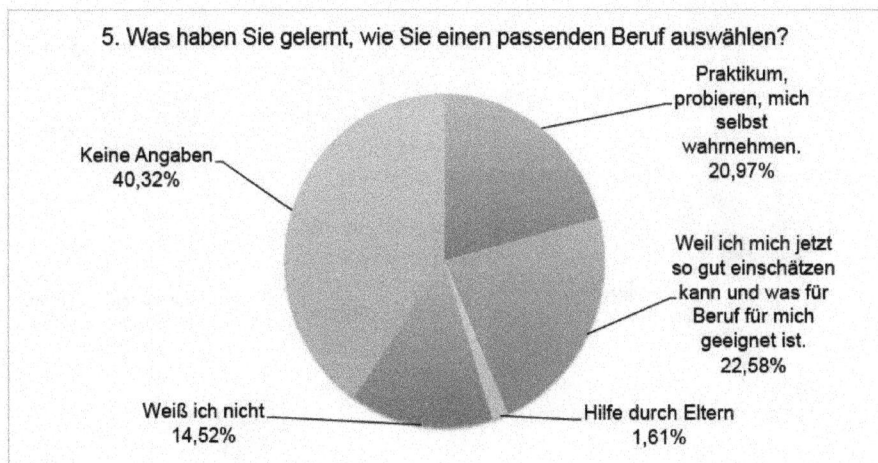

5. Was haben Sie gelernt, wie Sie einen passenden Beruf auswählen?

Praktikum, probieren, mich selbst wahrnehmen. 20,97%

Keine Angaben 40,32%

Weil ich mich jetzt so gut einschätzen kann und was für Beruf für mich geeignet ist. 22,58%

Weiß ich nicht 14,52%

Hilfe durch Eltern 1,61%

Kreisdiagramm – qualitative Frage 5

6.1.6 *Welche beruflichen Ziele und Pläne haben Sie?*

Die häufigsten Nennungen wurden zur sechsten und abschließenden Frage gemacht. So gingen 48 schriftliche Rückmeldungen seitens der Teilnehmer des Trainings zu dieser Frage ein, was einer Quote von 77,42 Prozent entspricht. Diese vier Antwortkategorien wurden gebildet: „Ausbildung fertig machen und danach einen festen Job finden.", „Viele.", „Weiß ich noch nicht.", „Konkreter Berufswunsch.". Innerhalb ersten Kategorie „Ausbildung fertig machen und danach einen festen Job finden." konnten 8 Nennungen gezählt werden, was einer Prozentzahl von 12,90 entspricht. Die Kategorie „Viele." konnte 2 Nennungen verzeichnen und umfasste damit 3,23 Prozent. „Weiß ich noch nicht." als dritte Kategorie umfasste mit 5 Nennungen 8,06 Prozent. Die Kategorie „Konkreter Berufswunsch." mit 33 Nennungen und einem Prozentwert von 53,23 konnte als vierte Kategorie gebildet werden. 22,58 Prozent und somit 14 Personen der Experimentalgruppe haben keine Angaben zu dieser Frage gemacht.

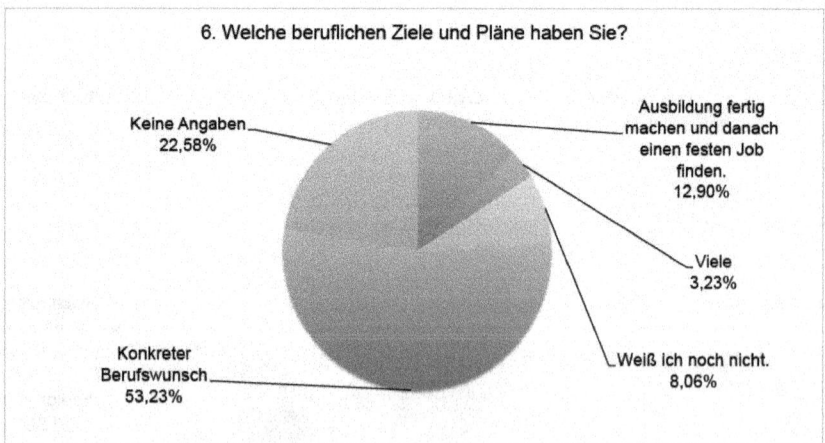

Kreisdiagramm – qualitative Frage 6

6.2 Qualitative Daten der Lehrer

Das Erkenntnisinteresse der Lehrertagebücher lag insbesondere auf den Aussagen zur Anwendbarkeit des Trainings auf die Zielgruppe und zu den wirkungsvollen Anteilen des Trainings für die Zielgruppe. Es wurden infolge der Transkription sowie der Paraphrase der Lehrertagebücher (siehe Anhang 10.2.3 und 10.2.4) folgende vier Kategorien gebildet: „Nach Abbau der Öffnungshemmung und Adaption auf Zielgruppe gute Gespräche möglich", „Unsicherheit des Selbstbilds der Schüler", „Tolle Methoden, Praxistransfer gelungen" sowie als vierte Kategorie „Adaption des Trainings auf Zielgruppe ist nötig".

6.2.1 *Lehrertagebuch 1*

Die Lehrkraft, welche ihre Aufzeichnungen im Lehrertagebuch 1 verzeichnete, verwendete Aussagen zu den drei folgenden Kategorien: „Nach Abbau der Öffnungshemmung und Adaption auf Zielgruppe sind gute Gespräche möglich", „Unsicherheit des Selbstbilds der Schüler" sowie „Tolle Methoden, Praxistransfer gelungen".

Die Lehrkraft beschreibt zur ersten Kategorie, dass es den Schülern nicht leicht fiel, sich gegenüber ihren Mitschülern zu öffnen, insbesondere hinsichtlich des Themenbereichs der persönlichen Misserfolge. Nachdem jedoch Hemmungen abgebaut wurden, konnten sich „gute Gespräche" entwickeln (L1, Z. 6ff.). Außerdem berichtet die Lehrkraft davon, dass mit dem prozesshaften Erarbeiten der Inhalte die Offenheit der Schüler weiter erhöht werden konnte und sich die Schüler untereinander bspw. hinsichtlich des Fremdbilds sogar „konstruktive Kritik" zurückmelden konnten (L1, Z. 20).

Dementsprechend fiel es den Schülern auch nach einer Unterbrechung des Trainings aufgrund einer kurzen Praktikumseinheit nicht leicht, wieder in das Training einzusteigen. Nach der Hinführung der Lehrkraft zum Thema konnten einige Schüler „AHA-Effekte" formulieren und Transferleistungen des Trainings zur Berufswelt und zum Selbstbild erbringen. „Sie können nun mit dem Bezug zur Arbeitswelt alle etwas anfangen. Wir gehen nochmal auf Selbstbild-Fremdbild ein. Ihnen wird nun klar, wie wichtig es im Beruf ist, wie man nach außen wirkt." (L1, Z. 37ff.).

Bezug nehmend auf die Kategorie „Unsicherheit des Selbstbilds der Schüler" erläutert die Lehrkraft, dass sich hinsichtlich des Selbstbilds zwischen den Schülern deutliche Unterschiede auftaten: Einerseits die zu „massiver Selbstüberschätzung" neigende Schülergruppe, welche die Aufgaben nicht ernst nimmt und durch „zu optimistische und unrealistische Beschreibungen" die Trainingsinhalte zeitweise ins Lächerliche zu ziehen versucht (L1, Z. 12). Auf dieses Phänomen verweist die Lehrkraft auch an anderer Stelle im Tagebuch: „Einige Schüler spielen „Kasper"" (L1, Z. 23). Weiter wird beobachtet, dass die Schüler „ihr wahres Selbstbild hier in diesem Rahmen nicht öffnen." (L1, Z. 24). Es wird daneben eine Schülergruppe beschrieben, welche gut mitarbeitet, sich einbringt und die Aufgaben gut erfüllen kann (vgl. L1, Z. 24f.). Andererseits wird noch eine Schülergruppe beschrieben, die zur Bearbeitung der Aufgaben Hilfestellung benötigt. „Es fällt auf, dass viele Probleme haben, eigene Stärken zu benennen." (L1, Z. 14f.).

Zur Kategorie „Tolle Methoden, Praxistransfer gelungen" zeigt die Lehrkraft auf, dass die Schüler an bestimmten Aufgaben, bspw. zur Übung „Mein Vorbild", viel Freude hatten und alle „engagiert bei der Sache" waren (L1, Z. 28). Die Lehrkraft äußert die Annahme, dass es den Schülern leichter fällt, für andere Personen, bspw. dem Vorbild, Zuschreibungen zu finden, als sich selbst zu beschreiben (vgl. L1, Z. 29f.). Das Thema des Trainings erachtet die Lehrkraft als sehr passend für die Zielgruppe, da das Thema der Berufsorientierung für sie ein wichtiges Thema ist. Das Fazit dieser Lehrkraft lautet: „Schleppender Start, super Transfers, guter Schluss" (L1, Z. 40f.).

6.2.2 *Lehrertagebuch 2*

Die Lehrkraft beschrieb ihre Beobachtungen im Lehrertagebuch in drei Sätzen und ausschließlich unter der Kategorie „Adaption des Trainings auf die Zielgruppe ist nötig". Es wird beschrieben, dass die Inhalte und Aussagen des Trainings für diese Zielgruppe „nur stark reduziert verständlich/ übertragbar" sind (L2, Z. 48). Auch erachtete die Lehrkraft die Texte und Ansprüche für die Schüler der Sonderberufsfachschule als zu schwer und zieht als Fazit folgendes: „In dieser Form nicht für unsere Schüler geeignet." (L2, Z. 49).

6.2.3 *Lehrertagebuch 3*

Diese Lehrkraft traf in ihrem Lehrertagebuch Aussagen zu den drei Kategorien „Nach Abbau der Öffnungshemmung und Adaption auf Zielgruppe gute Gespräche möglich", „Tolle Methoden, Praxistransfer gelungen" sowie „Adaption des Trainings auf Zielgruppe ist nötig".

Die Lehrkraft beschrieb zur Kategorie „Nach Abbau der Öffnungshemmung und Adaption auf Zielgruppe gute Gespräche möglich", dass es den Schülern zunächst nicht leicht fiel, Aufgaben zu bearbeiten, welche mit ihrer persönlichen Lebenssituation in Verbindung standen und dass diesbezüglich ein „Reflektieren nicht möglich" war (L3, Z. 59). Die Schüler zeigten anfangs Hemmungen, von sich zu erzählen, so dass persönliche Situationen nicht wiedergegeben wurden. Infolge der Anpassung des Trainings mithilfe eines beispielhaften Vergleichs konnten die Schüler die Aufgabenstellung schließlich doch bearbeiten und sich auf die Themen einlassen (vgl. L3, Z. 57ff.). Die Formulierung von positiven Eigenschaften wie kochen oder Sport treiben sei den Schülern leichter gefallen als das Finden von abstrakteren Werten wie „Zuverlässigkeit, Pünktlichkeit, Ordentlichkeit..." (L3, Z. 88f.).

Zur Kategorie „Tolle Methoden, Praxistransfer gelungen" ist im Lehrertagebuch 3 beschrieben, dass die Zielgruppe dennoch bei gewissen Aufgaben in der Lage war, diese gut und entsprechend der Erwartungen zu bearbeiten (vgl. L3, Z. 55f.).

Die Kategorie „Adaption des Trainings auf die Zielgruppe ist nötig" wurde durch dieses Lehrertagebuch dadurch besetzt, indem beschrieben wurde, dass sich die Schüler nicht über einen längeren Zeitraum an die ausgegebenen Gesprächs- und Feedbackregeln halten konnten (vgl. L3, Z. 66ff.). Daneben hätten die Schüler Schwierigkeiten mit den Begrifflichkeiten aufgezeigt, so dass diese durch die Lehrkräfte erklärt und die Aufgaben besprochen werden mussten (vgl. L3, Z. 70f., 80 ff.). Auch sei es für die Jugendlichen mit Schwierigkeiten behaftet gewesen, „Erfolgserlebnisse + Stärken zu benennen. Eigene Ziele sind sehr dürftig." (L3, Z. 75f.). „Schüler können schlecht benennen, wie sie auf andere wirken und was ein gutes Erscheinungsbild ist." (L3, Z. 93f.). Zudem sei es den Schülern nicht möglich gewesen, bei den Aufgaben in die Tiefe zu gehen, sie verblieben stattdessen eher an der thematischen Oberfläche (L3, Z. 77f., 84f.).

7 Diskussion

Nach der statistischen Überprüfung der Fragestellungen folgt nun die Interpretation der Ergebnisse. In diesem Kapitel werden die während der Studie gewonnenen Ergebnisse vor dem Hintergrund der Literatur diskutiert. So soll gezeigt werden, wie sich das SMS – Training auf das Selbstkonzept und die Berufswahlentscheidung auswirkt und in wie weit die theoretischen Aussagen der Literatur bekräftigt werden. Neben der theoretischen Diskussion der Ergebnisse wird in diesem Kapitel die methodische Diskussion erfolgen, bei welcher die kritische Auseinandersetzung mit dem Untersuchungsdesign sowie der Bewertung der Ergebnisse einfließen wird.

Diese theoretische und methodische Diskussion wird anhand der beiden Aspekte des theoretischen Konstrukts geführt, im Konkreten hinsichtlich des Selbstzugangs sowie der Berufswahlentscheidung.

7.1 Aspekt Selbstkonzept

Unter dem Aspekt des Selbstkonzepts wird die Diskussion der Hypothesen 2, 3 und 4 gefasst.

7.1.1 Fragestellung 2 – Selbstzugang

Ausgehend von der Fragestellung „Zeigt die Treatmentgruppe gegenüber der Kontrollgruppe nach dem SMS-Training Veränderungen hinsichtlich des Selbstzugangs?" konnte infolge der empirischen Hypothesenüberprüfung festgestellt werden, dass die Treatmentgruppe gegenüber der Kontrollgruppe nach dem SMS – Training keine signifikante Veränderung hinsichtlich des Selbstzugangs vorweisen konnte, obwohl ein Nettoeffekt bezüglich der Mittelwerte ermittelt werden konnte. Die Tatsache, dass kein signifikantes Ergebnis ermittelt werden konnte, muss bei der Überprüfung des Anstiegs des Selbstzugangs jedoch nicht zwangsläufig beinhalten, dass der Effekt widerlegt werden muss. „Die erhaltenen nicht signifikanten Ergebnisse wurden dann vorschnell als „Nicht-Bestätigung" oder „Widerlegung" einer Hypothese interpretiert. Der erwartete Effekt war meist viel kleiner, um mit dem gewählten Stichprobenumfang noch nachweisbar zu sein." (Wellenreuther 2000, S. 374f.). Wellenreuther (2000, S. 375) begründet dies folgendermaßen: „Bei einer kleinen Effektstärke und einer kleinen Stichprobe ist die Chance sehr gering, ein signifikantes, die Hypothese bestätigendes Ergebnis zu erhalten. Der Fehler zweiter Art ist dann sehr groß."

Eine kleine Effektstärke und ein geringer Stichprobenumfang können in der vorliegenden Studie durchaus für die Nicht-Signifikanz verantwortlich sein. Die kleine Effektstärke könnte sich aber auch aus der Zuschreibung der Lehrkräfte 2 und 3 ableiten lassen, da sie darauf hinwiesen, dass die Aufgaben und Begrifflichkeiten für die Schülergruppe teilweise zu schwer waren (vgl. L2, Z. 48f.; L3, Z. 93f.). Es wird in diesem Zusammenhang berichtet, dass die Schüler nach einer Adaption mancher Aufgabenstellungen und zusätzlicher Erklärungen eine gute und engagierte Mitarbeit zeigten, welche dennoch zu diesen Effekten führen konnten.

Die Veränderung des Mittelwerts der Experimentalgruppe stieg mit dem Treatment an, der Mittelwert der Kontrollgruppe fiel in diesem Zeitraum ab. Somit kann davon ausgegangen werden, dass das Training durchaus positive Effekte zur Auswirkung innerhalb der Treatmentgruppe bereitete. Diese positive Veränderung wird dabei noch untermauert durch die Korrelation mit der Berufswahlentscheidung, auf diese Veränderung wird jedoch an späterer Stelle näher eingegangen.

Der Effekt des Abfalls der Kontrollgruppe hinsichtlich ihrer Mittelwerte wiederum könnte einerseits damit erklärt werden, dass aufgrund der Auseinandersetzung mit dem Thema des Selbstzugangs der Schülergruppe deutlich wurde, wie wenig sie über sich selbst, ihre Stärken und Schwächen sowie ihre Bedürfnisse und Wünsche wissen.

Insgesamt lag der Ausgangswert des Selbstzugangs für die Experimental- sowie für die Kontrollgruppe jeweils bei einem Mittelwert von unter drei, was zeigt, dass die Teilnehmer des Übergangssystems eher über einen schwach ausgeprägten Selbstzugang verfügen. Dieser geringe Wert des Zugangs zum Selbst lässt sich mit der PSI-Theorie von Quirin und Kuhl verbinden. Diese besagt, dass Menschen, die im Laufe ihres Lebens mit vielen schwierigen oder bedrohlichen Situationen konfrontiert wurden, ein erhöhtes Risiko haben, den Zugang zum Selbst zu verlieren. Jugendliche, die Teilnehmer im Übergangssystem sind, bringen bereits in diesem jungen Alter eine vielfach belastete Lebensgeschichte auf. Es wurde bei der Klärung des Benachteiligungsbegriffes sowie dem Bildungsmonitoring deutlich, dass viele dieser Jugendlichen in prekären familiären Situationen, verbunden mit finanziellen Schwierigkeiten, psychischer Belastung oder niedrigem Bildungsniveau der Eltern aufwuchsen. Im Laufe ihrer Bildungslaufbahn erfuhren diese Jugendlichen eine Marginalisierung durch das Schulsystem, die häufig durch Misserfolgserfahrungen geprägt ist. Die PSI-Theorie besagt, dass Menschen infolge dieser Misserfolgs- und Bedrohungserfahrungen dazu neigen, durch den negativen Affekt den Zugang zum Selbst verlieren, wenn sie nicht Bewältigungstrategien zur Verfügung haben, welche sie bei der Herabregulierung dieses negativen Affekts unterstützen können. Bei vielen Jugendlichen aus dem Übergangssystem lässt sich annehmen, dass sie aufgrund der Verbindung der familiären Schwierigkeiten mit der Marginalisierung im Schulsystem im Laufe ihres Lebens wenig Unterstützung, Förderung und Anerkennung eigener Bedürfnisse, Wünsche und der Ausbildung von Zielen erfuhren, so dass Jugendliche vermutlich von einer „manifestierten Alientation" vom Selbst betroffen und somit zuerst einmal diesen Zugang entwickeln müssen. Die Verbesserung des Mittelwertes ist bei dieser Zielgruppe vor diesem Hintergrund als sehr positiv einzuschätzen, da anhand der Ergebnisse deutlich wurde, dass die Jugendlichen trotz dieser Entfremdung vom Selbst eine Entwicklung vorweisen konnten.

Es stellt sich darüber hinaus die Frage, inwieweit dieser negative Selbstzugang auch als Einflussvariable für die Einmündung in das Übergangssystem betrachtet werden muss. Um mehr Klarheit über diesen Zusammenhang zwischen Selbstzugang und Schulart zu erhalten, wäre es sicherlich spannend, die Werte des Selbstzugangs bei Schülern verschiedener Schularten zu vergleichen.

Wird die Experimentalgruppe hinsichtlich der Veränderung ihrer Mittelwerte in Bezug auf ihre Selbsteinschätzung mittels des Fragebogens „Erfahrungen der Jugendlichen mit dem Trainingsprogramm" betrachtet, kann darauf geschlossen werden, dass die Jugendlichen durch das Training ein realistischeres Selbstbild erlangen. Die Jugendlichen mit einer geringen positiven Selbsteinschätzung zeigten einen positiven Zuwachs in ihrer Selbsteinschätzung. Die Jugendlichen mit einer positiven Selbsteinschätzung zeigten nach dem Durchlauf des Trainings noch immer eine positive Selbsteinschätzung, welche jedoch abgeschwächt wurde. Wird dieser Effekt mit den Daten der Lehrkraft 1 verglichen, liegt folgender Zusammenhang nahe: Die Lehrkraft beschrieb, dass einige Jugendlichen zu „massiver Selbstüberschätzung" neigten, während andere im Bereich der Selbsteinschätzung sehr unsicher auftraten (vgl. L1, Z. 12, 14f.). Mit dem Verlauf des Trainings beschrieben die Lehrkräfte 1 und 3, dass die Schüler konstruktive Kritik an ihren Mitschülern üben konnten. Die Inhalte und Themen des Trainings führen demnach dazu, dass die Schüler, die sich zunächst deutlich überschätzt hatten, durch erfahrene Rückmeldungen innerhalb des Trainingssettings ihr Selbst- und Fremdbild annähern konnten. Die sehr unsicher erscheinenden Jugendlichen konnten mehr Sicherheit zu ihrem Selbstbild und ihren Fähigkeiten erhalten und damit in ihren Mittelwerten ansteigen. Es kann daher angenommen werden, dass die Jugendlichen durch das Training nicht nur einen besseren Selbstzugang, sondern dazu noch ein realistischeres Selbstbild entwickeln konnten. Dies deckt sich auch mit dem Fazit einiger Jugendlicher, dass sie sich durch das Training besser kennen gelernt haben und nun wissen, was sie beruflich machen möchten.

7.1.2 *Fragestellung 3 – Handlungsorientierung*

Hinsichtlich der Fragestellung „Zeigt die Treatmentgruppe gegenüber der Kontrollgruppe nach dem SMS-Training Veränderungen hinsichtlich der Handlungsorientierung?" konnten die Veränderungen der Treatmentgruppe nach dem SMS – Training hinsichtlich der Handlungsorientierung nicht als statistisch signifikant bestätigt werden. Diese Nicht-Signifikanz muss an dieser Stelle ebenfalls nicht heißen, dass keine Effekte zu verzeichnen sind, sondern kann der Tatsache geschuldet sein, dass die Effektstärke bei der relativ kleinen Gruppe an Teilnehmern nicht ausreichend stark ausfiel, um eine Signifikanz bei diesem Test zu erzielen (vgl. Wellenreuther 2000, S. 374f.). Das Vorhandensein eines Effekts lässt sich aufgrund des sich positiv gestaltenden Nettoeffekts vermuten.

Es zeigt sich an dieser Stelle ein dem Selbstzugang ähnliches Phänomen: Die Mittelwerte der Kontrollgruppe sanken etwas ab, die Mittelwerte der Experimentalgruppe stiegen infolge des Trainingsprogramms an und glichen sich im Posttest in ihrer Höhe aneinander an, da die Kontrollgruppe in ihren Werten im Pretest über den Werten der Experimentalgruppe lag. Die Kontrollgruppe lag zu beiden Messzeitpunkten in ihren Mittelwerten im handlungsorientierten Bereich.

Die Jugendlichen, welche das Training durchlaufen hatten, waren im Pretest im Mittelwert in den lageorientierten Bereich einzustufen. Nach dem Absolvieren des Trainingsprogramms gelang den Jugendlichen die Erhöhung ihres Mittelwerts, so dass sie über ihren Anstieg der Mittelwerte nun ebenfalls als handlungsorientiert eingestuft werden. Kuhl beschrieb in seiner Handlungs-kontrolltheorie, dass handlungsorientierte Menschen bei auftretenden schwierigen, konfliktbehafteten oder herausfordernden Situationen aktive Gestalter der Situation bleiben, und nicht wie lageorientierte Menschen in Grübeln und Handlungsstarrheit verfallen. Handlungsorientierte Menschen setzen sich bewusst mit einer auftretenden Situation auseinander und versuchen, eine passende Lösungsstrategie zu entwickeln. Die Jugendlichen in der Sonderberufsfachschule konnten mit dem Durchlauf des SMS-Tranings in einen Zustand der anfänglichen Handlungsorientierung gelangen, so dass sich annehmen lässt, dass sie von der Lage eines passiven Erdulders aus zu einer Haltung mit erhöhtem Gestalteranteil kommen konnten, was meint, dass sie Strategien zum aktiveren und bewussteren Umgang mit herausfordernden Situationen entwickeln konnten.

Entsprechend der Ergebnisse konnte sogar festgestellt werden, dass die Experimentalgruppe im Vergleich zur Kontrollgruppe im Posttest trotz des ausgehenden kleineren Differenzunterschieds in ihren Mittelwerten einen nun höheren Wert in der Handlungsorientierung verzeichnen konnte. Diese Entwicklung ist auch qualitativ bestätigt worden: So konnten die Schüler nach Aussagen einer Lehrkraft zu Beginn des Trainings nahezu keine Ziele benennen, was sich im Laufe des Trainings verbesserte (vgl. L3, Z. 75f.)

Das Absinken des Mittelwerts der Kontrollgruppe kann mit der Vermutung in Verbindung gebracht werden, dass den Jugendlichen durch die Bearbeitung der Fragebögen bewusster wurde, dass sie weniger handlungsorientiert sind als sie es zunächst von sich angenommen haben.

Diese Veränderung der Experimentalgruppe lässt sich mit den Aussagen einiger Schüler, die formulierten, dass sie infolge des Trainings wissen, welche Richtung sie beruflich einschlagen wollen, genauer beschreiben. Sie konnten sich den Aussagen zufolge sogar für einen konkreten, realisierbaren Berufswunsch entscheiden.

7.1.3 *Fragestellung 4 – Selbstzugang und Handlungsorientierung*

Die positive Veränderungen der Experimentalgruppe während des Treatments sowohl hinsichtlich des Selbstzugangs als auch hinsichtlich der Veränderung hin zur aktiven Handlungsorientierung verstärkte die Annahme, dass ein veränderter Selbstzugang mit der Handlungsorientierung in Verbindung steht. Mittels einer bivariaten Korrelation nach Pearson konnte ein mittlerer Zusammenhang nachgewiesen werden. An dieser Stelle ist zu erwähnen, dass eine nachgewiesene Korrelation zwischen zwei Merkmalen zwar „eine notwendige Voraussetzung für die Schlussfolgerung", aber nicht ausreichend ist, „um auf eine Ursache-Wirkungs-Beziehung zu schließen" (Sedlmeier & Renkewitz 2008, S. 230). Da das Trainingsprogramm auf der Förderung des Selbstzugangs und auf der Stärkung der Handlungsorientierung basiert, ist aufgrund des vorliegenden Forschungsdesigns nicht nachweisbar, welche Variable zur anderen in einer Ursache-Wirkungs-Beziehung steht. Es kann jedoch nachgewiesen werden, dass ein positiver Zusammenhang zwischen den Variablen besteht.

An dieser Stelle kann nun die PSI-Theorie von Quirin und Kuhl herangezogen werden. Diese besagt, dass Personen, die über einen guten Zugang zum Selbst, also zum Extensionsgedächtnis, verfügen, sich in verschiedenen Situation, die eine Entscheidung erfordern, einen Überblick über vergangene, erfolgreiche Handlungsstrategien verschaffen können, so dass sie aus einer Vielzahl an Möglichkeiten die optimale Strategie auswählen können. Auch wird durch den Zugriff auf die individuellen Bedürfnisse, Wünsche, Werte, Ideen und Erfahrungen ein kreativer Umgang mit einer Situation gefördert.

In der Übertragung der Theorie bedeutet dies, dass wenn ein direkter Einfluss zwischen dem Ansteigen des Selbstzugangs und der Zunahme der Handlungsorientierung besteht, diese durch den Selbstzugang erfolgen muss.

Der positive Zusammenhang zwischen dem Selbstzugang und der Handlungsorientierung steht darüber hinaus in Verbindung mit der Berufswahlentscheidung, welche ebenfalls als Einflussgröße auf die oben genannte Veränderung im folgenden Abschnitt in Betracht gezogen werden muss.

Als gesichert gilt, dass die Jugendlichen mit zunehmendem Wissen über sich selbst verstärkt fähig sind, Interessen bewusster zu verfolgen und Entscheidungen gemäß ihren Vorstellungen aktiver zu treffen.

Neben dem Zusammenhang der quantitativen Daten verweisen auch die qualitativen Daten der Schüler auf den Zusammenhang zwischen dem Selbstzugang und der Handlungsorientierung. Insgesamt beschrieben nahezu 50 % der Schüler, dass sie durch die neuen Erkenntnisse über ihr Selbst sowie durch das Wahrnehmen der eigenen Wünsche nach dem Training wissen, wie sie in ihrem beruflichen Entscheidungsprozess vorgehen werden. Diese Aussagen zeigen ebenfalls die Verknüpfung zwischen dem Wissen über sich selbst, also dem Selbstzugang, sowie der verstärkten Handlungsorientierung der Jugendlichen.

7.2 Aspekt Berufswahlentscheidung

Unter dem Aspekt der Berufswahlentscheidung werden die Hypothesen 1, 5 und 6 diskutiert.

7.2.1 *Fragestellung 1 – Berufswahlsicherheit*

In der Hypothesenüberprüfung zur Fragestellung der Veränderung der Berufswahlsicherheit konnte gemessen werden, dass die Treatmentgruppe nach dem SMS – Training eine marginal signifikante Veränderung hinsichtlich der Sicherheit bei der Berufswahl aufzeigt. Beide Gruppen waren hinsichtlich der erfassten Mittelwerte auf dem gleichen Niveau. Der Mittelwert der Experimentalgruppe konnte im Verlauf des Trainings verbessert werden, während die Kontrollgruppe einen gegenläufigen Effekt, einen Abfall in der Berufswahlsicherheit, verzeichnete. Somit konnte auch ein Nettoeffekt des Treatments zugunsten der Experimentalgruppe verzeichnet werden. Das Sinken des Mittelwerts der Kontrollgruppe kann möglicherweise dadurch verursacht worden sein, dass sich die Schülergruppe dem Anstehen der Berufswahlentscheidung deutlicher bewusst wurde und gleichzeitig auf keine Unterstützung bei der Entscheidung zwischen den Messzeitpunkten, bspw. durch das SMS-Trainingsprogramm, zurückgreifen konnte.

Die Experimentalgruppe hingegen verzeichnete in ihrer Berufswahlentscheidung einen Zuwachs hinsichtlich der Sicherheit. Zum zweiten Messzeitpunkt konnten über 50 % der Trainingsteilnehmer einen eindeutigen Berufswunsch formulieren. Weitere 13 % konnten den klaren Willen äußern, ihre ausgewählte Ausbildung zu absolvieren. Lediglich 8 % äußerten am Ende des Trainings Unsicherheiten hinsichtlich ihrer beruflichen Ziele und Pläne. Diese positiven Entwicklungen können in dem Zusammenhang der intensiven Auseinandersetzung der Jugendlichen mit dem Training verortet werden.

So wurden gezielt mögliche Berufe näher betrachtet, die Zugangsvoraussetzungen sowie die dafür notwendigen persönlichen Fähigkeiten und die Anforderungen an die berufspraktischen Kompetenzen näher beleuchtet. Die Lehrkräfte verwiesen zudem noch in ihren Lehrertagebüchern darauf, dass die beruflichen Praxistransfers des Trainings gut gelungen waren (vgl. L1, Z. 6-8).

7.2.2 Fragestellung 6 – Handlungsorientierung und Berufswahlsicherheit

Hinsichtlich der Fragestellung „Zeigt die Treatmentgruppe gegenüber der Kontrollgruppe, dass eine veränderte Handlungsorientierung Einfluss auf die Berufswahlsicherheit ausübt?" konnte ein mittlerer negativer Zusammenhang festgestellt werden. Die Treatmentgruppe zeigt gegenüber der Kontrollgruppe nach dem SMS – Training eine veränderte Handlungsorientierung sowie eine erhöhte Berufswahlsicherheit auf. Der Zusammenhang wurde rechnerisch als negativ aufgezeichnet, da die Skala Berufswahlsicherheit umgedreht verwendet wurde, das heißt, dass ein negativ werdender Wert auf der Skala ein Anstieg der Berufswahlsicherheit bedeutet.

Nach Ratschinski geht Holland davon aus, dass je höher die Übereinstimmung und die Passung zwischen dem Berufs- sowie dem Persönlichkeitsmuster ist, desto höher auch die Zufriedenheit und die Verweildauer in dem gewählten Beruf ist. Dazu muss die Person in der Lage sein, die individuellen Vorstellungen unter den gegebenen Bedingungen umzusetzen (vgl. Ratschinski 2009, S. 36). Die Fähigkeit, den individuellen Vorstellungen nachgehen und diese umsetzen zu wollen, entspricht einer positiv ausgeprägten Handlungsorientierung.

Die theoretische Annahme zur Berufswahl von Holland ist in dieser Studie die Ausgangslage für die kausal formulierte Hypothese des Einflusses der Handlungsorientierung auf die Berufswahlentscheidung. Zieht man die Annahme zur Kausalität von Sedlmeier & Renkewitz (2008, S. 230) in Betracht, ist die Kausalitätszuschreibung kritisch zu bewerten, da der einseitige Einfluss nicht eindeutig festgestellt werden kann. Die Richtung der Kausalität kann in Anlehnung an Sedlmeier & Renkewitz (2008, S. 230) nicht belegt werden, da das Training sowohl die Berufswahlsicherheit als auch den Selbstzugang fördert und die Ergebnisse keine Erkenntnisse dazu liefern, inwiefern und gegebenenfalls welche der beiden Variablen Einfluss auf die andere Variable ausübt. Unter Berücksichtigung des bereits erörterten Zusammenhangs des Selbstzugangs und der Handlungsorientierung und nimmt man die vorausgegangenen theoretischen Ausführungen von Super und Holland an, kann nun davon ausgegangen werden, dass die erhöhte Sicherheit in der Berufswahlentscheidung positiv durch die Handlungsorientierung beeinflusst wurde und zudem in Verbindung zu einem verbesserten Selbstzugang steht.

7.2.3 *Fragestellung 5 – Selbstzugang und Berufswahlsicherheit*

An dieser Stelle steht nun noch die Auswertung der Fragestellung an: „Zeigt die Treatmentgruppe gegenüber der Kontrollgruppe, dass ein veränderter Selbstzugang die Sicherheit in der Berufswahlentscheidung beeinflusst?" Es konnte in der Hypothesenüberprüfung gezeigt werden, dass die Treatmentgruppe gegenüber der Kontrollgruppe nach dem SMS – Training über einen veränderten Selbstzugang und eine erhöhte Sicherheit in der Berufswahlentscheidung verfügt. Die Korrelation zeigte einen schwachen negativen Zusammenhang. Der negative Zusammenhang ist auch hier darauf zurückzuführen, dass die Skala in der Berufswahlsicherheit umgekehrt ist, so dass eine negative Wertveränderung auf der Skala eine Stärkung der Berufswahlsicherheit bedeutet.

Die Entwicklung der Berufswahlreife und die damit verbundene Berufswahlentscheidung in den Berufswahltheorien von Holland und Super gehen davon aus, dass sich auf Basis der Auseinandersetzung mit dem Selbstzugang eine Berufswahlentscheidung manifestiert. Sie beschreiben, dass das Individuum bestrebt ist, sein Selbstkonzept mit den beruflichen Anforderungen in Einklang zu bringen, das bedeutet, es wird eine Berufswahl getroffen, die mit den persönlichen Kompetenzen vereinbar ist.

Die berufliche Zufriedenheit und vor allem die Sicherheit hinsichtlich der Berufswahl steigt somit an, umso klarer sich das Individuum hinsichtlich seines Selbst sowie der beruflichen Anforderungen ist (vgl. Ratschinski 2001, S. 173). Dieser Tatsache des theoretischen Konstrukts der Arbeit ist auch die Formulierung der Hypothese mit einer Kausalitätsrichtung geschuldet, nämlich des Einflusses des erhöhten Selbstzugangs in die Richtung der ansteigenden Berufswahlsicherheit. Die Richtung der Kausalität kann in Anlehnung an Sedlmeier & Renkewitz (2008, S. 230) erneut nicht belegt werden, da das Training sowohl die Berufswahlsicherheit als auch den Selbstzugang fördert und die Ergebnisse keine Erkenntnisse dazu liefern, inwiefern und gegebenenfalls welche der beiden Variablen Einfluss auf die andere Variable ausübt.

Die Schüler beschrieben dennoch in ihren Angaben einen Zusammenhang zwischen Berufswahlsicherheit und dem Selbstzugang, so dass die errechnete schwache Korrelation durch die Beschreibungen der Schüler verstärkt werden konnten. Nahezu 23 % der Jugendlichen konnten anhand ihrer verbesserten Selbsteinschätzung mehr Klarheit über ihren Berufswunsch erhalten. 21 % der Teilnehmer beschrieben mit einer verbesserten Selbsteinschätzung, dass sie mit Hilfe eines Praktikums ihre berufliche Passung in einem bestimmten Berufsfeld überprüfen wollen. Ein weiterer Beleg für die Bestätigung des positiven Zusammenhangs zwischen Berufswahlentscheidung und Selbstzugang konnte anhand der in den Lehrertagebüchern formulierten „AHA-Effekte" von Schülern gefunden werden (L1, Z. 37f.). Auch konnten die Schüler „Transferleistungen des Trainings zur Berufswelt und zum Selbstbild erbringen. Sie können nun mit dem Bezug zur Arbeitswelt alle etwas anfangen. [...] Ihnen wird nun klar, wie wichtig es im Beruf ist, wie man nach außen wirkt." (L1, Z. 37f.).

7.3 Zusammenfassung der Hypothesenüberprüfungen

Im Anschluss an die Interpretation der einzelnen Hypothesen kann also davon ausgegangen werden, dass das SMS – Training nach Monigl et al. (2011) eine Wirksamkeit bei der Zielgruppe der benachteiligten Jugendlichen in der Sonderberufsfachschule erzielt, da bei den Untersuchungen zur Berufswahlsicherheit, Selbstzugang und Handlungsorientierung jeweils positive Mittelwertveränderungen in Folge des Trainings nachgewiesen werden konnten. Aufgrund dieser Tatsache wird die Wirksamkeit im vorliegenden Forschungsdesign angenommen, auch wenn nicht bei allen Ergebnissen eine Signifikanz festgestellt werden konnte. Es wird davon ausgegangen, dass diese Nichtsignifikanz wie oben bereits erwähnt der Tatsache der geringen Stichprobe und den teilweise fehlenden Werten geschuldet ist. Wie im nachfolgenden Schaubild visualisiert, konnten Korrelationen zwischen den Variablen Berufswahlsicherheit, Selbstzugang und Handlungsorientierung rechnerisch bestätigt werden. Es konnte aufgezeigt werden, dass sich die jeweiligen Aspekte gegenseitig positiv beeinflussen, auch wenn die Kausalrichtung des Einflusses nicht nachgewiesen werden konnte. Das Schaubild zeigt nochmals die Korrelationen und nachgewiesenen Zusammenhänge:

Abb. 50: Korrelationszusammenhänge

Ausgehend von den theoretischen Konzepten nach Kuhl & Quirin kann angenommen werden, dass der gesteigerte Selbstzugang die Handlungsorientierung der Jugendlichen positiv beeinflusste und die Trainingsteilnehmer sogar aus der Lageorientierung in die Handlungsorientierung führte. Super geht in seiner Theorie davon aus, dass ein guter Selbstzugang die Berufswahlsicherheit der Jugendlichen maßgeblich beeinflusst. Hinsichtlich der Einflussrichtung zwischen der Handlungs-orientierung und der Berufswahlsicherheit konnte theoretisch erarbeitet werden, dass eine handlungsorientierte Person in der Lage ist, die eigenen Bedürfnisse mit den Ansprüchen des Berufes realistisch abzugleichen und gleichzeitig auch eine Sicherheit in einer Entscheidung die Handlungsorientierung positiv beeinflusst.

Im folgenden Kapitel wird nun anhand der qualitativen Daten der Schülergruppe sowie der Lehrkräfte auf weitere Erfahrungen, Aspekte und Wirkungszusammenhänge des Trainings eingegangen. Es werden aus den Aussagen erste Rückschlüsse darauf gezogen, welche Adaptionen für die benachteiligten Jugendlichen in der Sonderberufsfachschule hilfreich sein könnten, um das ursprünglich für eine andere Zielgruppe entwickelte Programm noch optimaler auf die Bedürfnisse der Jugendlichen in dieser spezifischen Lebenslage anwenden zu können.

7.4 Auswertung qualitativer Daten

Die Lehrkraft 2 beschrieb in ihren Aufzeichnungen im Lehrertagebuch, dass das Training für die Zielgruppe der Jugendlichen in der Sonderberufsfachschule „in dieser Form nicht [...] geeignet" ist (L2, Z. 49). Begründet wurde dies damit, dass die Texte und Inhalte für die Schüler schwer verständlich gewesen seien und für sie auch nur bedingt übertragbar seien. Ähnliches beschrieb auch die Lehrkraft 3: Die Schüler zeigten Verständnisschwierigkeiten hinsichtlich verschiedener Begriffe, welche somit zuerst erarbeitet werden mussten, bevor ein Einstieg in die eigentlichen Aufgaben möglich war (vgl. L3, Z. 71f.). Das

Reflektieren und die Übertragung der Inhalte des Trainings sei den Schülern zunächst nicht leicht gefallen (vgl. L3, Z. 57ff.). Diese Lehrkraft beschreibt unmittelbar darauf, dass sie durch die Übertragung der Inhalte mittels eines Beispiels bei den Schülern ein Verständnis schaffen konnte und dass durch diese Schaffung eines Transfers die Schüler die Aufgaben bearbeiten konnten (vgl. L3, Z. 62ff.). Auch die Lehrkraft 1 berichtet in ihren Lehrertagebuch-einträgen, dass die Schüler sehr engagiert mitarbeiteten, wenn sie durch zusätzliche Erklärungen den Einstieg in das Thema geschafft hatten. „Schüler haben richtig Spaß! [...] Alle arbeiten engagiert. Tolle Stunde" (L1, Z. 27ff.). Die Lehrkraft formuliert, dass das Training optimal zur aktuellen Situation der Berufsorientierung der Schüler passt und fasst ihr Fazit folgendermaßen zusammen: „Schleppender Start, super Transfers, guter Schluss" (L1, Z. 40f.). Die Aussagen der Schüler zur Frage 1, was sie gut fanden, bestätigen diese positive Einschätzung der Lehrkräfte: Nahezu 21 % beschrieben auf die Frage, was sie am Training gut fanden, dass sie das Training mit den Gruppenarbeiten und den Inhalten als sehr abwechslungsreich empfanden. 27% der Teilnehmer äußerten, dass sie durch das Training gelernt haben, wie sie selbst sind und weitere knapp 20 % formulierten, dass sie das Training im Allgemeinen gut fanden. Lediglich 8 % äußerten, dass sie nicht wissen, was sie gut fanden bzw. dass sie das Training nicht gut fanden. Auch zur Frage 3, was sie am Training anders machen würden, äußerten 20 %, dass sie nichts ändern würden, da sie das Training gut fanden und ihnen das Programm Spaß bereitet hatte.

Die Jugendlichen äußerten hinsichtlich der Frage 4, was sie nun darüber wissen, was sie gut bzw. weniger gut können, folgende Aspekte: 35 % der Jugendlichen formulierten, dass sie nun ein Bild über sich beschreiben können. 6 % äußerten, dass sie infolge des Trainings wissen, welche Richtung sie beruflich einschlagen wollen und 3 % haben viel Neues über sich gelernt. 19 % Prozent äußerten hingegen, dass sie „eigentlich nicht viel" über ihr Können wissen und 35 % machte keine Angaben. Als Schlussfolgerung lässt sich dazu festhalten, dass mehr als zwei Drittel der Jugendlichen, welche sich zu dieser Frage geäußert hatten, in ihrem Erleben deutlich durch das Training profitieren und Lerneffekte bezeichnen konnten.

Hinsichtlich der Berufswahl konnten mehr als zwei Drittel der Jugendlichen, welche zu Frage 5 eine Aussage getroffen hatten (was sie gelernt haben, wie sie einen passenden Beruf auswählen), infolge des Trainings eine Vorstellung bezüglich der Berufswahl aussprechen. Die Kategorie der meisten Nennungen ist die, dass sie sich selbst inzwischen gut einschätzen und deshalb Rückschlüsse treffen können, „was für Beruf für mich geeignet ist". Die zweitstärkste Kategorie ist die, dass die Jugendlichen das Ziel haben, sich selbst in einem Praktikum auszuprobieren und die Passung zu dem Berufsfeld durch die Selbstwahrnehmung überprüfen wollten. Weniger als ein Drittel der gegebenen Antworten beinhaltete, dass sie nicht wüssten, was sie gelernt hätten. Als sehr wirkungsvoll kann das Training auch hinsichtlich der Tatsache bewertet werden, dass 69 % der Teilnehmer, welche eine Antwort zur Frage nach den beruflichen Zielen und Plänen gaben, einen konkreten Beruf äußerten, den sie erlernen wollen. 17 % der Teilnehmer, welche eine Antwort gegeben hatten, beschrieben, dass sie nach dem Absolvieren der Ausbildung einen festen Job finden möchten. Diese Zahlen sprechen dafür, dass zu Ende des Trainings ein deutlicher Effekt hinsichtlich der Entscheidung der Berufswahl festgestellt werden kann.

Deutlich wird im Vergleich der Lehrertagebücher, dass bei den Lehrkräften 1 und 3, welche das SMS-Trainingsprogramm auf die Besonderheiten der Zielgruppe intuitiv adaptiert hatten, sehr gute Ergebnisse erwachsen konnten und die Zufriedenheit mit dem Training positiv war. Aus den Meinungsbildern der Lehrkräfte kann somit entnommen werden, dass das Training für die Zielgruppe der Sonderschule hilfreich war, und dass ein passenderer Sprachjargon vermutlich noch bessere Wirksamkeitseffekte erzielen könnte. Die Bestätigung dessen brachte auch die Aussage von 30 % der Trainingsteilnehmer, dass in ihrer Wahrnehmung sehr viele Fragen zu bewältigen waren und „komplizierte Wörter" benutzt wurden. Diese Schwierigkeiten bei dem Verständnis kann auch zum Empfinden von 11 % der Teilnehmer geführt haben, dass ihnen das Training zu lang war. Hinsichtlich ihrer Vorschläge zu Frage 3, was sie anders machen würden, antworteten ebenfalls 23 %, dass sie „Die Fragen anders und besser formulieren und einfacher machen" würden. Auch bedarf es einer Anpassung einiger Aufgaben in Training, welche mit den Möglichkeiten der Zielgruppe eine höhere Vereinbarkeit aufzeigen, bspw. hinsichtlich der Berufsbilder. Die Vermutung liegt nahe, dass infolge der Anpassung der Methoden an die Zielgruppe auch in der quantitativen Hypothesenüberprüfung noch stärkere Ergebnisse hinsichtlich der Effektstärke sowie der Signifikanz auftreten würden, wenn die Passung des Trainings auf diese besondere Zielgruppe erhöht würde und die Untersuchungen großflächiger durchgeführt werden könnten.

Hinsichtlich der Anpassung des Trainings auf die Schüler der Sonderberufsfachschule wäre es sicherlich hilfreich, die Inhalte des Trainings derart auszuweiten, dass in einem ersten Schritt unter Einbeziehung speziell für die Zielgruppe entwickelter Aufgaben noch ausführlicher an den Persönlichkeitsaspekten gearbeitet werden kann, so dass die Schüler mehr Unterstützung bei der Entwicklung ihres Wissens hinsichtlich ihrer individuellen Wünsche und Bedürfnisse, Stärken und Schwächen, ihrer Selbstdarstellungsfähigkeit nach außen sowie eine Stärkung ihrer Handlungsorientierung erhalten. Somit könnten der Selbstzugang und das Selbstkonzept weiter gestärkt werden. 16 % der Schüler wünschen sich bei Frage 3, was sie anders machen würden, dass „mehr über die Zukunft der einzelnen Personen" gesprochen werden sollte. Dem Bedarf nach einer konkreten Beratung und Auseinandersetzung mit dem Individuum könnte durch die Integration von Coaching-Elementen im Einzelsetting Rechnung getragen werden.

Ein weiterer wichtiger Aspekt, der in den Tagebucheinträgen der Lehrkräfte 1 und 3 deutlich wurde, ist der Zeitfaktor bei dieser Zielgruppe: Den Schülern Zeit zu geben, sich auf das Training einzustellen und ihnen Zeit zu geben, sich thematisch und insbesondere auch persönlich zu öffnen. Deutlich wurde, dass die Jugendlichen in der Sonderberufsfachschule hinsichtlich ihres Selbst-konzepts zu Beginn des Trainings keinen realistischen Bezug aufweisen konnten. Beschrieben wurde die Gruppe der Schüler, die sich massiv überschätzten und andererseits die Jugendlichen, die sehr verunsichert waren. Um an diesem sehr persönlichen Thema wirklich arbeiten zu können, bedarf es einer vertrauensvollen Atmosphäre, die im schulischen Kontext zunächst entwickelt werden muss. Dieser Aspekt wäre wünschenswert, doch muss natürlich hier auch die Frage gestellt werden, ob Schule diese Gegebenheiten auch wirklich bereitstellen kann, oder ob dieses Thema im schulischen Kontext eher an der Oberfläche bleiben sollte, da Lehrer dadurch verstärkt in die Ausführung eines Doppelmandats (Notengeber vs. Vertrauensperson) gelangen würden.

Hinsichtlich der methodischen Vorgehensweise zeigten die Aussagen der Lehrkräfte 1 und 3, dass die Schüler Schwierigkeiten in dem Verständnis der Fragen aufwiesen. Außerdem äußerten 23 % der Schüler in ihren Vorschlägen zu Frage 3, was sie anders machen würden, dass sie „Die Fragen anders und besser formulieren und einfacher machen" würden. Diese Beobachtung der Verständnisschwierigkeit deckte sich auch mit denen, der Studiendurchführenden während des Ausfüllens der Fragebögen durch die Schüler. Es kamen sehr viele Verständnisfragen zu den Fragebögen, so dass auch hier Begrifflichkeiten zunächst noch einmal beschrieben werden mussten. Dies hatte auch zur Folge, dass viele Schüler vermehrt Zeit zum Ausfüllen des Fragebogens benötigten. Die Beschreibungen der Schwierigkeiten im Verständnis der Fragen erklärt möglicherweise auch die Tatsache, dass im Rücklauf der Fragebögen bei einigen Schülern sehr viele fehlende Werte erschienen, welche die Zahl der Nennungen bei der Auswertung teilweise sehr schmälerte, da verschiedene Items nicht in die Auswertung der quantitativen Daten einfließen konnte. Um die Testauswertung der Zielgruppe besser anzupassen, wäre für diese Zielgruppe die Auswahl sprachlich weniger anspruchsvoller Testverfahren sowie eine Reduktion der Fragebögen sinnvoll, um einerseits die Zielgruppe nicht zu überfordern und dadurch auch die Wahrscheinlichkeit zu erhöhen, eine erhöhte Zahl an Datensätzen zu erhalten. Außerdem könnten als Hilfe zur weiteren Explikation der Schülerdaten Interviews oder Gruppendiskussionen als sinnvolle Instrumente ergänzt werden, da die Schüler vermutlich weniger Schwierigkeiten in der Verbalisierung als in der Verschriftlichung ihrer Erfahrungen aufzeigen. Für die Forschenden können direkte Interviews hilfreich sein, um bei interessanten Aussagen noch intensiver nachfragen zu können, so dass noch weitere Erkenntnisse zu der Wirkweise des Trainings entstehen könnten.

8 Ausblick

Aristoteles wird das Zitat zugeschrieben: "Wenn man die Dinge von ihren Anfängen an wachsen sieht, dann wird man hier wie auch sonst den besten Überblick bekommen." (https://www.bw21.de/Bildung21_Aktuell/ Management wissen/Moderne%20Verwaltung/Seiten/Von-der-Zukunft-her-führen---Theorie-U.aspx). Dieses Zitat zu Ende der Studie soll noch einmal zusammenfassen, was die Quintessenz dieser Arbeit darstellt: Vielfältige Erhebungen, angefangen bei den bundes- über die landesweiten bis hin zu den kommunalen Bildungsberichterstattungen belegen seit vielen Jahren, dass es deutliche schicht-, herkunfts- und geschlechtsspezifische Ungleichheiten im deutschen Bildungssystem gibt. In unserem Rechtssystem ist das Recht auf Bildung verankert und Chancengleichheit ist als Menschenrecht anerkannt. Grundsätzlich ist es für die Chancengleichheit für alle in dieser Gesellschaft lebenden Menschen wünschenswert, von Geburt an die Bedingungen zu schaffen, um den Einzelnen bestmöglichst wachsen zu lassen. Es wurde aufgezeigt, dass diese Chancengleichheit nur in einem langfristigen Prozess der Umgestaltung des Bildungssystems nachhaltig erreicht werden kann. Der Umgestaltungsprozess hat durch die Implementierung der Ganztages-betreuung, Gesamtschulen und die Professionalisierung der Frühen Bildung bereits begonnen. Es bedarf dennoch der weiteren Intensivierung sowie Anstrengungen auf politischer und finanzieller Ebene. Durch die Förderung der Kinder von Geburt an kann ein Ausgleich von Bildungschancen gewährt werden, welchen viele Familien nicht aus eigener Kraft und fehlenden Ressourcen leisten können, seien diese sprachlicher, kognitiver, sozialer oder anderer Art. Durch die Förderung des steten persönlichen Wachstums der Kinder von der frühen Kindheit an kann dazu beitragen, dass auch sie einen besseren Überblick über ihre individuellen Bedürfnisse erhalten können und durch den damit verbundenen gesteigerten Selbstzugang im Laufe ihrer Entwicklung bessere Chancen in verschiedensten Lebenskontexten erhalten.

Doch bis dieser gesellschaftliche Umbau des Bildungssystem vollzogen ist, und vielleicht selbst dann noch, wird es Jugendliche geben, welche aufgrund unterschiedlichster Ursachen, Bedingungen und Rückschläge in ihrem Leben weiterhin eine gesonderte Förderung zur Erreichung eines positiveren Selbstkonzepts und Unterstützung an der Schwelle Schule - Berufseinstieg benötigen werden. Aus diesem Grund wird die Schaffung und Evaluation von Trainings wie diesem jetzt und auch in der Zukunft eine immense Bedeutung zuteil kommen. Die Implementierung des SMS-Trainings in den Unterricht wird aufgrund seiner Wirksamkeitseffekte als sinnvoll erachtet, auch vor der Forderung des Kultusministers des Landes Baden-Württembergs, Herrn Stoch, Qualitätsstandards zur beruflichen Orientierung weiter auszudifferenzieren.

Neben der Weiterentwicklung der strukturellen Gegebenheiten und der Förderung der individuellen Kompetenzen wurde bei der Aufzeigung der benachteiligend wirkenden Einflüsse auch die wichtige Rolle der Eltern bei der Gestaltung der Bildungswege ihrer Kinder deutlich. Um eine ganzheitlich orientiertes Bildungssystem umzusetzen, müssen die Eltern in den Bildungsprozess der Kinder von Beginn an verstärkt einbezogen werden. Insbesondere Eltern aus anderen Kulturkreisen benötigen vermehrte Informationen hinsichtlich des Bildungssystems, um Berührungsängste abbauen zu können. Sie benötigen Informationen dazu, wie sie ihre Kinder im Laufe ihres schulischen Werdegangs gut unterstützten können.

In diesem Forschungsvorhaben wurde konkret der Effekt des SMS-Trainings, das ursprünglich für die Zielgruppe der Haupt- und Realschüler entwickelt wurde, auf eine positive Veränderung des Selbstkonzepts und einer erhöhten Berufswahlsicherheit bei benachteiligten Jugendlichen in der Sonderberufs-fachschule erforscht. Es konnte in allen untersuchten Bereichen eine Verbesserung der Kompetenzen der Jugendlichen festgestellt und von den Jugendlichen mit qualitativen Aussagen belegt werden. Aussagen der Jugendlichen wie „Ich weiß jetzt, wie ich bin" „Weil ich mich jetzt so gut einschätzen kann und weiß, was für ein Beruf für mich geeignet ist" und „Ich weiß jetzt, welche Richtung ich einschlagen möchte" zeigen den individuellen Wert, den dieses Training für die Jugendlichen bringen kann – einerseits für die anstehende Berufswahlentscheidung, und andererseits aber auch im Hinblick auf das ganze Leben mit seinen verschiedenen Facetten. Jugendliche konnten durch das Training über den Abgleich des Selbst- und Fremdbilds ein realistischeres Selbstkonzept entwickeln, welches sie für den aktiven und bewussten Umgang mit den Entscheidungen und Anforderungen des Lebens unterstützen kann. Weiter konnte gezeigt werden, dass Jugendliche infolge des Anstoßes durch das Training unterstützt wurden, eine aktivere Gestalterrolle in ihrem Leben zu übernehmen.

In der Auswertung der Ergebnisse konnten verschiedene Hinweise erhalten werden, wie das Programm noch besser auf diese spezielle Zielgruppe abgewandelt werden könnte. Es wird angenommen, dass die Wirksamkeitseffekte bereits durch einige Adaptionen, (bspw. in Form einer vereinfachten Sprache) deutlich erhöht werden könnten.

Die vorliegende Forschungsarbeit kann aufgrund der kleinen Stichprobe lediglich als ein erster Versuch gewertet werden, Wirksamkeitseffekte zu erheben. Da bislang keine Wirksamkeitsstudien zu Trainings der Berufswahlentscheidung und der Verbesserung des Selbstkonzepts von Jugendlichen in Förderschulen und Übergangssystemen vorliegen, wären intensiver angelegte Untersuchungen in diesem Bereich ein Forschungsdesiderat.

9 Literatur – und Quellennachweis

9.1 Literaturverzeichnis

Antidiskriminierungsstelle des Bundes (Hrsg.): Diskriminierung im Bildungsbereich und im Arbeitsleben. 2013. Verfügbar unter : http://www.antidiskriminierungsstelle.de/SharedDocs/Downloads/DE/publikationen/Gemeinsamer_Bericht_2013.pdf?__blob=publicationFile. Datum des Zugriffs: 18.09.2013

Achtziger, Anja/ Gollwitzer, Peter M.: Rubikonmodell der Handlungsphasen. In: Brandstätter, Veronika 6 Otto, Jürgen H. (Hrsg.): Handbuch der Allgemeinen Psychologie - Motivation und Emotion. Hogrefe Verlag Göttingen 2009, S. 150-156

Autorengruppe Bildungsberichterstattung: Bildung in Deutschland 2012. Ein indikatorengestützter Bericht mit einer Analyse zur kulturellen Bildung im Lebenslauf. W. Bertelsmann Verlag Bielefeld 2012

Baumann, Nicola/ Quirin, Markus: Motivation und Gesundheit. Bedürfnisfrustration als Vermittler zwischen Selbststeuerungsdefiziten und psychosomatischen Symptomen. In: Zeitschrift für Gesundheitspsychologie Nr. 14. Hogrefe Verlag. Göttingen 2006, S.46-53

Basendowski, Sven: Übergang Schule – Beruf von Förderschülern. Verbleibswege und Unterstützungssystem. 2009. Verfügbar unter: http://www.schule-bw.de/schularten/sonderschulen/ubve/unterlagen/ unterstuetzungssystem.pdf, Datum des Zugriffs: 21.12.2013

Beinke, Lothar: Der Einfluss von Peer Groups auf das Berufswahlverhalten von Jugendlichen. Ergebnisse einer Studie aus dem Jahre 2004 einschl. Alleinerziehender und Lehrer. In: Bley, Nikolaus; Rullmann, Marit (Hrsg.): Übergang Schule und Beruf. Aus der Praxis für die Praxis – Region Emscher-Lippe. Wissenswertes für Lehrkräfte und Eltern. Recklinghausen 2006, S. 249-265

Beinke, Lothar: Berufsorientierung und peer groups und die berufswahlspezifischen Formen der Lehrerrolle. Bad Honnef 2004

Beinke, Lothar: Berufswahl und ihre Rahmenbedingungen. Entscheidungen im Netzwerk der Interessen. Frankfurt a.M. 2006

Berkemeyer, Nils/ Bos, Wilfried/ Manitius, Veronika/ Hermstein, Björn/ Khalatbari, Jana: Chancenspiegel 2013. Zur Chancengerechtigkeit und Leistungsfähigkeit der deutschen Schulsysteme mit einer Vertiefung zum schulischen Ganztag. Institut für Schulentwicklungsforschung der Technischen Universität Dortmund. Institut für Erziehungswissenschaft der Friedrich-Schiller-Universität Jena (Hrsg.). Verlag Bertelsmann Stiftung. Gütersloh 2013

Berufsbildungsbericht 2013. Bundesministerium für Bildung und Forschung (BMBF). Referat Grundsatzfragen der beruflichen Aus- und Weiterbildung (Hrsg.). Bonn 2013

Bertelsmann Stiftung (Hrsg.): Chancengerechtigkeit in der Bildung verbessert sich nur langsam (Pressemitteilung 37/2013). Verfügbar unter: http://www.chancen-spiegel.de/downloads-und-presse.html? no_cache=1, Datum des Zugriffs: 11.11.2013

Bildung in Deutschland 2008. Ein indikatorengestützter Bericht mit einer Analyse zu Übergängen im Anschluss an den Sekundarbereich I. Autorengruppe Bildungsberichterstattung (Hrsg.) W. Bertelsmann Verlag. Bielefeld 2008

Bildung in Deutschland 2010. Ein indikatorengestützter Bericht mit einer Analyse zu Perspektiven des Bildungswesens im demografischen Wandel. Autorengruppe Bildungsberichterstattung (Hrsg.) W. Bertelsmann Verlag. Bielefeld 2010

Böhm-Kaspar, Oliver/ Schuchart, Claudia/ Weishaupt, Horst: Quantitative Methoden in der Erziehungswissenschaft. Herausgeber Wigger, Lothar und Vogel, Peter. Wissenschaftliche Buchgesellschaft. Darmstadt 2009

Bojanowski, Arnulf/ Eckardt, Peter/ Ratschinski, Günter: Forschung in der Benachteiligtenförderung. Sondierungen in einer unübersichtlichen Landschaft. Hannover 2004

Bortz, Jürgen/ Döring, Nicola: Forschungsmethoden und Evaluation für Human- und Sozialwissenschaftler. 4., überarb. Aufl. Springer Medizin Verlag. Heidelberg 2006

Braun, Frank/ Lex, Tilly/ Rademacker, Hermann: Probleme und Wege der beruflichen Integration von benachteiligten Jugendlichen und jungen Erwachsenen. Expertise. Deutsches Jugendinstitut. München 1999

Britten, Uwe: Das Berufsausbildungsbuch. Wie Eltern ihre Kinder unterstützen können. 1. Auflage 2008. Balance Buch + Medien Verlag. Bonn 2007

Bundesministerium für Bildung und Forschung: Referat Öffentlichkeitsarbeit: Bildungsausgaben in Deutschland gestiegen, 11.09.2013 (Pressemitteilung 108/2013). Verfügbar unter: http:// www.bmbf.de/ press/ 3510.php, Datum des Zugriffs: 01.10.2013

Bundesministerium für Bildung und Forschung: Referat Öffentlichkeitsarbeit: Bildungsausgaben in Deutschland gestiegen, 03.12.2013 (Pressemitteilung). Verfügbar unter: http://www.bmbf.de/de/899.php, Datum des Zugriffs: 07.12.2013

Bundeszentrale für politische Bildung: Bildung und Chancen. Aus Politik und Zeitgeschichte 49/2008. 1.12.2008. Verfügbar unter: http://www.bpb.de/ shop/zeitschriften/apuz/30793/bildung-und-chancen, Datum des Zugriffs: 01.10.2013

Burgert, Michael: Fit fürs Leben. Grundriss einer Pädagogik für benachteiligte Jugendliche in der Schule, Ausbildung und Erwerbstätigkeit. Armin Vaas Verlag. Langenau 2001

Bußhoff, Ludger: Berufswahl. Theorien und ihre Bedeutung für die Praxis der Berufsberatung. In: Aufgaben und Praxis der Bundesanstalt für Arbeit. Heft 10a (1984), 2.Auflage. Bundesanstalt für Arbeit: Handbuch zur Berufswahlvorbereitung. Nürnberg 1992

Bußhoff, Ludger: Berufsberatung als Unterstützung von Übergängen in der beruflichen Entwicklung. In: Zihlmann, René (Hrsg): Berufswahl in Theorie und Praxis. Verlagsinstitut für Lehrmittel. Zürich 2009, S. 9-67

Butz, Bert: Grundlegende Qualitätsmerkmale einer ganzheitlichen Berufsorientierung. In: Famulla u.a. Berufsorientierung als Prozess. Persönlichkeit fördern, Schule entwickeln, Übergang sichern. Ergebnisse aus dem Programm „Schule- Wirtschaft/ Arbeitsleben". Hohengehren 2008

Butz, Bert: Grundlegende Qualitätsmerkmale einer ganzheitlichen Berufsorientierung. In: Schule Wirtschaft Arbeitsleben. Berufsorientierung als Prozess. Persönlichkeit fördern, Schule entwickeln, Übergang sichern. Band 5 (2008), S. 42-61

Dedering, Heinz: Einführung in das Lernfeld Arbeitslehre. 2. durchges. Aufl. München, Wien. Oldenbourg Verlag. Oldenourg 2000

Deeken, Sven/ Butz, Bert: Berufsorientierung Beitrag zur Persönlichkeitsentwicklung. Expertise im Auftrag des Good Practice Center (GPC) im Bundesinstitut für Berufsbildung. Bonn 2010

Deutsche Gesellschaft für Psychologie: Richtlinien zur Manuskriptgestaltung. 3. überarb. und erw. Aufl. Hogrefe Verlag, Göttingen 2007

Deutscher Verein für öffentliche und private Fürsorge e.V. (Hrsg.): Fachlexikon der sozialen Arbeit. Baden-Baden 2007

Deutsches Institut für Internationale Pädagogische Forschung (DIPF): „PISA 2009: Leistungsniveau und Chancengleichheit erhöht" (Presse-mitteilung). Verfügbar unter: http://www.dipf.de/de/dipf-aktuell/pdf-aktuelles/presseinformationen/pm-2010/DIPF-PM_PISA2009.pdf/view), Datum des Zugriffs: 16.11.2013

Dickhäuser, Oliver: Selbstkonzept der Begabung. In: Brandstätter, Veronika; Otto, Jürgen H. (Hrsg.): Handbuch der Allgemeinen Psychologie – Motivation und Emotion. Hogrefe Verlag. Göttingen 2009, S. 58 – 63

Diederich, Jürgen/ Tenorth, Heinz-Elmar: Theorie der Schule. Ein Studienbuch zu Geschichte, Funktionen und Gestaltung. Cornelsen Verlag Scriptor. Berlin 1997

Ebbers, Ilona (Hrsg.): Praxishandbuch. Curriculum für den Berufswahlunterricht. Betriebsnahe Berufsorientierung und Berufsvorbereitung an der Hauptschule. Wochenschau Verlag. Schwalbach/ Ts 2009

Eberhard, Verena/ Beicht, Ursula/ Krewerth, Andreas/ Ulrich, Joachim Gerd: Perspektiven beim Übergang Schule - Berufsausbildung. Methodik und erste Ergebnisse aus der BIBB-Übergangsstudie 2011. -Schriftenreihe des Bundesinstituts für Berufsbildung Bonn (Hrsg.), Heft 142, 2013. Verfügbar unter: http://www.bibb.de/veroeffentlichungen/de/publication/ download/id/ 7123, Datum des Zugriffs: 27.12.2013

Engel, Uwe/ Hurrelmann, Klaus: Psychosoziale Belastung im Jugendalter. Empirische Befunde zum Einfluß von Familie, Schule und Gleichaltrigengruppe. Berlin 1989

Famulla, Gerd.-E./ Butz, Bert: Berufsorientierung. Stichwort im SWA-Glossar auf der Homepage des Programms „Schule - Wirtschaft/Arbeitsleben", 2005. Verfügbar unter: http:// www.swa-programm.de/ texte_material/ glossar/ index_ html_ stichwort= Berufsorientierung.html, Datum des Zugriffs: 11.11.2013

Fend, Helmut: Neue Theorien der Schule. Einführung in das Verstehen von Bildungssystemen. VS Verlag für Sozialwissenschaften Wiesbaden. 2. durchgesehene Auflage 2008

Fereidooni, Karim: Schule – Migration – Diskriminierung. Ursachen der Benachteiligung von Kindern mit Migrationshintergrund im deutschen Schulwesen. VS Verlag für Sozialwissenschaften Wiesbaden 2011

Fischer, Dietlind: Das Tagebuch als Lern- und Forschungsinstrument. In: Friebertshäuser, Barbara/Prengel, Annedore (Hrsg.): Handbuch Qualitative Forschungsmethoden in der Erziehungswissenschaft. Juventa Verlag. Weinheim 1997

Gehrmann, Axel/ Haas, Tobias/ Pelzmann, Sascha/ Zimmer, Volker: Bildung im Ostalbkreis 2011. Landratsamt Ostalbkreis (Hrsg.). Verfügbar unter: http://www.ostalbkreis.de/sixcms/media.php/26/Bildung_im_Ostalbkreis_ 2011.pdf, Datum des Zugriffs: 11.11.2013

Georg, Walter/ Sattel, Ulrike: Berufliche Bildung, Arbeitsmarkt und Beschäftigung. In: Arnold, R. & Lipsmeier, A. (Hrsg.), Handbuch der Berufsbildung, 2. überarb. u. akt. Aufl. Verlag für Sozialwissenschaften. Wiesbaden 2006, S. 125 – 152

Goetsch, Christa/ Bueb, Bernhard: Wie Benachteiligte aus der Benachteiligung holen? Verfügbar unter: http://www.zeit.de/ video/ 2010-03/ 74604685001/schulreform-goetsch-und-bueb-wie-benachteiligte-aus-der-benachteiligung-holen, Datum des Zugriffs: 20.09.2013

Grgic, Marianna/ Rauschenbach, Thomas/ Schilling, Matthias: Nachwuchs im Nachteil. Wie die große Kluft zwischen Auf- und Absteigern im deutschen Bildungssystem verkleinert werden kann. In: DJI Bulletin. 2/2010, Heft 90, S. 4-7

Grob, Alexander/ Jaschinski, Uta: Erwachsen werden: Entwicklungspsychologie des Jugendalters. 1. Auflage. Beltz Verlag. Weinheim, Basel, Berlin 2003.

Hauptausschusses des Bundesinstituts für Berufsbildung: ndividuelle Förderung und konsistente Wege für den Übergang von der Schule in Ausbildung und Beruf schaffen (Pressemitteilung vom 17. Juni 2011). Verfügbar unter: http://www.bibb.de/dokumente/pdf/Empfehlung_BIBB-HA_ Leitlinien_zur_Verbesserung_Uebergang_Schule_-_Beruf_2011_ 06_20.pdf, Datum des Zugriffs: 11.11.2013

Heinkele, Markus/ Kehl, Klaus (Hrsg.): Bildungswege in Baden-Württemberg. Abschlüsse und Anschlüsse Schuljahr 2011/2012. Ministerium für Kultus, Jugend und Sport Baden-Württemberg. Stuttgart 2010

Helsper, Werner/ Böhme, Jeanette: Jugend und Schule. In: Krüger, Heinz-Hermann/ Grunert, Cathleen (Hrsg.): Handbuch der Kindheits- und Jugendforschung. Wiesbaden 2010, S. 619-659

Hofmann-Lun, Irene: Förderschüler/innen im Übergang von der Schule ins Arbeitsleben. Beruflich-soziale Integration durch gesonderte Förderung? Deutsches Jugendinstitut e.V.. München 2011

Hurrelmann, Klaus: Die Lebenssituation der jungen Generation. In: GEW-HAUPTVORSTAND (Hrsg.): Zukunft in die Schule holen. Lebens-planung, Arbeits- und Berufsorientierung. Tagungsdokumentation. Bielefeld 2009, S. 14-24

Hurrelmann, Klaus: Einführung in die Sozialisationstheorie. 8. Vollständig überarbeitete Auflage. Beltz Verlag. Weinheim und Basel 2002

Hurrelmann, Klaus: Lebensphase Jugend. Eine Einführung in die sozialwissenschaftliche Jugendforschung. Beltz Verlag. Weinheim und München 2010

Iben, Gerd: Soziale Benachteiligung. In: Deutscher Verein für öffentliche und private Fürsorge (Hrsg.) 5. Aufl., Frankfurt /Main 2002, S. 852-853

Iben, Gerd: Chancengleichheit. In: Deutscher Verein für öffentliche und private Fürsorge (Hrsg.) 5. Aufl., Frankfurt /Main 2002, S. 185-186

Impuls MV - Regionalstellen für Gleichstellung von Frauen und Männern am Arbeitsmarkt: Fachgruppe Berufsorientierung und berufliche Bildung: Arbeitsergebnisse 2012. Verfügbar unter: http://www.impuls-mv.de/bo-bb-arbeitsergebnisse, Datum des Zugriffs: 11.11.2013

Innenministerium Baden-Württemberg: Schulpflicht und Schularten. 18.12.2012. Verfügbar unter: http://www.service-bw.de/zfinder-bw-web/lifesituations.do?llid=637349&llmid=0, Datum des Zugriffs: 21.10.2013

Kuhl, Julius: Motivation, Konflikt und Handlungskontrolle. Springer Verlag. Berlin 1983

Kuhl, Julius/ Kazén, Miguel: Handlungs- und Lageorientierung: Wie lernt man, seine Gefühle zu steuern? In: Stiensmeier-Pelster, Joachim / Rheinberg, Falko (Hrsg.): Diagnostik von Motivation und Selbstkonzept. Hogrefe Verlag Göttingen 2003, S. 201-219

Läge, Damian/ Hirschi, Andreas (Hrsg.): Berufliche Übergänge. Psychologische Grundlagen der Berufs-, Studien- und Laufbahnberatung. LIT Verlag. Berlin 2008

Lamnek, Siegfried: Qualitative Sozialforschung. 5., überarb. Aufl., Beltz Verlag. Weinheim 2010

Landesinstitut für Schulentwicklung: Die Bildungsregion Ostalbkreis. 2010. Verfügbar unter: http://www.schule-bw.de/entwicklung/bildungsregionen/ostalbkreis.pdf, Datum des Zugriffs: 20.09.2013

Landesinstitut für Schulentwicklung: Vorqualifizierungsjahr Arbeit/Beruf (VAB). Lehrplanentwürfe gültig ab Schuljahr 2009/2010. Verfügbar unter: http://www.ls-bw.de/bildungsplaene/beruflschulen/bs/bs_vab, Datum des Zugriffs: 11.11.2013

Lauxen-Ulbrich, Maria/ Berwing, Stefan/ Beuttler, Samuel: Exemplarische Auswertung und Interpretation der Daten für den Ostalbkreis aus dem Projekt "Geschlechterdifferenzierende Arbeitsmarktanalyse". Institut für Mittelstandsforschung. Universität Mannheim 2010. Verfügbar Unter: http://esf.uni-mannheim.de/auswertung/auswertung_downloads/auswertung_interpretation/ostalbkreis_auswertungen_interpretationen.pdf, Datum des Zugriffs: 11.11.2013

Laskowsi, Annemarie: Was den Menschen antreibt. Entstehung und Beeinflussung des Selbstkonzepts. Campus Verlag, Frankfurt 2000

Lüpke–Narberhaus, Frauke: Soziale Ungleichhheit: Auch Herkunft wird benotet. Verfügbar unter: http://www.spiegel.de/schulspiegel/wissen/soziale-ungleichheit-auch-herkunft-wird-benotet-a-803605.html, Datum des Zugriffs: 03.10.2013

Maaz, Kai/ Baumert, Jürgen/ Trautwein, Ulrich: Genese sozialer Ungleichheiten im institutionellen Kontext der Schule: Wo entsteht und vergrößert sich soziale Ungleichheit? In: Krüger, Heinz-Hermann u.a.: Bildungsungleichheit revisited. Bildung und soziale Ungleichheit vom Kindergarten bis zur Hochschule. Wiesbaden 2010, S. 57-67

Manager Magazin Online: Weniger Schulabgänger. Bundesregierung warnt vor Azubimangel. Artikel vom 06.05.2012. Verfügbar unter: http://www.manager-magazin.de/politik/deutschland/a-831621.html, Datum des Zugriffs: 11.11.2013

Martens, Jens-Uwe/ Kuhl, Julius: Die Kunst der Selbstmotivierung. Neue Erkenntnisse der Motivationsforschung praktisch nutzen. 3., akt. und erw. Aufl. Verlag W. Kohlhammer, Stuttgart 2009

Mauch, Siegfried: Von der Zukunft her führen - "Theorie-U". Führungsakademie Baden-Württemberg 2009. Verfügbar unter: https://www.bw21.de/ Bildung21_Aktuell/Managementwissen/Moderne%20Verwaltung/Seiten/ Von-der-Zukunft-her-führen---Theorie-U.aspx, Datum des Zugriffs: 03.10.2013

Maul, Karsten/ Lobermeier, Olaf: Nichtprivilegierte Jugendliche übernehmen Verantwortung. Jugendarbeit als milieuübergreifendes Bildungsprojekt. In: deutsche Jugend. Zeitschrift für die Jugendarbeit. 58.Jg., H.7-8, Juli-August 2010, S. 299-308

Mayring, Philipp: Inhaltsanalysen und Interpretation. In: Brandstätter, Veronika; Otto, Jürgen H. (Hrsg.): Handbuch der Allgemeinen Psychologie – Motivation und Emotion. Hogrefe Verlag. Göttingen 2009, S. 563 - 568

Mayring, Philipp: Qualitative Inhaltsanalyse: Grundlagen und Techniken. 11. akt. und überarb. Auflage. Beltz Verlag. Weinheim 2010

Meier, Bernd: Biographisch orientierte Berufswahlvorbereitung. In Schudy (Hrsg.): Berufsorientierung in der Schule, Bad Heilbrunn 2002, S. 143 – 156

Ministerium für Kultus, Jugend und Sport Baden-Württemberg: Berufliche Bildung in Baden-Württemberg. Zugreifbar unter: http://www.kultusportal-bw.de/site/pbs-bw/get/documents/KULTUS.Dachmandant/KULTUS/ zentrale-objekte-multilink/pdf/2013-01-21-BeruflicheBildung.pdf, Datum des Zugriffs: 11.11.2013

Ministerium für Kultus, Jugend und Sport Baden-Württemberg: Bildungswege in Baden-Württemberg. Abschlüsse und Anschlüsse Schuljahr 2013/2014. Zugreifbar unter: http://www.baden-wuerttemberg.de/fileadmin/redaktion/ dateien/PDF/Broschuere_Bildungswege_BW.pdf, Datum des Zugriffs: 11.11.2013

Ministerium für Kultus, Jugend und Sport Baden-Württemberg: Jugendstudie Baden-Württemberg 2013 (Pressemitteilung vom 22.07.2013). Zugreifbar unter: http://www.kultusportal-bw.de/,Lde/Jugendstudie+2013/?LIST PAGE=776825, Datum des Zugriffs: 11.11.2013

Monigl, Eszter/ Amerein, Bärbel/ Stahl-Wagner Christiana/ Behr, Michael: Selbstkompetenzen bei Jugendlichen fördern. Das Trainingshandbuch zur Verbesserung der beruflichen Integration von Haupt- und Realschülern. Hogrefe Verlag. Göttingen 2011

Nickel, Ingo: Von Kerschensteiner bis zur Lernwerkstatt. Theorien und Praxis einer ganzheitlichen Berufsorientierung. Schneider Verlag. Baltmannsweiler 2005

Niemeyer, Beatrix: Begrenzte Auswahl – Berufliche Orientierung von Jugendlichen mit schlechten Startchancen. 2002. Verfügbar unter: http://alt.sowi-online.de/reader/berufsorientierung/niemeyer.htm, Datum des Zugriffs: 08.12.2013

OECD: PISA 2009 Ergebnisse: Zusammenfassung. 2010. Verfügbar unter: http://www.oecd.org/pisa/pisaproducts/46619755.pdf, Datum des Zugriffs: 30.12.2013

OECD: PISA 2012 Ergebnisse im Fokus. Was 15-Jährige wissen und wie sie dieses Wissen einsetzen können. 2013. Verfügbar unter: http://www.oecd.org/ pisa/ keyfindings/ pisa-2012-results-overview-GER.pdf, Datum des Zugriffs: 30.12.2013

OECD: Bildung auf einen Blick 2012: OECD-Indikatoren 2012 DEUTSCHLAND. Verfügbar unter: http://www.oecd.org/ education/ country% 20note% 20 Germany % 20(DE).pdf, Datum des Zugriffs: 30.12.2013

OECD: PISA-Fortschritt in Deutschland: Auch die Schwachen werden besser. Verfügbar   unter: http://www.oecd.org/berlin/presse/pisa-2012-deutschland.htm, Datum des Zugriffs: 03.01.2014

Oerter, Rolf/ Montada, Leo: Entwicklungspsychologie. 6. vollst. überarb. Aufl. Beltz Verlag. Weinheim 2008

Petermann, Franz/ Petermann, Ulrike: Training mit Jugendlichen. Aufbau von Arbeits- und Sozialverhalten. 8. überarbeitete Auflage. Hogrefe Verlag. Göttingen 2007

Pfahl, Lisa: Stigma-Management im Job-Coaching. Berufsorientierungen benachteiligter Jugendlicher. Max-Planck-Institut für Bildungsforschung, Selbstständige Nachwuchsgruppe, Working Paper 1/2004. Verfügbar unter: http://www.mpib-berlin.mpg.de/de/forschung/nwg/NWG_dipl_ pfahl.pdf, Datum des Zugriffs: 11.11.2013

Pieper, Monika: Ich kann was und ich mach was draus! Materialien zur Berufsorientierung. Verlag an der Ruhr. Mühlheim an der Ruhr 2011

Prager, Jens/ Wieland, Clemens: Jugend und Beruf. Repräsentativumfrage zur Selbstwahrnehmung der Jugend in Deutschland. Gütersloh 2005. Verfügbar unter: http://www.bertelsmann-stiftung.de/bst/de/media/ studie_jugend_und_beruf.html, Datum des Zugriffs: 07.12.2013

Prengel, Annedore: Wie viel Unterschiedlichkeit passt in eine Kita? Theoretische Grundlagen einer inklusiven Praxis in der Frühpädagogik. Vortrag beim iFF Fachforum: Von einer Ausländerpädagogik zur inklusiven Frühpädagogik - Neue Anforderungen an frühpädagogische Fachkräfte - 29.06.2010 – München. Verfügbar unter: http:// www. weiterbildungsinitiative.de/uploads/media/WiFF_Fachforum_Inklusion_Im pulsreferat_Prof._Dr._Prengel.pdf, Datum des Zugriffs: 07.12.2013

Prenzel, Manfred/ Sälzer, Christine/ Klieme, Eckhard/ Köller, Olaf (Hrsg.): Fortschritte und Herausforderungen in Deutschland. Zusammenfassung. Waxmann Verlag Münster 2013. Verfügbar unter: http:// www.pisa.tum. de/fileadmin/w00bgi/www/Berichtband_und_Zusammenfassung_2012/PI SA_Zusammenfassung_online.pdf, Datum des Zugriffs: 31.12.2013.

Quirin, Markus/ Kuhl, Julius: Handlungskontrolltheorie. In: Brandstätter, Veronika 6 Otto, Jürgen H. (Hrsg.): Handbuch der Allgemeinen Psychologie - Motivation und Emotion. Hogrefe Verlag, Göttingen 2009, S. 157-162

Quirin, Markus/ Kuhl, Julius: Theorie der Persönlichkeits-System-Interaktionen (PSI). In: Brandstätter, Veronika; Otto, Jürgen H. (Hrsg.): Handbuch der Allgemeinen Psychologie – Motivation und Emotion. Hogrefe Verlag. Göttingen 2009, S. 163 - 173

Rademacker, Hermann: Schule vor neuen Herausforderungen. Orientierung für Übergänge in eine sich wandelnde Arbeitswelt. In: Schudy, Jörg (Hrsg.): Berufsorientierung in der Schule. Grundlagen und Praxisbeispiele. Bad Heilbrunn/ OBB 2002, S.51-68

Rahn, Peter: Übergang zur Erwerbstätigkeit. Bewältigungsstrategien Jugendlicher in benachteiligten Lebenslagen. Wiesbaden 2005

Ratschinski, Günter: Ansätze einer theoriegeleiteten Berufsorientierung und Berufsberatung als Beitrag zur Berufsbildung für benachteiligte Jugendliche. In: Enggruber, Ruth (Hrsg.): Berufliche Bildung benachteiligter Jugendlicher. Empirische Einblicke und sozialpädagogische Ausblicke. Münster 2001, S. 165-196

Ratschinski, Günther: Selbstkonzept und Berufswahl, Pädagogische Psychologie und Entwicklungspsychologie Bd. 71, Rost, Detlef (Hrsg.), Waxmann Verlag. Münster 2009

Rogers, Carl R./ Rosenberg, Rachel L.: Die Person als Mittelpunkt der Wirklichkeit. Klett – Cotta Verlag. Stuttgart 1980

Rudolph, Udo: Motivationspsychologie kompakt. 2. vollst. überarb. Aufl. Beltz Verlag. Weinheim 2009

Schober, Karen: Berufsorientierung im Wandel – Vorbereitung auf eine veränderte Arbeitswelt. Vortrag auf der 2. Fachtagung von „Schule-Wirtschaft/Arbeitsleben". Bielefeld 2002. Verfügbar unter: http://www.sowionline.de/reader/berufsorientierung/schober.htm, Datum des Zugriffs: 11.11.2013

Schudy, Jörg: Berufsorientierung in der Schule. Grundlagen und Praxisbeispiele. Verlag Julius Klinkhardt. Bad Heilbrunn 2002

Schule-Wirtschaft/ Arbeitsleben (SWA): Berufsorientierung: Schule, Wirtschaft und Politik in gemeinsamer Verantwortung. Zwischenbericht zum Programm "Schule-Wirtschaft/ Arbeitsleben". SWA Materialien Nr. 5. 2001. Verfügbar unter: http://www.swa-programm.de/texte_material/ literatur.htm, Datum des Zugriffs 21.12.2013

Sedlmeier, Peter/ Renkewitz, Frank: Forschungsmethoden und Statistik in der Psychologie. Pearson Studium. München 2008

Shell Deutschland Holding (Hrsg.): Jugend 2010. Eine pragmatische Generation behauptet sich. Frankfurt am Main 2010

Seifert, Karl–Heinz: Berufswahl und Laufbahnentwicklung. In C. Graf Hoyos, D. Greif & D. Stahlberg (Hrsg.), Angewandte Psychologie. Psychologie Verlags Union. München 1988

Seifert, Karl-Heinz/ Stangl, Werner: Einstellungen zur Berufswahl und beruflichen Arbeit (EBwA-HS). Verfügbar unter: http://www.stangl-taller.at/STANGL/WERNER/BERUF/TESTS/EBWA/EBwAKurzbeschreib ung.html, Datum des Zugriffs: 21.12.2013

Stadler-Altmann, Ulrike: Das Schülerselbstkonzept. Eine empirische Annäherung. Verlag Julius Klinkhardt. Bad Heilbrunn 2010

Ständige Konferenz der Kultusminister der Länder in der Bundesrepublik Deutschland (Hrsg.): Das Bildungswesen in der Bundesrepublik Deutschland 2011/2012. Darstellung der Kompetenzen, Strukturen und bildungspolitischen Entwicklungen für den Informationsaustausch in Europa. Bonn 2013

Ständige Konferenz der Kultusminister der Länder in der Bundesrepublik Deutschland (Hrsg.): Bildung in Deutschland 2012, 22.06.2012 (Pressemitteilung). Verfügbar unter: http://www.kmk.org/presse-und-aktuelles/meldung/bildung-in-deutschland-2012.html, Datum des Zugriffs: 16.11.2013

Stangl, Werner/ Seifert, Karl-Heinz: Der Fragebogen Einstellungen zur Berufswahl und beruflichen Arbeit (EBwA). Leibniz-Zentrum für Psychologische Information und Dokumentation (ZPID). Trier 1986. Diagnostica 32, Heft 2, S. 153-164. Verfügbar unter: http://www.zpid.de/psychologie/PSYNDEX.php?search=psychauthors&id =0015397, Datum des Zugriffs: 01.01.2014

Stifftung Marktwirtschaft (Hrsg.): Bildungsfinanzierung neu gestalten. Reihe Kronberger Kreis - Studien, Nr. 56. Berlin 2013

Trenkamp, Oliver: Migrantenkinder im Pisa-Test: Die Aufholjagd der Abgehängten. Verfügbar unter: http://www.spiegel.de/schulspiegel/ wissen/migrantenkinder-im-pisa-test-aufholjagd-der-abgehaengten-a-733328.html, Datum des Zugriffs: 20.09.2013

Terhart, Ewald: Entwicklung und Situation des qualitativen Forschungsansatzes in der Erziehungswissenschaft. In: Friebertshäuser, Barbara/ Prengel, Annedore (Hrsg.): Handbuch Qualitative Forschungsmethoden in der Erziehungswissenschaft. Juventa Verlag. Weinheim 1997

Weinberger, Sabine: Klientenzentrierte Gesprächsführung: Lern- und Praxisanleitung für psychosoziale Berufe. 13. Auflage. Beltz Verlag. Weinheim 2011

Wellenreuther, Martin: Quantitative Forschungsmethoden in der Erziehungswissenschaft. Eine Einführung. Juventa Verlag. Weinheim 2000

von Wensierki, Hans-Jürgen/ Schützler, Christoph/ Schütt, Sabine: Berufsorientierende Jugendbildung. Grundlagen, empirische Befunde, Konzepte. Weinheim und München. 2005

Wenzel, Hartmut: Chancengleichheit in der Schule – eine nicht abgegoltene Forderung. In: Krüger, Heinz-Hermann u.a.: Bildungsungleichheit revisited. Bildung und soziale Ungleichheit vom Kindergarten bis zur Hochschule. Wiesbaden 2010, S. 57-67

Werner, Rainer: Kann Schule soziale Benachteiligung ausgleichen? Verfügbar unter: http:// www.welt.de/ debatte/article13936029/Kann-Schule-soziale-Benachteiligung-ausgleichen.html, Datum des Zugriffs: 03.10.2013

Zimbardo, Philip G./ Gerrig, Richard J.: Psychologie. 16., akt. Ausgabe, Pearson Studium. München 2004

Zöfel, Peter: Statistik für Psychologen. Im Klartext. Pearson Studium. München 2003

9.2 Abbildungsverzeichnis

Die folgenden Graphiken und Tabellen wurden eigens anhand der erhobenen Daten mittels SPSS und Excel erstellt:

10 Anhang

10.1 Qualitative Auswertung

10.1.1 *Fragebogen zur Auswertung des Trainings*

QUALITATIVE FRAGEN ZUR AUSWERTUNG DES SMS-TRAININGS

1. Was fanden Sie am Training gut (welche Themen, welche Aufgaben...)?

- o
- o
- o
- o

2. Was fanden Sie am Training schlecht (welche Themen, welche Aufgaben...)?

- o
- o
- o
- o

3. Was würden Sie anders machen (Verbesserungsvorschläge bennen)?

- o
- o
- o
- o

4. Was wissen Sie nun darüber, was Sie gut und was Sie weniger gut können (schreiben Sie bitte auf)?

- o
- o
- o
- o

5. Was haben Sie gelernt, wie Sie einen passenden Beruf auswählen?

- o
- o
- o
- o

6. Welche beruflichen Ziele und Pläne haben Sie?

- o
- o
- o

10.1.2 Kategorien zur Auswertung des SMS-Trainings

1. Was fanden Sie am Training gut (welche Themen, welche Aufgaben...)?

Im Allgemeinen war das Training gut.

> Alles war perfekt.
>
> Im Allgemeinen war das Training gut.
>
> Fast alles.
>
> Alles, vor allem Blatt 4
>
> An sich alles und war auch interessant.
>
> Spaßig
>
> Viel Praxis.
>
> Viel Praxis.
>
> Viele Praxisbeispiele, nicht so langweilig.
>
> Über die Berufswahl.
>
> Das Thema mit dem Beruf war gut.
>
> Ich finde es gut etwas über die Ausbildung und auch andere Sachen zu machen.

Es war abwechslungsreich. Was anderes als normaler Unterricht, viele Gruppenarbeiten.

> Dass man nichts rechnen musste.
>
> Die Fragen.
>
> Gruppenarbeit. Pantomime.
>
> Die Aufgaben.
>
> War gut mit dem Training und dem Sport.
>
> 2.2 Musiker und Sportlerin zwei erfolgreiche Personen. Persönliche Stärken Skaterpark, Lösungen finden. Meine Stärken, ich kann auch was. Wie wirke ich auf andere.
>
> 2.1. Skaterpark Teil 1 und 2, Gesprächs- und Feedbackregeln, Die Freunde Kai und Mark.
>
> 2.2 Musiker und Sportlerin, 2.1 Im Skaterpark
>
> Stärken, Stars.
>
> Dass man ankreuzen kann.

Dass man ankreuzen kann.

Es war abwechslungsreich. Was anderes als normaler Unterricht, viele Gruppenarbeiten.

Dass ich weiß wie ich bin.

Das ich weiß wie ich bin.

Dass es hilft in sich zu sehen wie man selber ist.

Was unsere Stärken und Schwächen waren.

Dass man weiß was deine Stärken und Schwächen sind.

Ich fand gut, dass meine Stärken abgefragt wurden.

Dass man sehr viel über sich erfahren hat.

Selbstbegegnung, dass ich mehr über mich heraus gefunden habe.

Dass man viel über sich erfahren kann.

2.2 Musiker und Sportlerin zwei erfolgreiche Personen. Persönliche Stärken Skaterpark, Lösungen finden. Meine Stärken, ich kann auch was. Wie wirke ich auf andere.

Stärken, Stars.

Ich fand das Training gut weil mir die Berufsfragen gefallen haben.

Ich fand gut die Antwortmöglichkeit und die Antwortmöglichkeit die für dich am besten zutrifft. Verschiedene Berufe die für dich am besten zutreffen.

Dass ich über mich mehr weiß.

Dass man viel über sich denkt.

Dass man mehr über sich wissen kann.

Keine Ahnung. Nichts fand ich gut.

Geht.

Gar nichts.

Nichts fand ich gut.

Ich war nicht da.

Keine Ahnung.

2. Was fanden Sie am Training schlecht (welche Themen, welche Aufgaben...)?

Dass es so viele Fragen waren und komplizierte Wörter.

Die ganzen Fragen und das man zu viel lesen musste.

Dass es so viele Fragen waren und komplizierte Wörter.

Dass die Fragen schlecht gestellt sind.

Alle Fragen.

Die Fragen zu beantworten.

Dass zu viele Fragen da waren.

Die Fragen mit den Gefühlen.

Ich habe Fragen nicht immer verstanden, erst nach nachfragen.

Zu viele Fragen.

Die Ankreuzfragen verändern, weil es manchmal Wörter gab, wo ich nicht verstanden habe.

Viel lesen.

Musiker, Sportler

Die Blätter.

Schwächen und Stärken. Ich weiß es noch immer nicht.

Musiker, Sport

Musiker, Sportler

Blatt 3 und 2 Aufgaben auf Blatt 2

2.4 Die Freunde Kai und Mark.

Ich fand eigentlich keine Frage oder Thema oder Aufgaben schlecht. Ich fand die Fragen gut und nützlich.

Nichts war schlecht.

Eigentlich nichts.

Weiß ich neicht mehr.

Passt alles.

Ich fand alles gut.

Noch nichts.

Ich fand nichts schlecht.

Nichts

Eigentlich gar nichts.

Nichts, alles war gut.

Ich fand eigentlich keine Frage oder Thema oder Aufgaben schlecht. Ich fand die Fragen gut und nützlich.

Dass ich meiste Sachen nicht gewusst habe. Ich fand dieses Training nicht schlecht.

Dass es so lang ist

Dass es so lang ist.

Ich konnte mich nicht konzentrieren / Zeitdruck / Gerede.

Nicht am Stück.

Nicht am Stück.

Lange Pausen zwischen den Themen.

Anstrengend.

Am Anfang haben es viele nicht ganz ernst genommen.

Ich finde es allgemein nicht gut.

Alles

Ich finde es allgemein nicht gut.

Ich weiß nicht was Sie damit bezwecken wollen.

Dass wir nicht Bescheid wissen, um was es sich handelt.

Dass wir nicht genau wissen, um was es geht.

3. Was würden Sie anders machen (Verbesserungsvorschläge benennen)?

Mehr über die Zukunft der einzelnen Person sprechen und über die Ausbildung.

Mehr mit den Schülern reden.

Mehr Zeit lassen.

Mehr Themen.

Mehr über die Zukunft der einzelnen Person sprechen und über die Ausbildung.

Praktikumsbegleitung

Praktikum

Besser konzentrieren.

Alles perfekt zu machen.

Mehr selbstvertrauter sein und nicht mehr so schnell aggressiv werden

Mich mehr darauf zu konzentrieren eine Ausbildung zu meistern.

Eigentlich nichts weil der Test gut ist und Spaß macht

Alles war perfekt.

Nichts

Nichts.

Das hat gepasst.

Passt alles.

Nichts

Gar nichts.

Gar nichts.

Nichts

Eigentlich nichts weil der Test gut ist und Spaß macht

Nichts

Es ist gut so weit.

Nichts.

Die Fragen anders und besser formulieren und einfacher machen.

Die Fragen nicht mehr zu stellen.

Nicht so viele Fragen. Zu viele Blätter.

Manche Aufgaben einfacher machen.

Alles würde ich anders machen. Wenn ich könnte. Ich würde die Fragen anders formulieren.

Die Fragen einfacher stellen.

Die Fragen anders formulieren.

Die Fragen anders und besser formulieren und einfacher machen.

Länger Zeit geben und mit nach Hause nehmen, Fragen einfacher stellen.

Die Fragen anders formulieren.

Wenn ich nichts wusste, dann hätte ich jemand gefragt. Die Fragen aber ein bißchen anders formulieren.

Also ich würde sie nicht anders machen die Fragen, Themen und Aufgaben sind gut. Sind gut auch für andere.

Alles in einer Woche zusammen fassen.

Alles zusammen fassen.

Besser wäre, alles in einer Woche zu machen.

Weiß nicht.

Ich bleib wie ich bin.

Weiß ich nicht.

4. Was wissen Sie nun darüber, was Sie gut und was Sie weniger gut können (schreiben Sie bitte auf)?

Eigentlich nicht viel.

Ich wusste das schon vorher.

Eigentlich nicht viel.

Eigentlich gar nichts.

Nicht alles.

Ich weiß es noch immer nicht.

Nichts

Nichts.

Nichts weiß ich darüber.

Das weiß ich selbst noch nicht.

Weiß ich nicht.

Es ist immer noch so wie vorher, nichts hat sich durch den Fragebogen geändert.

Ich wusste schon immer was ich gut kann und was nicht.

Ich kann ein Bild über mich beschreiben.

Mathe – gut. Deutsch – nicht so gut.

Ich kann gut schrauben. Ich fahr gern Fahrrad. Ich kann wenig aufmerksam sein.

In Mathe bin ich gut. In Deutsch bin ich nicht so gut.

Ich kann gut, wenn ich will, lernen und zu schlecht hab ich keine Anung.

Ich kann gut Fußball spielen , konzentriert Arbeiten.

Ich kann mich nicht im Theorieunterricht konzentrieren. Und der technische Unterricht macht mehr Spaß.

Ich kann kochen, Fußball spielen. Ich kann Arbeiten im Garten und zu Hause, putzen, aufräumen. Ich kann pünktlich sein. Ich kann Basetball spielen. Ich kann Volleyball spielen.

Ja dass ich weiß was ich gut kann und was ich nicht gut kann.

Malen, Streichen und so....

Malen, zeichnen, schreiben.

Handwerk und Holz

An den Ankreuzfragen.

Ich glaube dass ich nicht alles richtig habe.

An den Ankreuzfragen.

Wegen dem Sport.

Gefühle erklären.

Mich zu beschreiben.

Mich unter Kontrolle bekommen, mehr Ausdauer, mein Beruf ist jetzt sicher.

Dass man sein Ich besser kennt.

Ich kann nicht gut mit Leuten reden. Ich kann gut Mathe.

Ja, ich habe v.a. meine Stärken besser kennengelernt.

Ich kann ein Bild über mich beschreiben.

Ich weiß jetzt, welche Richtung ich einschlagen möchte.

Was ich gut kann ist arbeiten. Was ich nicht gut kann ist Theorie und meinen Mitschülern sagen, was ich nicht will.

Ich weiß jetzt das ich ein Beruf oder Ausbildung machen muss um weiter zu kommen ins Berufsleben.

Ich weiß, was ich für einen Beruf machen möchte.

Ich weiß jetzt, welche Richtung ich einschlagen möchte.

Viel Neues

Viel.

Viel.

5. Was haben Sie gelernt, wie Sie einen passenden Beruf auswählen?

Praktikum, probieren, mich selbst wahrnehmen.

Durch das Praktikum.

Eine Arbeit zu suchen.

Der Beruf wo mir gefällt den nehme ich auch.

Ich habe gelernt man sollte Praktikum machen. Und schauen ob es einem Spaß macht.

Das ich in eine Firma etc. hingeh und nach einem Praktikum frage oder Ausbildung. Das ich weiter komm im Berufsleben.

Praktikum, probieren, mich selbst wahrnehmen.

Informieren.

Erkundigen.

Ja, ich habe für Metallberuf gelernt.

Über Berufe.net, Gespräche mit anderen Auszubildenden. Ob meine Arbeit zu meinem Beruf passt.

Informationen über den Beruf bekommen.

Infos über den Beruf.

Info über Beruf. Berufswahl wie es mir gefällt.

Weil ich mich jetzt so gut einschätzen kann und was für Beruf für mich geeignet ist.

Weil ich mich jetzt so gut einschätzen kann und was für Beruf für mich geeignet ist.

Indem ich mich anstreng und dran bleibe nicht nachlasse.

Wegen dem Training und meine Schwächen und Stärken werden.

Dass man mehr über sich weiß.

Das ich einen guten Beruf habe.

Ich habe gelernt das Verkauf mein passende Beruf ist.

Mich auf ein Ziel zu konzentrieren.

Eigene Fähigkeit sind Lagerist, Feinwerker

Maler, Lackierer, Feinwerktechniker mit Maschinen

Was mir Spaß macht, was ich lange Zeit machen kann.

Gucken wo man Stärken und Schwächen hat.

Ob der Beruf zu einem passt oder nicht.

Ich will in den Verkauf.

Über mich viel.

Hilfe durch Eltern

Von meinen Eltern.

Weiß ich nicht

Nichts.

Nichts.

Nichts habe ich gelernt.

Weiß ich nicht.

Weiß ich nicht.

Durch den Fragebogen nichts.

Weiß ich nicht, ich habe meinen Beruf schon ausgewählt.

Ja

Dass man bestimmen muss, welches ich ankreuzen muss.

6. Welche beruflichen Ziele und Pläne haben Sie?

Ausbildung fertig machen und danach einen festen Job finden.

Einen guten Job und ein schönes Leben.

Ausbildung fertig machen und danach einen festen Job finden.

Nach der Ausbildung einen Beruf finden.

Einen Job der Spaß macht, bei dem ich viel Geld bekomme und eine

Ausbildung machen.

Dass ich eine Ausbildung habe und sie schaffe.

Eine Ausbildung machen und nicht für immer bei diesem Beruf bleiben.

Das ich guck was für mich zutrifft zu machen und das ich weiter komm ins Berufsleben das alles gut klappt.

Ich will mehr über meinen Beruf wissen.

Viele

Viele.

Auto, Haus, Familie, Geld, Arbeit

Weiß ich noch nicht.

Nichts.

Noch keine.

Gar keine.

Das weiß ich noch nicht.

Weiß ich noch nicht.

Konkrete Berufswahl

Einzelhandel

Pflegerischer/hauswirtschaftlicher Bereich

Handwerk

Metaller

Mechaniker

Lagerist

Verkäuferin.

Hauswirtschaft.

Maler, Lackierer

Metallberuf machen.

Ich will eine Ausbildung als Lageristin machen und danach mich in dem Beruf hocharbeiten.

Einzelhandelskauffrau

Altenpflegerin

Kinderpflegerin.

Maler/Lackierer

Ein Metallberuf.

Lagerist.

Als Verkäuferin

Altenpflegerin Ausbildung

Beruf steigern, gute Zukunft.

Möchte die Ausbildung zur Bäckerin machen.

Metallerfeinwerker

Lagerist.

Fachlagerist.

Verkäuferin.

Altenpflegerin.

Maurerausbildung

Feinwerktechniker,

Maler, Lackierer

Polsterin

Verkauf.

Restaurantfachfrau.

Ich mache eine Ausbildung als Zimmermann.

Industriemechaniker.

Ich möchte mal in den Verkauf gehen.

Gastronomie.

Zimmermann, Ausbildung

Landmaschinenmechaniker.

Ich will in den Verkauf gehen.

Eine Ausbildung als KfZ-Mechatroniker und dann einen guten Beruf.
Verkäuferin.

Einzelhandelskauffrau

Verkäufer.

1"	**LEHRERTAGEBUCH**
2"	
3"	
4"	**Lehrerin 1:**
5"	
6"	23.09. Umgang mit Misserfolg.
7"	Schüler haben Schwierigkeiten, vor anderen über persönliche Misserfolge zu
8"	sprechen => Nachdem „Eis" gebrochen ist, gute Gespräche.
9"	
10"	27.09. Persönliches Portrait.
11"	Einige Schüler neigen zu massiver Selbstüberschätzung. Wollen „cool" sein und
12"	ziehen es ins Lächerliche durch zu optimistische und unrealistische Beschreibung.
13"	Andere Schüler brauchen Hilfestellung und können erst nach Fremdbild ein
14"	Selbstportrait erstellen. Es fällt auf, dass viele Probleme haben, eigene Stärken zu
15"	benennen.
16"	
17"	30.09. Selbstportrait / Fremdportrait.
18"	Nach Vorarbeit von letzten Stunde kann nun intensiver gearbeitet werden. Schüler
19"	sind offener, trauen sich vor Gruppe über Selbstbild zu sprechen. Geben sich i.R.
20"	des Fremdbilds konstruktive Kritik. Gute Stunde.
21"	
22"	7.10. Wirkung auf andere.
23"	Einige Schüler spielen „Kasper". Es ist offensichtlich, dass sie ihr wahres Selbstbild
24"	hier in diesem Rahmen nicht öffnen. Andere arbeiten gut mit, bringen sich mit ein.
25"	Selbstdarstellung von einigen sehr treffend dargestellt.
26"	
27"	11.10. Mein Vorbild.
28"	Schüler haben richtig Spaß! Sind engagiert bei der Sache. Suchen Bilder im Internet.
29"	„Schwärmen". Es fällt allen leichter, das Vorbild ins „rechte Licht" zu rücken, als sich
30"	selbst. Alle arbeiten engagiert. Tolle Stunde (beste bisher vom SMS).
31"	
32"	18.11. Nach langer Pause (viele waren Praktikum). Heute Besprechung
33"	Wunschberuf.
34"	=> Einstieg fällt nach längerer SMS-Pause schwer. Nach 30 Minuten kommen AHA-
35"	Effekte. „Wir haben das doch bei den Stärken gemacht! Jetzt weiß ich, warum!" Die
36"	Schüler schaffen Transfers zu ziehen! 1. Praktikumserfahrung liegt hinter ihnen. Sie
37"	können nun mit dem Bezug zur Arbeitswelt alle etwas anfangen. Wir gehen noch mal
38"	auf Selbstbild Fremdbild ein. Ihnen wird nun klar, wie wichtig es im Beruf ist, wie man
39"	nach außen wirkt.
40"	Eigentlich ist Zeitpunkt nun optimal, da Berufsorientierung im vollen Gange ist.
41"	Schleppender Start, super Transfers, guter Schluss.
42"	
43"	
44"	
45"	**Lehrer 2:**
46"	
47"	Texte/Ansprüche zu schwer für Schüler.
48"	Inhalte/Aussagen für sie nur stark reduziert verständlich/übertragbar.
49"	Fazit: In dieser Form nicht für unsere Schüler geeignet.
50"	
51"	

52"	**Lehrerin 3:**
53"	
54"	Station 1:
55"	‚"Vervollständigen des Comics hat gut funktioniert, Ergebnisse entsprachen den
56"	erwarteten Antworten.
57"	- Gemeinsame Besprechung
58"	Erkenntnisse auf die eigene Lebenssituation fiel schwer.
59"	Reflektieren nicht möglich
60"	Keiner traute sich zu erzählen
61"	Situationen, die es gab, konnten nicht wiedergegeben werden.
62"	- Abhilfe durch Fragestellung
63"	„Wie war es denn beim Fahrradfahren lernen?" Dann war es möglich, die Frage zu
64"	bearbeiten. „Wie gehe ich mit Mißerfolge um?"
65"	
66"	Station 2, 26.11.2013:
67"	Immer wieder Hinweis auf Gesprächsregeln/Feedbackregeln. Diese werden ständig
68"	missachtet.
69"	
70"	Arbeitsblatt 2.2. Musiker + Sportlerin
71"	Begriffe werden erklärt und besprochen, hohes Defizit!
72"	
73"	1.3 Erfolgserlebnis Musiker
74"	Beim Lesen sind die Jugendlichen zum großen Teil nicht in der Lage, das Gelesene
75"	zu verstehen und Erfolgserlebnisse + Stärken zu benennen.
76"	Eigene Ziele sind sehr dürftig.
77"	Lieblingssportler oder Schauspieler werden oberflächlich beschrieben. Aussehen
78"	sehr wichtig. Herkunftsland/Nationalität meist nicht bekannt.
79"	
80"	2.4 Kai und Mark
81"	Gute oder schlechte Eigenschaften im Text zu erkennen fällt den Schülern schwer.
82"	Die Begründungen fallen spärlich aus.
83"	
84"	2.5 Begründungen und Vorschläge
85"	Oft fehlt Wesentliches.
86"	
87"	2.6 Eigenes Stärkenblatt
88"	Fußball, kochen, putzen, Sport ... sind oft genannt. Eigenschaften wie
89"	Zuverlässigkeit, Pünktlichkeit, Ordentlichkeit... fallen selten
90"	(Mehr Zeit in Anspruch genommen als Vorgabe)
91"	
92"	Station 3:
93"	Schüler können schlecht benennen, wie sie auf andere wirken und was ein gutes
94"	Erscheinungsbild ist.
95"	

10.1.4 *Paraphrase und Kategorienbildung der Lehrertagebücher*

Passagen (Zeilen)	Paraphrase	Kategorien
6-8 17-20 32-39 57-64 87-90	Anfangs Öffnungshemmungen, Adaption auf Zielgruppe, dann gute Gespräche und Mitarbeit	Nach Abbau der Öffnungshemmung und Adaption auf Zielgruppe sind gute Gespräche möglich
10-15 22-25	Massive Selbstüberschätzung vs. Ängste/Unfähigkeit seitens der Schüler, Selbstbild zu benennen.	Unsicherheit des Selbstbilds der Schüler
27-30 40-41 55-56	Interessante Methoden, engagierte Mitarbeit. Training optimal zum Thema Berufswahlentscheidung passend, super Transfers	Tolle Methoden, Praxistransfer gelungen
47-49 66-68 70-71 73-78 80-82 84-85 92-94	Texte/Ansprüche zu schwer für Schüler. Schüler sind weitgehend nicht in der Lage, Begrifflichkeiten und damit auch Gelesenes zu verstehen. Adaption auf Zielgruppe nötig.	Adaption des Trainings auf Zielgruppe ist nötig.

10.2 Quantitative Auswertung

10.2.1 *Fragebogen Deckblatt*

Liebe Schülerin, lieber Schüler,

wir denken, dass Jugendliche auf ihre Berufswahl und Berufsleben gut vorbereitet werden sollen. Deshalb haben wir ein Training entwickelt das schon in mehreren Klassen getestet wurde.

Damit das Training noch besser werden kann, möchten wir genau wissen, was für Jugendliche am hilfreichsten ist. Deine Mitarbeit ist für unsere Forschung sehr wichtig. Bitte beantworte deshalb die folgenden Fragebögen.

Deine Angaben bleiben vertraulich, nur das Forscher Team von der Hochschule sieht die Bögen.

Wichtig: Beantworte die Fragen für dich persönlich und <u>kreuze immer nur eine Antwortmöglichkeit an</u>. Es gibt keine richtigen und keine falschen Antworten, denn verschiedene Menschen können verschieden denken, fühlen und handeln.

Bearbeite bitte die Fragen rasch und sorgfältig.

Datum:	
Schule und Klasse:	
Name:	Code:
Alter:	
Geschlecht: *weiblich* ◯	*männlich* ◯
Muttersprache:	

10.2.2 Fragebogen – „Einstellungen zur Berufswahl & beruflichen Arbeit"

Bitte kreuze die Antwortmöglichkeit an, die für dich am besten zutrifft! *(EBWA)*

	stimmt nicht	stimmt kaum	stimmt eher	stimmt genau
1. Wenn man sich einmal für einen Beruf entschieden hat, kann man keinen anderen mehr wählen.	○	○	○	○
2. Ich weiß überhaupt nicht, welche Berufe für mich in Frage kommen.	○	○	○	○
3. Das Wichtigste ist, überhaupt einen Ausbildungsplatz zu bekommen, auch wenn man sich für die Tätigkeit nicht besonders interessiert.	○	○	○	○
4. Man sollte einen Beruf wählen, durch den man berühmt werden kann.	○	○	○	○
5. Ich weiß schon ziemlich genau, welche Anforderungen in dem von mir bevorzugten Beruf gestellt werden.	○	○	○	○
6. Ich weiß überhaupt noch nicht, was ich später einmal tun könnte.	○	○	○	○
7. Wenn man gut verdient, braucht man sich beruflich nicht weiterzubilden.	○	○	○	○
8. Es genügt, wenn man sich über einen Beruf informiert hat.	○	○	○	○
9. Die Berufsberatung halte ich für ziemlich überflüssig, schließlich weiß jeder selbst am besten, wofür er geeignet ist.	○	○	○	○
10. Es ist nicht so wichtig, für welchen Beruf man sich entscheidet, da man später noch immer in einen anderen überwechseln kann.	○	○	○	○
11. Für jeden Menschen gibt es nur einen einzigen, für ihn richtigen Beruf.	○	○	○	○
12. Ich weiß nur sehr wenig über die Anforderungen, die in den verschiedenen Berufen gestellt werden.	○	○	○	○
13. Ich schwanke oft, welchen Beruf ich später einmal ergreifen soll.	○	○	○	○
14. Ich habe noch keine Ahnung, wie es einmal sein wird, wenn ich arbeiten gehe.	○	○	○	○
15. Im Berufsleben ist es vor allem wichtig, wie viel Geld man verdient, und nicht, ob einem die Tätigkeit auch zusagt.	○	○	○	○

	stimmt nicht	stimmt kaum	stimmt eher	stimmt genau
16. Wenn man weiß, welchen Beruf man am liebsten ergreifen möchte, braucht man sich nicht (mehr) damit zu beschäftigen, welche beruflichen Möglichkeiten es sonst noch gibt.	○	○	○	○
17. Wenn ich in meinem Wunschberuf keinen Ausbildungsplatz bekomme, nehme ich die nächstbeste Stelle an, die mir angeboten wird.	○	○	○	○
18. Was aus einem Schüler einmal wird, hängt vor allem davon ab, ob er Glück oder Pech im Leben hat.	○	○	○	○
19. Ich weiß nicht recht, was ich tun soll, um den richtigen Beruf zu wählen.	○	○	○	○
20. Ich kann nicht verstehen, dass einige Mitschüler sich so sicher sind, was sie einmal werden sollen.	○	○	○	○
21. Ich weiß schon ziemlich genau, für welche Berufe ich am meisten geeignet bin.	○	○	○	○
22. Ich weiß nicht recht, wie ich den Beruf bekommen kann, den ich eigentlich möchte.	○	○	○	○
23. Bei der Berufswahl ist es wichtiger, einen Beruf zu wählen, der ein hohes Ansehen hat, als einen Beruf, für den man gut geeignet ist.	○	○	○	○
24. Ich denke oft daran, was ich einmal beruflich machen könnte, aber ich habe mich noch nicht für eine bestimmte Tätigkeit entschieden.	○	○	○	○
25. Ich weiß nicht recht, wie ich mich auf meinen späteren Beruf vorbereiten soll.	○	○	○	○
26. Man sollte jeden Arbeitsplatz oder Ausbildungsplatz annehmen, der einem angeboten wird. Wichtig ist allein, dass man überhaupt einen Beruf hat.	○	○	○	○
27. Was meine Berufswahl angeht, so wird sich dies früher oder später von selbst ergeben.	○	○	○	○

Bitte kreuze die Antwortmöglichkeit an, die für dich am besten zutrifft! *(SEZU)*

	trifft gar nicht zu	trifft eher nicht zu	trifft eher zu	trifft genau zu
1. Es fällt mir leicht, Bedürfnisse und Gefühle zu beschreiben.	○	○	○	○
2. Wenn ich launisch bin, kommt es vor, dass ich gar nicht so recht weiß weshalb.	○	○	○	○
3. Meine Gefühle helfen mir bei meinen Entscheidungen.	○	○	○	○
4. Im Allgemeinen weiß ich genau, was ich will.	○	○	○	○
5. Es fällt mir schwer, mich mit unangenehmen Dingen zu konfrontieren.	○	○	○	○
6. Wenn ich aus einer schlechten Stimmung wieder herauskomme, weiß ich oft nicht mehr, was eigentlich der Auslöser war.	○	○	○	○
7. Wenn ein bestimmtes Bedürfnis in mir nicht befriedigt ist (z.B. nach Zärtlichkeit, Dominanz, Erfolg usw.), weiß ich spontan, um welches es sich handelt.	○	○	○	○
8. Oft fällt es mir schwer, einzuschätzen, ob ich noch die nötige Energie habe, eine bestimmte Arbeit zu verrichten.	○	○	○	○
9. Ich kenne meist den Grund für meine Launen.	○	○	○	○
10. Wenn ich mich als Person beschreiben soll, fällt mir auf, dass ich mich eigentlich gar nicht so gut kenne.	○	○	○	○
11. Dass ich Hunger habe, merke ich oft erst daran, wie viel ich esse.	○	○	○	○
12. Für gewöhnlich fällt es mir schwer, meine Gefühle zu beschreiben.	○	○	○	○
13. Wenn ich mich antriebslos fühle, weiß ich oft nicht warum.	○	○	○	○
14. Wenn mich jemand bittet, mich selbst zu beschreiben, kann ich das, ohne lange zu überlegen.	○	○	○	○
15. Gefühle helfen kaum weiter, wenn man wichtige Entscheidungen treffen muss.	○	○	○	○
16. Wenn andere mir erzählen wollen, wie ich eigentlich sei, ist mir oft nicht klar, auf welche Eigenheit sie da anspielen.	○	○	○	○

10.2.4 Fragebogen – „Handlungskontrolle nach Erfolg, Mißerfolg und Prospektiv"

Bitte kreuze zu jeder Frage immer diejenige der beiden Antwortmöglichkeiten (a oder b) an, die für Dich eher zutrifft. *(H90)*

1. Wenn ich weiß, dass etwas bald erledigt werden muss, dann

a. muss ich mir oft einen Ruck geben, um den Anfang zu kriegen.
b. fällt es mir leicht, es schnell hinter mich zu bringen.

2. Wenn ich nichts Besonderes vorhabe und Langeweile habe, dann

a. kann ich mich manchmal nicht entscheiden, was ich tun soll.
b. habe ich meist rasch eine neue Beschäftigung.

3. Wenn ich ein schwieriges Problem angehen will, dann

a. kommt mir die Sache vorher wie ein Berg vor.
b. überlege ich, wie ich die Sache auf eine einigermaßen angenehme Weise hinter mich bringen kann.

4. Wenn ich ein schwieriges Problem lösen muss, dann

a. lege ich meist sofort los.
b. gehen mir zuerst andere Dinge durch den Kopf, bevor ich mich richtig an die Aufgabe heranmache.

5. Wenn ich vor der Frage stehe, was ich in einigen freien Stunden tun soll, dann

a. überlege ich manchmal eine Weile, bis ich mich entscheiden kann.
b. entscheide ich mich meist ohne Schwierigkeit für eine der möglichen Beschäftigungen.

6. Wenn ich eigentlich zu Hause arbeiten müsste, dann

a. fällt es mir oft schwer, mich an die Arbeit zu machen.
b. fange ich meist ohne weiteres an.

7. Wenn ich sehr viele wichtige Dinge zu erledigen habe, dann

a. überlege ich oft, wo ich anfangen soll.
b. fällt es mir leicht, einen Plan zu machen und ihn auszuführen.

8. Wenn ich zu zwei Dingen große Lust habe, die ich aber nicht beide machen kann, dann

a. beginne ich schnell mit einer Sache und denke gar nicht mehr an die andere.
b. fällt es mir nicht so leicht, von einer der beiden Sachen ganz Abstand zu nehmen.

9. Wenn ich etwas Wichtiges, aber Unangenehmes zu erledigen habe, dann

a. lege ich meist sofort los.
b. kann es eine Weile dauern, bis ich mich dazu aufraffe.

10. Wenn ich vorhabe, eine umfassende Arbeit zu erledigen, dann

a. denke ich manchmal zu lange nach, womit ich anfangen soll.
b. habe ich keine Probleme loszulegen.

11. Wenn ich vor einer langweiligen Aufgabe stehe, dann

a. habe ich meist keine Probleme, mich an die Arbeit zu machen.
b. bin ich manchmal wie gelähmt.

12. Wenn ich etwas Interessantes lese, dann

10.2.5 *Fragebogen – „Erfahrungen der Jugendlichen mit dem Trainingsprogramm" (Pretest)*

Hier geht es um Deine persönlichen Erwartungen bezüglich des Trainings. Bitte kreuze die Antwortmöglichkeit an, die für dich am besten zutrifft! *(VOR)*

	stimmt nicht	stimmt kaum	stimmt eher	stimmt genau
1. Ich kenne meine Stärken und Schwächen.	O	O	O	O
2. Mir ist klar was ich will und was ich nicht will.	O	O	O	O
3. Mir ist oft unklar, wie ich über mich denken soll.	O	O	O	O
4. Ich kann genau beschreiben, wie ich bin.	O	O	O	O
5. Ich weiß genau, was ich kann und was ich nicht kann.	O	O	O	O
6. Ich freue mich darauf mehr über mich selbst zu erfahren.	O	O	O	O
7. Ich glaube, dass die Aufgaben interessant werden.	O	O	O	O
8. Ich glaube, dass ich von dem Training profitieren werde.	O	O	O	O
9. Ich freue mich an dem Training teilnehmen zu können.	O	O	O	O

Hier geht es um Deine persönlichen Erfahrungen bezüglich des Trainings.
Bitte kreuze die Antwortmöglichkeit an, die für dich am besten zutrifft! *(NACH)*

	stimmt nicht	stimmt kaum	stimmt eher	stimmt genau
1. Ich kenne jetzt meine Stärken und Schwächen.	○	○	○	○
2. Mir ist klar was ich will und was ich nicht will.	○	○	○	○
3. Mir ist oft unklar, wie ich über mich denken soll.	○	○	○	○
4. Ich kann genau beschreiben, wie ich bin.	○	○	○	○
5. Ich weiß genau, was ich kann und was ich nicht kann.	○	○	○	○
6. Ich habe bei dem Training viel über mich erfahren	○	○	○	○
7. Die Aufgaben waren für mich interessant.	○	○	○	○
8. Das Training war für mich persönlich hilfreich.	○	○	○	○
9. Ich würde das Training meinem besten Freund bzw. meiner besten Freundin empfehlen.	○	○	○	○

10.2.7 *Berechnungen zur Normalverteilung*

Übersicht über Hypothesentest

	Nullhypothese	Test	Sig.	Entscheidung
3	Die Verteilung von Vor_Mittelwert ist normal mit Mittelwert 3,10 und Standardabweichung 0,37.	Kolmogorov-Smirnov-Test einer Stichprobe	,435	Nullhypothese behalten.
7	Die Verteilung von vor_6_9_Mittelwert ist normal mit Mittelwert 3,17 und Standardabweichung 0,58.	Kolmogorov-Smirnov-Test einer Stichprobe	,239	Nullhypothese behalten.
5	Die Verteilung von Vor_1_5_Mittelwert ist normal mit Mittelwert 3,04 und Standardabweichung 0,42.	Kolmogorov-Smirnov-Test einer Stichprobe	,280	Nullhypothese behalten.
4	Die Verteilung von Nach_Mittelwert ist normal mit Mittelwert 2,80 und Standardabweichung 0,54.	Kolmogorov-Smirnov-Test einer Stichprobe	,867	Nullhypothese behalten.
8	Die Verteilung von nach_6_9_Mittelwert ist normal mit Mittelwert 2,68 und Standardabweichung 0,78.	Kolmogorov-Smirnov-Test einer Stichprobe	,086	Nullhypothese behalten.
6	Die Verteilung von Nach_1_5_Mittelwert ist normal mit Mittelwert 2,89 und Standardabweichung 0,63.	Kolmogorov-Smirnov-Test einer Stichprobe	,522	Nullhypothese behalten.
11	Die Verteilung von Ind_Mittelwert_SEZU_Pre ist normal mit Mittelwert 2,62 und Standardabweichung 0,30.	Kolmogorov-Smirnov-Test einer Stichprobe	,167	Nullhypothese behalten.
12	Die Verteilung von Ind_Mittelwert_SEZU_Post ist normal mit Mittelwert 2,64 und Standardabweichung 0,31.	Kolmogorov-Smirnov-Test einer Stichprobe	,834	Nullhypothese behalten.
9	Die Verteilung von Ind_Mittelwert_EbwA_Pre ist normal mit Mittelwert 2,26 und Standardabweichung 0,39.	Kolmogorov-Smirnov-Test einer Stichprobe	,935	Nullhypothese behalten.
10	Die Verteilung von Ind_Mittelwert_EbwA_Post ist normal mit Mittelwert 2,22 und Standardabweichung 0,42.	Kolmogorov-Smirnov-Test einer Stichprobe	,983	Nullhypothese behalten.
13	Die Verteilung von Ind_Gesamt_SEZU_Pre ist normal mit Mittelwert 41,95 und Standardabweichung 4,87.	Kolmogorov-Smirnov-Test einer Stichprobe	,167	Nullhypothese behalten.
14	Die Verteilung von Ind__Gesamt_SEZU_Post ist normal mit Mittelwert 42,31 und Standardabweichung 5,04.	Kolmogorov-Smirnov-Test einer Stichprobe	,834	Nullhypothese behalten.
2	Die Kategorien von H_Pre_Summe treten mit gleichen Wahrscheinlichkeiten auf.	Chi-Quadrat-Test einer Stichprobe	,638	Nullhypothese behalten.
1	Die Kategorien von H_Post_Summe treten mit gleichen Wahrscheinlichkeiten auf.	Chi-Quadrat-Test einer Stichprobe	,369	Nullhypothese behalten.

Asymptotische Signifikanzen werden angezeigt. Das Signifikanzniveau ist ,05.

Kolmogorov-Smirnov-Test einer Stichprobe

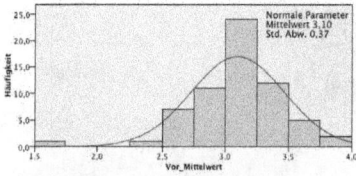

Gesamtanzahl		63
Extremste Differenzen	Absolut	,110
	Positiv	,065
	Negativ	-,110
Teststatistik		,871
Asymptotische Sig. (zweiseitiger Test)		,435

Kolmogorov-Smirnov-Test einer Stichprobe

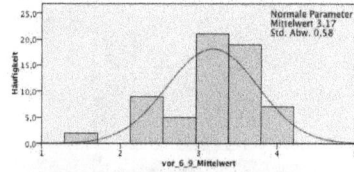

Gesamtanzahl		63
Extremste Differenzen	Absolut	,130
	Positiv	,078
	Negativ	-,130
Teststatistik		1,030
Asymptotische Sig. (zweiseitiger Test)		,239

Kolmogorov-Smirnov-Test einer Stichprobe

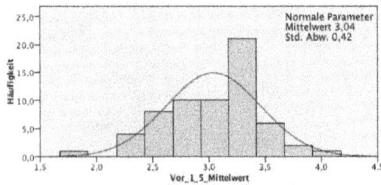

Kolmogorov-Smirnov-Test einer Stichprobe

Gesamtanzahl		63
	Absolut	,125
Extremste Differenzen	Positiv	,097
	Negativ	-,125
Teststatistik		,990
Asymptotische Sig. (zweiseitiger Test)		,280

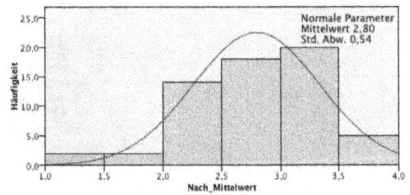

Kolmogorov-Smirnov-Test einer Stichprobe

Gesamtanzahl		61
	Absolut	,077
Extremste Differenzen	Positiv	,076
	Negativ	-,077
Teststatistik		,598
Asymptotische Sig. (zweiseitiger Test)		,867

Kolmogorov-Smirnov-Test einer Stichprobe

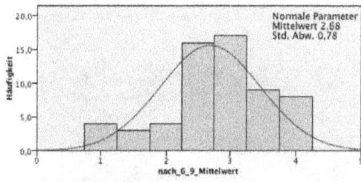

Normale Parameter
Mittelwert 2,68
Std. Abw. 0,78

Gesamtanzahl		61
	Absolut	,161
Extremste Differenzen	Positiv	,087
	Negativ	-,161
Teststatistik		1,254
Asymptotische Sig. (zweiseitiger Test)		,086

Kolmogorov-Smirnov-Test einer Stichprobe

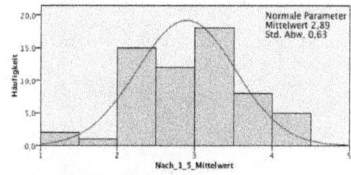

Normale Parameter
Mittelwert 2,89
Std. Abw. 0,63

Gesamtanzahl		61
	Absolut	,104
Extremste Differenzen	Positiv	,088
	Negativ	-,104
Teststatistik		,813
Asymptotische Sig. (zweiseitiger Test)		,522

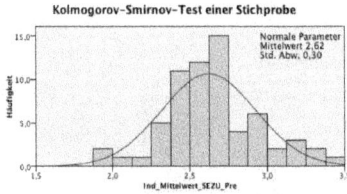

Kolmogorov-Smirnov-Test einer Stichprobe

Normale Parameter
Mittelwert 2,62
Std. Abw. 0,30

Ind_Mittelwert_SEZU_Pre

Gesamtanzahl		65
	Absolut	,138
Extremste Differenzen	Positiv	,138
	Negativ	-,070
Teststatistik		1,114
Asymptotische Sig. (zweiseitiger Test)		,167

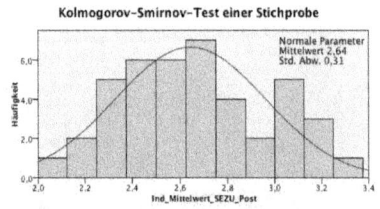

Kolmogorov-Smirnov-Test einer Stichprobe

Normale Parameter
Mittelwert 2,64
Std. Abw. 0,31

Ind_Mittelwert_SEZU_Post

Gesamtanzahl		42
	Absolut	,096
Extremste Differenzen	Positiv	,096
	Negativ	-,086
Teststatistik		,622
Asymptotische Sig. (zweiseitiger Test)		,834

Kolmogorov-Smirnov-Test einer Stichprobe

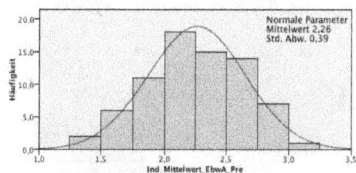

Gesamtanzahl		74
Extremste Differenzen	Absolut	,062
	Positiv	,062
	Negativ	-,060
Teststatistik		,537
Asymptotische Sig. (zweiseitiger Test)		,935

Kolmogorov-Smirnov-Test einer Stichprobe

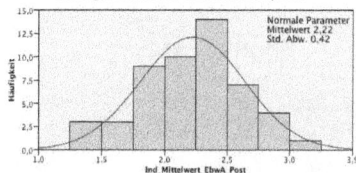

Gesamtanzahl		51
Extremste Differenzen	Absolut	,065
	Positiv	,065
	Negativ	-,056
Teststatistik		,463
Asymptotische Sig. (zweiseitiger Test)		,983

Kolmogorov-Smirnov-Test einer Stichprobe

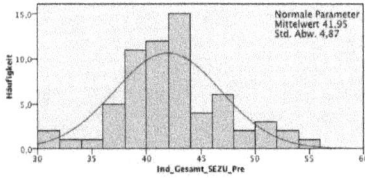

Gesamtanzahl		65
Extremste Differenzen	Absolut	,138
	Positiv	,138
	Negativ	-,070
Teststatistik		1,114
Asymptotische Sig. (zweiseitiger Test)		,167

Kolmogorov-Smirnov-Test einer Stichprobe

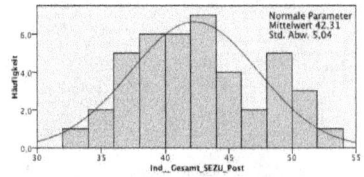

Gesamtanzahl		42
Extremste Differenzen	Absolut	,096
	Positiv	,096
	Negativ	-,086
Teststatistik		,622
Asymptotische Sig. (zweiseitiger Test)		,834

Chi-Quadrat-Test einer Stichprobe

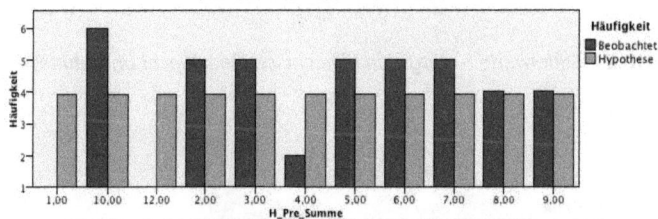

Gesamtanzahl	43
Teststatistik	7,907
Freiheitsgrade	10
Asymptotische Sig. (zweiseitiger Test)	,638

1. Es sind 11 Zellen (100%) mit erwarteten Werten kleiner als 5 vorhanden. Der kleinste erwartete Wert ist 3,909.

Chi-Quadrat-Test einer Stichprobe

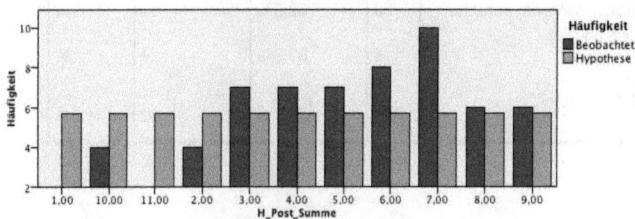

Gesamtanzahl	63
Teststatistik	10,857
Freiheitsgrade	10
Asymptotische Sig. (zweiseitiger Test)	,369

1. Es sind 0 Zellen (0%) mit erwarteten Werten kleiner als 5 vorhanden. Der kleinste erwartete Wert ist 5,727.

10.2.8 *Mittelwerte – Vergleich hinsichtlich Geschlecht und Muttersprache*

Verarbeitete Fälle

	Fälle					
	Eingeschlossen		Ausgeschlossen		Insgesamt	
	N	Prozent	N	Prozent	N	Prozent
SZF_Pre * Gruppe * Geschlecht	120	85,7%	20	14,3%	140	100,0%
SZF_Post * Gruppe * Geschlecht	77	55,0%	63	45,0%	140	100,0%
EBwA_Pre * Gruppe * Geschlecht	138	98,6%	2	1,4%	140	100,0%
EBwA_Post * Gruppe * Geschlecht	88	62,9%	52	37,1%	140	100,0%
HAKEMP_90_Pre * Gruppe * Geschlecht	116	82,9%	24	17,1%	140	100,0%
HAKEMP_90_Post * Gruppe * Geschlecht	78	55,7%	62	44,3%	140	100,0%
SZF_Pre * Gruppe * Herkunftssprache	120	85,7%	20	14,3%	140	100,0%
SZF_Post * Gruppe * Herkunftssprache	77	55,0%	63	45,0%	140	100,0%
EBwA_Pre * Gruppe * Herkunftssprache	138	98,6%	2	1,4%	140	100,0%
EBwA_Post * Gruppe * Herkunftssprache	88	62,9%	52	37,1%	140	100,0%
HAKEMP_90_Pre * Gruppe * Herkunftssprache	116	82,9%	24	17,1%	140	100,0%
HAKEMP_90_Post * Gruppe * Herkunftssprache	78	55,7%	62	44,3%	140	100,0%

SZF_Pre SZF_Post EBwA_Pre EBwA_Post HAKEMP_90_Pre HAKEMP_90_Post * Gruppe * Geschlecht

Gruppe	Geschlecht		SZF_Pre	SZF_Post	EBwA_Pre	EBwA_Post	HAKEMP_90_Pre	HAKEMP_90_Post
Experimental gruppe	weiblich	Mittelwert	2,5990	2,6285	2,2750	2,1878	6,0400	6,1905
		N	24	18	30	25	25	21
		Standardabweichung	,33678	,37712	,38784	,40021	2,11108	2,54203
	männlich	Mittelwert	2,6357	2,6563	2,2526	2,2579	5,9211	6,0909
		N	41	24	44	26	38	22
		Standardabweichung	,28774	,26708	,39742	,44333	2,87939	3,25004
	Insgesamt	Mittelwert	2,6221	2,6443	2,2617	2,2236	5,9683	6,1395
		N	65	42	74	51	63	43
		Standardabweichung	,30467	,31493	,39104	,42001	2,58387	2,89154
Kontroll gruppe	weiblich	Mittelwert	2,6823	2,5331	2,1493	2,3190	6,6000	7,2353
		N	24	17	29	18	25	17
		Standardabweichung	,49656	,37638	,44171	,55976	2,12132	2,86202
	männlich	Mittelwert	2,6331	2,6146	2,3803	2,5166	5,9643	5,0556
		N	31	18	35	19	28	18
		Standardabweichung	,36612	,33572	,48906	,55576	2,30108	2,31294
	Insgesamt	Mittelwert	2,6545	2,5750	2,2756	2,4205	6,2642	6,1143
		N	55	35	64	37	53	35
		Standardabweichung	,42438	,35316	,47877	,55894	2,22011	2,78411
Insgesamt	weiblich	Mittelwert	2,6406	2,5821	2,2132	2,2427	6,3200	6,6579
		N	48	35	59	43	50	38
		Standardabweichung	,42183	,37432	,41643	,47185	2,11351	2,70411
	männlich	Mittelwert	2,6345	2,6384	2,3092	2,3671	5,9394	5,6250
		N	72	42	79	45	66	40
		Standardabweichung	,32138	,29527	,44204	,50469	2,63047	2,87953
	Insgesamt	Mittelwert	2,6370	2,6128	2,2682	2,3063	6,1034	6,1282
		N	120	77	138	88	116	78
		Standardabweichung	,36320	,33243	,43236	,49012	2,41869	2,82548

SZF_Pre SZF_Post EBwA_Pre EBwA_Post HAKEMP_90_Pre HAKEMP_90_Post * Gruppe * Herkunftssprache

Gruppe	Herkunftssprache		SZF_Pre	SZF_Post	EBwA_Pre	EBwA_Post	HAKEMP_90_Pre	HAKEMP_90_Pos
Experimentalgruppe	Deutsche	Mittelwert	2,6378	2,6467	2,2024	2,2304	5,5128	5,600
		N	39	23	42	26	39	2
		Standardabweichung	,31713	,33158	,38922	,41140	2,75176	2,8867
	Andere	Mittelwert	2,5986	2,6414	2,3395	2,2165	6,7083	6,888
		N	26	19	32	25	24	1
		Standardabweichung	,28949	,30251	,38562	,43716	2,13621	2,8052
	Insgesamt	Mittelwert	2,6221	2,6443	2,2617	2,2236	5,9683	6,139
		N	65	42	74	51	63	4
		Standardabweichung	,30467	,31493	,39104	,42001	2,58387	2,8915
Kontrollgruppe	Deutsche	Mittelwert	2,6086	2,5804	2,2453	2,3373	5,8485	6,250
		N	38	21	42	22	33	2
		Standardabweichung	,40418	,32843	,45955	,42573	2,10833	2,7696
	Andere	Mittelwert	2,7574	2,5670	2,3335	2,5424	6,9500	5,933
		N	17	14	22	15	20	1
		Standardabweichung	,46240	,40017	,51962	,71043	2,28208	2,8900
	Insgesamt	Mittelwert	2,6545	2,5750	2,2756	2,4205	6,2642	6,114
		N	55	35	64	37	53	3
		Standardabweichung	,42438	,35316	,47877	,55894	2,22011	2,7841
Insgesamt	Deutsche	Mittelwert	2,6234	2,6151	2,2238	2,2794	5,6667	5,888
		N	77	44	84	48	72	4
		Standardabweichung	,36060	,32794	,42382	,41703	2,46668	2,8221
	Andere	Mittelwert	2,6613	2,6098	2,3371	2,3387	6,8182	6,454
		N	43	33	54	40	44	3
		Standardabweichung	,37082	,34341	,44042	,56948	2,18103	2,8404
	Insgesamt	Mittelwert	2,6370	2,6128	2,2682	2,3063	6,1034	6,128
		N	120	77	138	88	116	7
		Standardabweichung	,36320	,33243	,43236	,49012	2,41869	2,8254

10.2.9 SPSS – Rechnungen EBwA

Verarbeitete Fälle

	Fälle					
	Eingeschlossen		Ausgeschlossen		Insgesamt	
	N	Prozent	N	Prozent	N	Prozent
Ind_Mittelwert _EbwA_Pre * Gruppe	138	98,6%	2	1,4%	140	100,0%

Bericht

Ind_Mittelwert_EbwA_Pre

Gruppe	Mittelwert	N	Standardabweichu ng
Experimentalgruppe	2,2617	74	,39104
Kontrollgruppe	2,2756	64	,47877
Insgesamt	2,2682	138	,43236

Gruppenstatistiken

	Gruppe	N	Mittelwert	Standardabweichung	Standardfehler des Mittelwertes
Vortest_EBwA_ Mittelwerte	Experimentalgruppe	74	2,2617	,39104	,04546
	Kontrollgruppe	64	2,2756	,47877	,05985

Test bei unabhängigen Stichproben

		Levene-Test der Varianzgleichheit		T-Test für die Mittelwertgleichheit		
		F	Signifikanz	T	df	Sig. (2-seitig)
Vortest_EBwA_Mittelwert e	Varianzen sind gleich	2,256	,135	-,189	136	,851
	Varianzen sind nicht gleich			-,186	121,704	,853

Test bei unabhängigen Stichproben

| | | T-Test für die Mittelwertgleichheit | | | |
| | | Mittlere Differenz | Standardfehler der Differenz | 95% Konfidenzintervall der Differenz | |
				Untere	Obere
Vortest_EBwA_Mittelwerte	Varianzen sind gleich	-,01396	,07407	-,16043	,13251
	Varianzen sind nicht gleich	-,01396	,07515	-,16274	,13481

Gruppenstatistiken

	Gruppe	N	Mittelwert	Standardabweichung	Standardfehler des Mittelwertes
Ind_Mittelwert_EbwA_Pre	Experimental gruppe	74	2,2617	,39104	,04546
	Kontrollgruppe	64	2,2756	,47877	,05985
Ind_Mittelwert_EbwA_Post	Experimental gruppe	51	2,2236	,42001	,05881
	Kontrollgruppe	37	2,4205	,55894	,09189

Test bei unabhängigen Stichproben

| | | Levene-Test der Varianzgleichheit | | T-Test für die Mittelwertgleichheit | | |
		F	Signifikanz	T	df	Sig. (2-seitig)
Ind_Mittelwert_EbwA_Pre	Varianzen sind gleich	2,256	,135	-,189	136	,851
	Varianzen sind nicht gleich			-,186	121,704	,853
Ind_Mittelwert_EbwA_Post	Varianzen sind gleich	1,195	,277	-1,887	86	,062
	Varianzen sind nicht gleich			-1,805	63,825	,076

		T-Test für die Mittelwertgleichheit			
		Mittlere Differenz	Standardfehler der Differenz	95% Konfidenzintervall der Differenz	
				Untere	Obere
d_Mittelwert_EbwA_Pre	Varianzen sind gleich	-,01396	,07407	-,16043	,13251
	Varianzen sind nicht gleich	-,01396	,07515	-,16274	,13481
d_Mittelwert_EbwA_Post	Varianzen sind gleich	-,19689	,10432	-,40427	,01048
	Varianzen sind nicht gleich	-,19689	,10910	-,41486	,02107

Verarbeitete Fälle

	Fälle					
	Eingeschlossen		Ausgeschlossen		Insgesamt	
	N	Prozent	N	Prozent	N	Prozent
Ind_Mittelwert_EbwA_Pre * Gruppe	138	98,6%	2	1,4%	140	100,0%
Ind_Mittelwert_EbwA_Post * Gruppe	88	62,9%	52	37,1%	140	100,0%

Bericht

Gruppe		Ind_Mittelwert_EbwA_Pre	Ind_Mittelwert_EbwA_Post
Experimentalgruppe	Mittelwert	2,2617	2,2236
	Standardabweichung	,39104	,42001
Kontrollgruppe	Mittelwert	2,2756	2,4205
	Standardabweichung	,47877	,55894
Insgesamt	Mittelwert	2,2682	2,3063
	Standardabweichung	,43236	,49012

10.2.10   SPSS – Rechnungen SZF

T-Test

Gruppenstatistiken

	Gruppe	N	Mittelwert	Standardabweichung	Standardfehler des Mittelwertes
Ind_Mittelwert_SEZU_Pre	Experimentalgruppe	65	2,6221	,30467	,03779
	Kontrollgruppe	55	2,6545	,42438	,05722
Ind_Mittelwert_SEZU_Post	Experimentalgruppe	42	2,6443	,31493	,04859
	Kontrollgruppe	35	2,5750	,35316	,05970

Test bei unabhängigen Stichproben

		Levene-Test der Varianzgleichheit		T-Test für die Mittelwertgleichheit		
		F	Signifikanz	T	df	Sig. (2-seitig)
Ind_Mittelwert_SEZU_Pre	Varianzen sind gleich	7,297	,008	-,486	118	,628
	Varianzen sind nicht gleich			-,473	95,970	,637
Ind_Mittelwert_SEZU_Post	Varianzen sind gleich	,171	,681	,910	75	,366
	Varianzen sind nicht gleich			,901	68,901	,371

Test bei unabhängigen Stichproben

		T-Test für die Mittelwertgleichheit			
		Mittlere Differenz	Standardfehler der Differenz	95% Konfidenzintervall der Differenz	
				Untere	Obere
Ind_Mittelwert_SEZU_Pre	Varianzen sind gleich	-,03243	,06676	-,16463	,09
	Varianzen sind nicht gleich	-,03243	,06858	-,16855	,10
Ind_Mittelwert_SEZU_Post	Varianzen sind gleich	,06935	,07617	-,08239	,22
	Varianzen sind nicht gleich	,06935	,07697	-,08422	,22

10.2.11   SPSS – Rechnungen HAKEMP 90

T-Test

Gruppenstatistiken

	Gruppe	N	Mittelwert	Standardabweichung	Standardfehler des Mittelwertes
H90_Pre	Experimentalgruppe	63	5,9683	2,58387	,32554
	Kontrollgruppe	53	6,2642	2,22011	,30496
H90_Post	Experimentalgruppe	43	6,1395	2,89154	,44096
	Kontrollgruppe	35	6,1143	2,78411	,47060

Test bei unabhängigen Stichproben

		Levene-Test der Varianzgleichheit		T-Test für die Mittelwertgleichheit			
		F	Signifikanz	T	df	Sig. (2-seitig)	Mittlere Differenz
H90_Pre	Varianzen sind gleich	1,314	,254	-,655	114	,514	-,29590
	Varianzen sind nicht gleich			-,663	113,942	,508	-,29590
H90_Post	Varianzen sind gleich	,396	,531	,039	76	,969	,02525
	Varianzen sind nicht gleich			,039	73,836	,969	,02525

Test bei unabhängigen Stichproben

		T-Test für die Mittelwertgleichheit		
		Standardfehler der Differenz	95% Konfidenzintervall der Differenz	
			Untere	Obere
H90_Pre	Varianzen sind gleich	,45194	-1,19119	,59940
	Varianzen sind nicht gleich	,44606	-1,17955	,58776
H90_Post	Varianzen sind gleich	,64745	-1,26426	1,31476
	Varianzen sind nicht gleich	,64491	-1,25981	1,31030

10.2.12   SPSS – Rechnungen zum Fragebogen zu Erfahrungen der Jugendlichen mit dem Trainingsprogramm

Mittelwerte

Verarbeitete Fälle

	Fälle					
	Eingeschlossen		Ausgeschlossen		Insgesamt	
	N	Prozent	N	Prozent	N	Prozent
Vor_1_5_Mittelwert	63	85,1%	11	14,9%	74	100,0%
Nach_1_5_Mittelwert	61	82,4%	13	17,6%	74	100,0%

Bericht

	Vor_1_5_Mittelwert	Nach_1_5_Mittelwert
Mittelwert	3,0389	2,8918
N	63	61
Standardabweichung	,42231	,63385

Verarbeitete Fälle

	Fälle					
	Eingeschlossen		Ausgeschlossen		Insgesamt	
	N	Prozent	N	Prozent	N	Prozent
Vor_1_5_Mittelwert * Geschlecht	63	85,1%	11	14,9%	74	100,0%
Nach_1_5_Mittelwert * Geschlecht	61	82,4%	13	17,6%	74	100,0%
Vor_1_5_Mittelwert * Herkunftssprache	63	85,1%	11	14,9%	74	100,0%
Nach_1_5_Mittelwert * Herkunftssprache	61	82,4%	13	17,6%	74	100,0%
Vor_1_5_Mittelwert * Vor_1_5_Selbstbild	63	85,1%	11	14,9%	74	100,0%
Nach_1_5_Mittelwert * Vor_1_5_Selbstbild	61	82,4%	13	17,6%	74	100,0%

Vor_1_5_Mittelwert Nach_1_5_Mittelwert * Geschlecht

Geschlecht		Vor_1_5_Mittelwert	Nach_1_5_Mittelwert
weiblich	Mittelwert	2,9839	2,9111
	N	28	27
	Standardabweichung	,44286	,60849
männlich	Mittelwert	3,0829	2,8765
	N	35	34
	Standardabweichung	,40619	,66198
Insgesamt	Mittelwert	3,0389	2,8918
	N	63	61
	Standardabweichung	,42231	,63385

Vor_1_5_Mittelwert Nach_1_5_Mittelwert * Herkunftssprache

Herkunftssprache		Vor_1_5_Mittelwert	Nach_1_5_Mittelwert
Deutsche	Mittelwert	3,0265	2,8970
	N	34	33
	Standardabweichung	,31460	,61211
Andere	Mittelwert	3,0534	2,8857
	N	29	28
	Standardabweichung	,52711	,66983
Insgesamt	Mittelwert	3,0389	2,8918
	N	63	61
	Standardabweichung	,42231	,63385

Vor_1_5_Mittelwert Nach_1_5_Mittelwert * Vor_1_5_Selbstbild

Vor_1_5_Selbstbild		Vor_1_5_Mittelwert	Nach_1_5_Mittelwert
neg. Selbst	Mittelwert	2,5978	2,7600
	N	23	30
	Standardabweichung	,25427	,60149
pos. Selbst	Mittelwert	3,2925	3,0194
	N	40	31
	Standardabweichung	,25759	,64778
Insgesamt	Mittelwert	3,0389	2,8918
	N	63	61
	Standardabweichung	,42231	,63385

Mittelwerte

Vor_1_5_Mittelwert Nach_1_5_Mittelwert * Vor_1_5_Selbstbild * Herkunftssprache

Vor_1_5_Selbstbild	Herkunftssprache		Vor_1_5_Mittelwert	Nach_1_5_Mittelwert
neg. Selbst	Deutsche	Mittelwert	2,6833	2,8706
		N	12	17
		Standardabweichung	,15859	,54631
	Andere	Mittelwert	2,5045	2,6154
		N	11	13
		Standardabweichung	,31021	,66061
	Insgesamt	Mittelwert	2,5978	2,7600
		N	23	30
		Standardabweichung	,25427	,60149
pos. Selbst	Deutsche	Mittelwert	3,2136	2,9250
		N	22	16
		Standardabweichung	,19590	,69234
	Andere	Mittelwert	3,3889	3,1200
		N	18	15
		Standardabweichung	,29484	,60380
	Insgesamt	Mittelwert	3,2925	3,0194
		N	40	31
		Standardabweichung	,25759	,64778
Insgesamt	Deutsche	Mittelwert	3,0265	2,8970
		N	34	33
		Standardabweichung	,31460	,61211
	Andere	Mittelwert	3,0534	2,8857
		N	29	28
		Standardabweichung	,52711	,66983
	Insgesamt	Mittelwert	3,0389	2,8918
		N	63	61
		Standardabweichung	,42231	,63385

Vor_1_5_Mittelwert Nach_1_5_Mittelwert * Vor_1_5_Selbstbild * Geschlecht

Vor_1_5_Selbstbild	Geschlecht		Vor_1_5_Mittelwert	Nach_1_5_Mittelwert
neg. Selbst	weiblich	Mittelwert	2,5808	2,6857
		N	13	14
		Standardabweichung	,20365	,43475
	männlich	Mittelwert	2,6200	2,8250
		N	10	16
		Standardabweichung	,31903	,72526
	Insgesamt	Mittelwert	2,5978	2,7600
		N	23	30
		Standardabweichung	,25427	,60149
pos. Selbst	weiblich	Mittelwert	3,3333	3,1538
		N	15	13
		Standardabweichung	,24689	,68874
	männlich	Mittelwert	3,2680	2,9222
		N	25	18
		Standardabweichung	,26571	,61792
	Insgesamt	Mittelwert	3,2925	3,0194
		N	40	31
		Standardabweichung	,25759	,64778
Insgesamt	weiblich	Mittelwert	2,9839	2,9111
		N	28	27
		Standardabweichung	,44286	,60849
	männlich	Mittelwert	3,0829	2,8765
		N	35	34
		Standardabweichung	,40619	,66198
	Insgesamt	Mittelwert	3,0389	2,8918
		N	63	61
		Standardabweichung	,42231	,63385

Verarbeitete Fälle

	Fälle					
	Eingeschlossen		Ausgeschlossen		Insgesamt	
	N	Prozent	N	Prozent	N	Prozent
Vor_1_5_Mittelwert * Vor_1_5_Selbstbild * Herkunftssprache	63	85,1%	11	14,9%	74	100,0%
Nach_1_5_Mittelwert * Vor_1_5_Selbstbild * Herkunftssprache	61	82,4%	13	17,6%	74	100,0%
Vor_1_5_Mittelwert * Vor_1_5_Selbstbild * Geschlecht	63	85,1%	11	14,9%	74	100,0%
Nach_1_5_Mittelwert * Vor_1_5_Selbstbild * Geschlecht	61	82,4%	13	17,6%	74	100,0%

Verarbeitete Fälle

	Fälle					
	Eingeschlossen		Ausgeschlossen		Insgesamt	
	N	Prozent	N	Prozent	N	Prozent
Vor_1_5_Mittelwert * Geschlecht * Vor_1_5_Selbstbild	63	85,1%	11	14,9%	74	100,0%
Nach_1_5_Mittelwert * Geschlecht * Vor_1_5_Selbstbild	61	82,4%	13	17,6%	74	100,0%
Vor_1_5_Mittelwert * Herkunftssprache * Vor_1_5_Selbstbild	63	85,1%	11	14,9%	74	100,0%
Nach_1_5_Mittelwert * Herkunftssprache * Vor_1_5_Selbstbild	61	82,4%	13	17,6%	74	100,0%

Vor_1_5_Mittelwert Nach_1_5_Mittelwert * Geschlecht * Vor_1_5_Selbstbild

Geschlecht	Vor_1_5_Selbstbild		Vor_1_5_Mittelwert	Nach_1_5_Mittelw ert
	neg. Selbst	Mittelwert	2,5808	2,6857
		N	13	14
		Standardabweichung	,20365	,43475
weiblich	pos. Selbst	Mittelwert	3,3333	3,1538
		N	15	13
		Standardabweichung	,24689	,68874
	Insgesamt	Mittelwert	2,9839	2,9111
		N	28	27
		Standardabweichung	,44286	,60849
	neg. Selbst	Mittelwert	2,6200	2,8250
		N	10	16
		Standardabweichung	,31903	,72526
männlich	pos. Selbst	Mittelwert	3,2680	2,9222
		N	25	18
		Standardabweichung	,26571	,61792
	Insgesamt	Mittelwert	3,0829	2,8765
		N	35	34
		Standardabweichung	,40619	,66198
	neg. Selbst	Mittelwert	2,5978	2,7600
		N	23	30
		Standardabweichung	,25427	,60149
Insgesamt	pos. Selbst	Mittelwert	3,2925	3,0194
		N	40	31
		Standardabweichung	,25759	,64778
	Insgesamt	Mittelwert	3,0389	2,8918
		N	63	61
		Standardabweichung	,42231	,63385

Vor_1_5_Mittelwert Nach_1_5_Mittelwert * Herkunftssprache * Vor_1_5_Selbstbild

Herkunftssprache	Vor_1_5_Selbstbild		Vor_1_5_Mittelwert	Nach_1_5_Mittelwert
Deutsche	neg. Selbst	Mittelwert	2,6833	2,8706
		N	12	17
		Standardabweichung	,15859	,54631
	pos. Selbst	Mittelwert	3,2136	2,9250
		N	22	16
		Standardabweichung	,19590	,69234
	Insgesamt	Mittelwert	3,0265	2,8970
		N	34	33
		Standardabweichung	,31460	,61211
Andere	neg. Selbst	Mittelwert	2,5045	2,6154
		N	11	13
		Standardabweichung	,31021	,66061
	pos. Selbst	Mittelwert	3,3889	3,1200
		N	18	15
		Standardabweichung	,29484	,60380
	Insgesamt	Mittelwert	3,0534	2,8857
		N	29	28
		Standardabweichung	,52711	,66983
Insgesamt	neg. Selbst	Mittelwert	2,5978	2,7600
		N	23	30
		Standardabweichung	,25427	,60149
	pos. Selbst	Mittelwert	3,2925	3,0194
		N	40	31
		Standardabweichung	,25759	,64778
	Insgesamt	Mittelwert	3,0389	2,8918
		N	63	61
		Standardabweichung	,42231	,63385

Verarbeitete Fälle

	Fälle					
	Eingeschlossen		Ausgeschlossen		Insgesamt	
	N	Prozent	N	Prozent	N	Prozent
Vor_1_5_Mittelwert * Geschlecht * Herkunftssprache * Vor_1_5_Selbstbild	63	85,1%	11	14,9%	74	100,0%
Nach_1_5_Mittelwert * Geschlecht * Herkunftssprache * Vor_1_5_Selbstbild	61	82,4%	13	17,6%	74	100,0%

T-Test

Bericht

Geschlecht	Herkunftssprache	Vor_1_5_Selbstbild		Vor_1_5_ Mittelwert	Nach_1_5_ Mittelwert
männlich	Andere	Insgesamt	Standardabweichung	,55865	,79389
			Mittelwert	2,6200	2,8250
		neg. Selbst	N	10	16
			Standardabweichung	,31903	,72526
			Mittelwert	3,2680	2,9222
	Insgesamt	pos. Selbst	N	25	18
			Standardabweichung	,26571	,61792
			Mittelwert	3,0829	2,8765
		Insgesamt	N	35	34
			Standardabweichung	,40619	,66198
			Mittelwert	2,6833	2,8706
		neg. Selbst	N	12	17
			Standardabweichung	,15859	,54631
			Mittelwert	3,2136	2,9250
	Deutsche	pos. Selbst	N	22	16
			Standardabweichung	,19590	,69234
			Mittelwert	3,0265	2,8970
		Insgesamt	N	34	33
			Standardabweichung	,31460	,61211
			Mittelwert	2,5045	2,6154
		neg. Selbst	N	11	13
			Standardabweichung	,31021	,66061
			Mittelwert	3,3889	3,1200
Insgesamt	Andere	pos. Selbst	N	18	15
			Standardabweichung	,29484	,60380
			Mittelwert	3,0534	2,8857
		Insgesamt	N	29	28
			Standardabweichung	,52711	,66983
			Mittelwert	2,5978	2,7600
		neg. Selbst	N	23	30
			Standardabweichung	,25427	,60149
			Mittelwert	3,2925	3,0194
	Insgesamt	pos. Selbst	N	40	31
			Standardabweichung	,25759	,64778
			Mittelwert	3,0389	2,8918
		Insgesamt	N	63	61
			Standardabweichung	,42231	,63385

Statistik bei gepaarten Stichproben

		Mittelwert	N	Standardab weichung	Standardfehler des Mittelwertes
Paaren 1	v1 - Ich kenne meine Stärken und Schwächen.	3,30	50	,647	,091
	n1 - Ich kenne jetzt meine Stärken und Schwächen.	3,00	50	,926	,131
Paaren 2	v2 - Mir ist klar was ich will und was ich nicht will.	3,22	50	,764	,108
	n2 - Mir ist klar was ich will und was ich nicht will.	3,08	50	,829	,117
Paaren 3	v3 - Mir ist oft klar, wie ich über mich denken soll.	2,23	48	,805	,116
	n3 - Mir ist oft klar, wie ich über mich denken soll.	2,40	48	,984	,142
Paaren 4	v4 - Ich kann genau beschreiben, wie ich bin.	3,18	50	,748	,106
	n4 - Ich kann genau beschreiben, wie ich bin.	2,72	50	1,031	,146
Paaren 5	v5 - Ich weiß genau, was ich kann und was ich nicht kann.	3,24	49	,693	,099
	n5 - Ich weiß genau, was ich kann und was ich nicht kann.	3,08	49	,909	,130

Korrelationen bei gepaarten Stichproben

		N	Korrelation	Signifikanz
Paaren 1	v1 - Ich kenne meine Stärken und Schwächen. & n1 - Ich kenne jetzt meine Stärken und Schwächen.	50	,204	,154
Paaren 2	v2 - Mir ist klar was ich will und was ich nicht will. & n2 - Mir ist klar was ich will und was ich nicht will.	50	,133	,358
Paaren 3	v3 - Mir ist oft klar, wie ich über mich denken soll. & n3 - Mir ist oft klar, wie ich über mich denken soll.	48	,286	,049
Paaren 4	v4 - Ich kann genau beschreiben, wie ich bin. & n4 - Ich kann genau beschreiben, wie ich bin.	50	,120	,408
Paaren 5	v5 - Ich weiß genau, was ich kann und was ich nicht kann. & n5 - Ich weiß genau, was ich kann und was ich nicht kann.	49	,331	,020

Test bei gepaarten Stichproben

		Gepaarte Differenzen					T
		Mittel wert	Standarda bweichung	Standardfehler des Mittelwertes	95% Konfidenzintervall der Differenz		
					Untere	Obere	
aaren 1	v1 - Ich kenne meine Stärken und Schwächen. - n1 - Ich kenne jetzt meine Stärken und Schwächen.	,300	1,015	,144	,011	,589	2,090
aaren 2	v2 - Mir ist klar was ich will und was ich nicht will. - n2 - Mir ist klar was ich will und was ich nicht will.	,140	1,050	,148	-,158	,438	,943
aaren 3	v3 - Mir ist oft klar, wie ich über mich denken soll. - n3 - Mir ist oft klar, wie ich über mich denken soll.	-,167	1,078	,156	-,480	,146	-1,071
aaren 4	v4 - Ich kann genau beschreiben, wie ich bin. - n4 - Ich kann genau beschreiben, wie ich bin.	,460	1,199	,170	,119	,801	2,713
aaren 5	v5 - Ich weiß genau, was ich kann und was ich nicht kann. - n5 - Ich weiß genau, was ich kann und was ich nicht kann.	,163	,943	,135	-,108	,434	1,212

Test bei gepaarten Stichproben

		df	Sig. (2-seitig)
Paaren 1	v1 - Ich kenne meine Stärken und Schwächen. - n1 - Ich kenne jetzt meine Stärken und Schwächen.	49	,042
Paaren 2	v2 - Mir ist klar was ich will und was ich nicht will. - n2 - Mir ist klar was ich will und was ich nicht will.	49	,350
Paaren 3	v3 - Mir ist oft klar, wie ich über mich denken soll. - n3 - Mir ist oft klar, wie ich über mich denken soll.	47	,290
Paaren 4	v4 - Ich kann genau beschreiben, wie ich bin. - n4 - Ich kann genau beschreiben, wie ich bin.	49	,009
Paaren 5	v5 - Ich weiß genau, was ich kann und was ich nicht kann. - n5 - Ich weiß genau, was ich kann und was ich nicht kann.	48	,232

10.2.13 Qualitative Auswertung - Rohdaten der SchülerInnen

1. Was fanden Sie am Training gut (welche Themen, welche Aufgaben...)?

D. (1. Gruppe VAB1): Dass man nichts rechnen musste.

A. (1. Gruppe VAB1): Alles war perfekt.

N. (1. Gruppe VAB1): Das ich weiß wie ich bin.

B. (1. Gruppe VAB1): Im Allgemeinen war das Training gut.

D. (1. Gruppe VAB1): Fast alles.

E. (1. Gruppe VAB3): Die Fragen.

E. (1. Gruppe VAB3): Das es hilft sich in sich zu sehen wie man selber ist.

Ö. (1. Gruppe VAB3): Gar nix.

K. (1. Gruppe VAB3): Krubenarbeit. Pamtomime.

M. (1. Gruppe VAB3): Die Aufgaben.

L. (1. Gruppe VAB3): War gut mit dem Training und dem Sport.

M. (1. Gruppe VAB3): Was unsere Stärken und Schwächen waren.

J. (1. Gruppe VAB4): Dass man weiß was deine Stärken und Schwächen sind.

R. (1. Gruppe VAB4): Ich finde es gut über das Ausbildung und auch andere Sachen.

J. (1. Gruppe VAB4): Ich war nicht da.

E. (1. Gruppe VAB4): Das man sehr viel über sich erfahren hat.

D. (1. Gruppe VAB4): Keine Ahnung.

E. (1. Gruppe VAB4): Nichts fand ich gut.

L. (2. Gruppe VAB1): Alles, vor allem Blatt 4

D. (2. Gruppe VAB1): Selbstbegegnung, dass ich mehr über mich heraus gefunden habe.

A. (2. Gruppe VAB1): Das Tema mit dem beruf war gut.

D. (2. Gruppe VAB1): 2.2 Musiker + Sportlerin zwei erfolgreiche Personen. Persönliche Stärken

R. (2. Gruppe VAB1): Skaterpark, Lösungen finden. Meine Stärken, ich kann auch was. Wie wirke ich auf andere.

K. (2. Gruppe VAB1): An sich alles und war auch interessant.

E. (2. Gruppe VAB1): 2.1. Skaterpark Teil 1 und 2, Gesprächs- und Feedbackregeln, Die Freunde Kai und Mark.

L. (2. Gruppe VAB1): 2.2 Musiker und Sportlerin, 2.1 Im Skaterpark

M. (2. Gruppe VAB2): Stärken, Stars.

D. (2. Gruppe VAB2): Ich fand das Training gut weil mir die Berufsfragen gefallen haben.

C. (2. Gruppe VAB3): Ich fand gut die Antwortmöglichkeit und die Antwortmöglichkeit die für dich am besten zutrifft. Verschiedene Berufe die an dich am besten zutrifft.

J. (2. Gruppe VAB3): Dass ich über mich mehr weiß.

S. (2. Gruppe VAB3): Dass man viel über sich denkt.

A. (2. Gruppe VAB3): Dass man ankreuzen kann.

E. (2. Gruppe VAB3): Dass man mehr über sich wissen kann.

S. (2. Gruppe VAB3): Über die Berufswahl.

A. (2. Gruppe VAB3): Dass man ankreuzen kann.

B. (2. Gruppe VAB3): Ich fand gut, dass meine Stärken abgefragt wurden.

N. (2. Gruppe VAB4): Viel Praxis.

V. (2. Gruppe VAB4): Es war abwechslungsreich. Was anderes als normaler Unterricht, viele Gruppenarbeiten.

A. (2. Gruppe VAB4): Dass man viel über sich erfahren kann.

V. (2. Gruppe VAB4): Viel Praxis.

B. (2. Gruppe VAB4): Viele Praxisbeispiele, nicht so langweilig.

S. (2. Gruppe VAB4): Spaßig

2. Was fanden Sie am Training schlecht (welche Themen, welche Aufgaben...)?

A (1. Gruppe VAB1): Die ganzen Fragen und das man zu viel lesen musste.
D (1. Gruppe VAB1): Dass es so viele Fragen waren und komplizierte Wörter.
A (1. Gruppe VAB1): Musiker, Sportler
N (1. Gruppe VAB1): Das die Fragen schlecht gestellt sind.
I (1. Gruppe VAB1): Nichts war schlecht.
T (1. Gruppe VAB1): Das es so lang ist.
B (1. Gruppe VAB1): Eigentlich nix.
D (1. Gruppe VAB1): Weiß ich nehme.
E (1. Gruppe VAB3): Die Blätter.
E (1. Gruppe VAB3): Schwächen und Stärken. Ich weiß es noch immer ned.
Ö (1. Gruppe VAB3): Alle Fragen.
K (1. Gruppe VAB3): Die Fragen zu beantworten.
L (1. Gruppe VAB3): Passt alles.
M (1. Gruppe VAB3): Ich fand alles gut.
J (1. Gruppe VAB4): Dass zu viele Fragen da waren.
R (1. Gruppe VAB4): Musiker, Sport
J (1. Gruppe VAB4): Musiker, Sportler
E (1. Gruppe VAB4): Noch nichts.
D (1. Gruppe VAB4): Ich fand nichts schlecht.
E (1. Gruppe VAB4): Alles
L (2.Gruppe VAB1):Blatt 3 und 2 Aufgaben auf Blatt 2
D (2. Gruppe VAB1): Nix
A (2. Gruppe VAB1): Die Fragen mit den Gefühlen.
R (2. Gruppe VAB1): Ich habe Fragen nicht immer verstanden, erst nach nachfragen.
K (2. Gruppe VAB1): Eigentlich gar nichts.
E (2. Gruppe VAB1): Nichts, alles war gut.
L (2. Gruppe VAB1): 2.4 Die Freunde Kai und Mark.
M (2. Gruppe VAB2): Anstrengend.
C (2. Gruppe VAB3): Ich fand eigentlich keine Frage oder Thema oder Aufgaben schlecht. Ich
fand die Fragen gut und nützlich.
J (2. Gruppe VAB3): Ich finde es allgemein nicht gut. Ich weiß nicht was Sie damit bezwecken
wollen.
S (2. Gruppe VAB3): Zu viele Fragen.
A (2. Gruppe VAB3): Dass wir nicht Bescheid wissen um was es sich handelt.
E (2. Gruppe VAB3): Die Ankreuzfragen verändern, weil es manchmal Wörter gab, wo ich nicht
verstanden habe.
S (2. Gruppe VAB3): Ich konnte mich nicht konzentrieren / Zeitdruck / Gerede.
A (2. Gruppe VAB3): Dass wir nicht genau wissen um was es geht.
B (2. Gruppe VAB3): Dass ich meiste Sachen nicht gewusst habe. Ich fand dieses Training
nicht schlecht.
N (2. Gruppe VAB4): Nicht am Stück.
A (2. Gruppe VAB4): Viel lesen.
V (2. Gruppe VAB4): Nicht am Stück.
B (2. Gruppe VAB4): Am Anfang haben es viele nicht ganz ernst genommen.
S (2. Gruppe VAB4): Lange Pausen zwischen den Themen.

3. Was würden Sie anders machen (Verbesserungsvorschläge benennen)?

D (1. Gruppe VAB1) Mehr mit den Schülern reden.

A (1. Gruppe VAB1): Alles war perfekt.

N (1. Gruppe VAB1): Nix

I (1. Gruppe VAB1): Nichts.

T (1. Gruppe VAB1): Mehr Themen.

B (1. Gruppe VAB1): Mehr auf die Zukunft der einzelnen Person besprechen und um die Ausbildung.

D (1. Gruppe VAB1): Das hat gepasst.

E (1. Gruppe VAB3): Besser konzentrieren.

E (1. Gruppe VAB3): Ich bleib wie ich bin.

Ö (1. Gruppe VAB3): Die Fragen nicht mehr zu stellen.

K (1. Gruppe VAB3): Nicht so viele Fragen. Zu viele Blätter.

M (1. Gruppe VAB3): Mehr Zeit lassen.

L (1. Gruppe VAB3): Passt alles.

M (1. Gruppe VAB3): Mehr selbstvertrauter sein und nicht mehr so schnell aggressiv werden.

R (1. Gruppe VAB4): Alles perfekt zu machen.

J (1. Gruppe VAB4): Nichts

E (1. Gruppe VAB4): Gar nichts.

D (1. Gruppe VAB4): Weiß ich nicht.

E (1. Gruppe VAB4): Gar nichts.

D (2. Gruppe VAB1): Nix

A (2. Gruppe VAB1): Eigentlich nichts weil der Test ist gut und macht Spaß.

D (2. Gruppe VAB1): Praktikumsbegleitung.

R (2. Gruppe VAB1): Manche Aufgaben einfacher machen.

K (2. Gruppe VAB1): Mich mehr darauf zu konzentrieren eine Ausbildung zu meistern.

E (2. Gruppe VAB1): Nix

L (2. Gruppe VAB1): Es ist gut so weit.

M (2. Gruppe VAB2): Praktikum

C (2. Gruppe VAB3): Also ich würde sie nicht anders machen die Fragen, Theen und Aufgaben sind gut. Sind gut auch für andere.

J (2. Gruppe VAB3): Alles würde ich anders machen. Wenn ich könnte. Ich würde die Fragen anders formulieren.

S (2. Gruppe VAB3): Due Fragen einfacher stellen.

A (2. Gruppe VAB3): Die Fragen anders formulieren.

E (2. Gruppe VAB3): Die Fragen anders und besser formulieren und einfacher machen.

S (2. Gruppe VAB3): Länger Zeit geben und mit nach Hause nehmen, Fragen einfacher stellen.

A (2. Gruppe VAB3): Die Fragen anders formulieren.

B (2. Gruppe VAB3): Wenn ich nichts wusste, dann hätte ich jemand gefragt. Die Fragen aber ein bißchen anders formulieren.

N (2. Gruppe VAB4): Alles zusammen fassen.

A (2. Gruppe VAB4): Nix.

V (2. Gruppe VAB4): Alles in einer Woche zusammen fassen.

B (2. Gruppe VAB4): Besser wäre, alles in einer Woche zu machen.

4. Was wissen Sie nun darüber, was Sie gut und was Sie weniger gut können (schreiben Sie bitte auf)?

D (1. Gruppe VAB1): Ich wusste das schon vorher.

A (1. Gruppe VAB1): Mathe – gut. Deutsch – net so gut.

L (1. Gruppe VAB1): Gefühle erklären.

N (1. Gruppe VAB1): Viel.

I (1. Gruppe VAB1): Viel.

T (1. Gruppe VAB1): Ich kann gut schrauben. Ich fahr gern Fahrrad. Ich kann wenig aufmerksam sein.

B (1. Gruppe VAB1): Eigentlich nicht viel.

D (1. Gruppe VAB1): Eigentlich gar nichts.

E (1. Gruppe VAB3): Nicht alles.

E (1. Gruppe VAB3): Ich weiß es noch immer ned.

K (1. Gruppe VAB3): Mich zu beschreibe.

M (1. Gruppe VAB3): Nix

L (1. Gruppe VAB3): Wegen dem Sport.

M (1. Gruppe VAB3): Mich unter Kontrolle bekommen, mehr Ausdauer, mein Beruf ist jetzt sicher.

J (1. Gruppe VAB4): Dass man sein Ich besser kennt.

R (1. Gruppe VAB4): In Mathe bin ich gut. In Deutsch bin ich nicht so gut.

J (1. Gruppe VAB4): Nichts.

E (1. Gruppe VAB4): Ich kann nicht gut mit Leuten reden. Ich kann gut Mathe.

D (1. Gruppe VAB4): Ich kann gut wenn ich will lernen und schlecht hab ich keine Anung.

E (1. Gruppe VAB4): Nichts weiß ich darüber.

D (2. Gruppe VAB1): Ich kann gut Fußball spielen , konzentriert Arbeiten.

A (2. Gruppe VAB1): Ich kann mich nicht im Theorieunterricht konzentrieren. Und der technische Unterricht macht mehr Spaß.

D (2. Gruppe VAB1): Ich kann kochen, Fußball spielen. Ich kann Arbeiten im Garten und zu Hause, putzen, aufräumen. Ich kann pünktlich sein. Ich kann Basetball spielen. Ich kann Volleyball spielen.

R (2. Gruppe VAB1): Was ich gut kann ist arbeiten. Was ich nicht gut kann ist Theorie und meinen Mitschülern sagen, was ich nicht will.

K (2. Gruppe VAB1): Ja dass ich weiß was ich gut kann und was ich nicht gut kann.

E (2. Gruppe VAB1): Malen, Streichen und so....

L (2. Gruppe VAB1): Malen, zeichnen, schreiben.

M (2. Gruppe VAB2): Handwerk und Holz

C (2. Gruppe VAB3): Ich weiß jetzt das ich ein Beruf oder Ausbildung machen muss um weiter zu kommen ins Berufsleben.

J (2. Gruppe VAB3): Das weiß ich selbst noch nicht.

S (2. Gruppe VAB3): Weiß ich nicht.

A (2. Gruppe VAB3): An den Ankreuzfragen.

E (2. Gruppe VAB3): Ich wusste schon immer was ich gut kann und was nicht.

S (2. Gruppe VAB3): Es ist immer noch so wie vorher, nichts hat sich durch den Fragebogen geändert.

A (2. Gruppe VAB3): An den Ankreuzfragen.

B (2. Gruppe VAB3): Ich glaube dass ich nicht alles richtig habe.

V (2. Gruppe VAB4): Ja, ich habe v.a. meine Stärken besser kennengelernt.

V (2. Gruppe VAB4): Ich kann ein Bild über mich beschreiben.

B (2. Gruppe VAB4): Ich weiß, was ich für einen Beruf machen möchte.

S (2. Gruppe VAB4): Ich weiß jetzt, welche Richtung ich einschlagen möchte.

5. Was haben Sie gelernt, wie Sie einen passenden Beruf auswählen?

D (1. Gruppe VAB1): Durch das Praktikum.

L (1. Gruppe VAB1): Informieren.

N (1. Gruppe VAB1): Erkundigen.

T (1. Gruppe VAB1): Nichts.

B (1. Gruppe VAB1): Weil ich mich jetzt so gut einschätzen kann und was für Beruf für mich geeignet ist.

D (1. Gruppe VAB1): Der Beruf wo mir gefällt den nehme ich auch.

E (1. Gruppe VAB3): Ja

E (1. Gruppe VAB3): Indem ich mich anstreng und dran bleibe nicht nachlasse.

Ö (1. Gruppe VAB3): Von meinen Eltern.

K (1. Gruppe VAB3): Eine Arbeit zu suchen.

L (1. Gruppe VAB3): Wegen dem Training und meine Schwächen und Stärken werden.

M (1. Gruppe VAB3): Ich habe gelernt man sollte Praktikum machen. Und schauen ob es einem Spaß macht.

J (1. Gruppe VAB4): Dass man mehr über sich weiß.

R (1. Gruppe VAB4): Ja, ich habe für Metallberuf gelernt.

J (1. Gruppe VAB4): Nix.

E (1. Gruppe VAB4): Das ich einen guten Beruf habe.

D (1. Gruppe VAB4): Ich habe gelernt das Verkauf mein passende Beruf ist.

E (1. Gruppe VAB4): Nichts habe ich gelernt.

D (2. Gruppe VAB1): Informationen über den Beruf bekommen.

A (2. Gruppe VAB1): Infos über den Beruf.

D (2. Gruppe VAB1): Info über Beruf. Berufswahl wie es mir gefällt.

R (2. Gruppe VAB1): Über Berufe.net, Gespräche mit anderen Auszubildenden. Ob meine Arbeit zu meinem Beruf passt.

K (2. Gruppe VAB1): Mich auf ein Ziel zu konzentrieren.

E (2. Gruppe VAB1): Eigene Fähigkeit sind Lagerist, Feinwerker

L (2. Gruppe VAB1): Maler, Lackierer, Feinwerktechniker mit Maschinen

M (2. Gruppe VAB2): Was mir Spaß macht, was ich lange Zeit machen kann.

S (2. Gruppe VAB3): Weiß ich nicht.

A (2. Gruppe VAB3): Weiß ich nicht.

E (2. Gruppe VAB3): Gucken wo man Stärken und Schwächen hat.

C (2. Gruppe VAB3): Das ich in eine Firma etc. hingeh und nach einem Praktikum frage oder Ausbildung. Das ich weiter komm im Berufsleben.

Jo (2. Gruppe VAB3): Ob der Beruf zu einem passt oder nicht.

S (2. Gruppe VAB3): Durch den Fragebogen nichts.

A (2. Gruppe VAB3): Weiß ich nicht, ich habe meinen Beruf schon ausgewählt.

B (2. Gruppe VAB3): Dass man bestimmen muss, welches ich ankreuzen muss.

N (2. Gruppe VAB4): Ich will in den Verkauf.

V (2. Gruppe VAB4): Praktikum, probieren, mich selbst wahrnehmen.

A (2. Gruppe VAB4): Über mich viel.

6. Welche beruflichen Ziele und Pläne haben Sie?

Dennis (1. Gruppe VAB1): Einen guten Job und ein schönes Leben.

A (1. Gruppe VAB1): Industriemechaniker.

L (1. Gruppe VAB1): Verkäuferin.

N (1. Gruppe VAB1): Viele.

I (1. Gruppe VAB1): Auto, Haus, Familie, Geld, Arbeit

T (1. Gruppe VAB1): Landmaschinenmechaniker.

B (1. Gruppe VAB1): Ich mache eine Ausbildung als Zimmermann.

D (1. Gruppe VAB1): Ausbildung fertig machen und danach einen festen Job finden.

E (1. Gruppe VAB3): Hauswirtschaft.

E (1. Gruppe VAB3): Maler, Lackierer

Ö (1. Gruppe VAB3): Altenpflegerin / Kinderpflegerin.

K (1. Gruppe VAB3): Nach der Ausbildung einen Beruf finden.

M (1. Gruppe VAB3): Einzelhandelskauffrau

L (1. Gruppe VAB3): Möchte die Ausbildung zur Bäckerin machen.

L (1. Gruppe VAB3): Maler/Lackierer

M (1. Gruppe VAB3): Altenpflegerin, Ausbildung, Beruf steigern, gute Zukunft.

J (1. Gruppe VAB4): Altenpflegerin.

P (1. Gruppe VAB4): Ich will eine Ausbildung als Lageristin machen und danach mich in dem Beruf hocharbeiten.

R (1. Gruppe VAB4): Metallberuf machen.

J (1. Gruppe VAB4): Nix.

E (1. Gruppe VAB4): Noch keine.

D (1. Gruppe VAB4): Als Verkäuferin

E (1. Gruppe VAB4): Gar keine.

D (2. Gruppe VAB1): Ein Metallberuf.

A (2. Gruppe VAB1): Eine Ausbildung als KfZ-Mechatroniker und dann einen guten Beruf.

D (2. Gruppe VAB1): Zimmermann, Ausbildung

R (2. Gruppe VAB1): Einen Job der Spaß macht, bei dem ich viel Geld bekomme und eine Ausbildung machen.

K (2. Gruppe VAB1): Dass ich eine Ausbildung habe und sie schaffe.

E (2. Gruppe VAB1): Metallerfeinwerker, Lagerist.

L (2. Gruppe VAB1): Feinwerktechniker, Maler, Lackierer

M (2. Gruppe VAB2): Maurerausbildung

E (2. Gruppe VAB3): Verkäuferin.

C (2. Gruppe VAB3): Das ich guck was für mich zutrifft zu machen und das ich weiter komm ins Berufsleben das alles gut klappt.

F (2. Gruppe VAB3): Hauptschulabschluss, Polsterin, Verkauf.

J (2. Gruppe VAB3): Das weiß ich noch nicht.

S (2. Gruppe VAB3): Weiß ich noch nicht.

A (2. Gruppe VAB3): Ich möchte mal in den Verkauf gehen.

E (2. Gruppe VAB3): Eine Ausbildung machen und nicht für immer bei diesem Beruf bleiben.

S (2. Gruppe VAB3): Restaurantfachfrau.

A (2. Gruppe VAB3): Ich will in den Verkauf gehen.

B (2. Gruppe VAB3): Ich will mehr über meinen Beruf wissen.

N (2. Gruppe VAB4): Verkäuferin.

V (2. Gruppe VAB4): Einzelhandelskauffrau.

A (2. Gruppe VAB4): Lagerist.

V (2. Gruppe VAB4): Verkäufer.

M (2. Gruppe VAB4): Verkäuferin.

B (2. Gruppe VAB4): Gastronomie.

S (2. Gruppe VAB4): Fachlagerist